2016

来自田野的

民族学报告

云南省社会科学院民族学研究所　编

云南出版集团
雲南人民出版社

图书在版编目（CIP）数据

来自田野的民族学报告. 2016 / 云南省社会科学院民族学研究所编. -- 昆明：云南人民出版社，2016.12

ISBN 978-7-222-15625-8

Ⅰ. ①来… Ⅱ. ①云… Ⅲ. ①民族学－调查报告－云南 Ⅳ. ①K280.74

中国版本图书馆CIP数据核字（2016）第307144号

责任编辑：和晓玲
陈　晖
杨　涓
装帧设计：梁　鹏
责任校对：陈　晖
张京宁
责任印制：洪中丽

来自田野的民族学报告（2016）

云南省社会科学院民族学研究所　编

出　版　云南出版集团　云南人民出版社
发　行　云南人民出版社
社　址　昆明市环城西路609号
邮　编　650034
网　址　www.ynpph.com.cn
E-mail　ynrms@sina.com
开　本　787mm × 1092mm　1 / 16
印　张　16.25
字　数　260千
版　次　2016年12月第1版第1次印刷
印　刷　昆明富新春彩色印务有限公司
书　号　ISBN 978-7-222-15625-8
定　价　34.00元

云南人民出版社公众微信号

目　录

Contents

乡村景颇族的养老模式

——以翁村为个案的调查研究

金黎燕

随着人口老龄化的加剧，养老问题已经成为中国社会面临的一个日趋重要的问题。云南是个多民族的地区，各民族在长期的社会经济发展进程中，不仅创造了各具特色的民族文化，而且在各自不同的文化背景下，形成了各具特色的养老模式。景颇族在长期的生活实践中，创建了一套本民族习俗与外来文化、历史传统与现代文明相结合的养老模式。但是，在日趋丰富的养老研究成果中，关于景颇族养老情况的成果尚未见之于刊载。系统调查、研究各民族各具特色的养老模式，总结其类型与基本特点，发现其中存在的问题，吸取其中的经验，对我们应对日益凸显的养老问题，进一步构建和完善更加贴近现实的养老保障模式，具有一定的借鉴意义。本文是笔者对一个景颇族村寨养老状况的调查与研究，通过个案，以期让相关部门及研究者了解当今乡村景颇族的养老状况，并企望能为相关的养老决策提供参考。

一　相关概念及调查点简介

（一）相关概念

1. 养老

既然是关于“养老”问题的研究，首先便应该对何为“养老”做一个界定。在前人的研究中，有学者认为，养老可以有两种理解，一种是指如何度过晚年生活，此为广义的养老；另一种是“谁来支持老年人或者老年的生活”，即如何获得养老的支持[①]。亦即养老的含义包含着两个不同的角度，前者是老年人自身的内部角度，指的是老年人的生活方式，即如何度过老年岁月的问题。后者则是一种外部的角度，指的是对老年人提供的支持，涉及的是养老的资金来源或者说是提供养老支持力的主体问题。本文研究的“养老”概念，指的是后者的含义。

2. 养老模式

在养老问题中，养老模式又是其中的重要内容之一，养老模式的概念一直是备受关注的热点。由于我国学界对养老问题开展研究的时日尚短，对养老研究的一些基本理论框架和研究概念的界定都还处于建构阶段。就养老模式概念而言，由于学者对养老模式概念关注的侧重点不同，致使目前养老模式概念还存在分歧，但大多学者普遍认为养老模式是为解决养老问题提供保障的体系[②]。其中，笔者比较赞同“养老模式就是指人们进入老年阶段后怎样进行晚年生活的制度安排与机制保障”[③]的定义。对于养老模式的分类，学者们的观点也存在分歧，有以养老地点为标准划分的居家养老、社区养老、机构养老，有依据养老资金来源为标准划分的家庭养老、社会养老，有依据日常的生活照料为标准划分的搭伴养老、互助养老，还有以经济供养来源为依据划分的以房养老、土地养老，等等。依据的标准不同，就有不同的分类。其中，有学者依据在经济、照料、心理这三个老年人基本需求方面提供支持力的主体来划分的养老模式，指出在实际的养老模式中会同时存在多种权重不同的养老支持力的来源，而权重最大的那种养老支持力就决定了这种养老模式的性质[④]。并把基本的养老模式划分为以自我支持为主的自我养老模式、以家庭支持为主的家庭养老模式和以社会支持为主的社会养

① 穆光宗：《家庭养老制度的传统与变革：基于东亚和东南亚地区的一项比较》，华龄出版社，2002，第16页。

② 宋小霞，王子玲，赖洪潮等：《近十年来我国养老模式研究综述》，《嘉应学院学报》（哲学社会科学），2015年第10期。

③ 谢琼:《中国养老模式的中庸之道》，《山东社会科学》2008年第11期。

④ 穆光宗：《家庭养老制度的传统与变革：基于东亚和东南亚地区的一项比较》，华龄出版社，2002，第18页。

老模式三种[①]。本研究认同这种分类方式并采用它来对调查点的养老模式进行探讨。

（二）调查点简况

1. 基本情况

本研究的田野调查点为翁村[②]。翁村，隶属于德宏傣族景颇族自治州芒市遮放镇翁村村委会，位于镇政府东北19公里处、海拔约1200米的山脊上，地处山区。翁村为村委会驻地。2015年8月，全寨农户134户，人口603人，其中，95%的人口为景颇族的载瓦支系人。在其总人口中，60岁以上的老年人口62人，占村寨总人口比例的10.2%。按国际通常把60岁及以上老年人占总人口数（即老年系数）超过10%，或者65岁及以上老年人占总人口数超过 7 %的国家（地区），称为老年型国家（地区）的标准衡量，翁村已经达到了老年型地区的基准。这里的村民以种植业为主，人均年收入约5000元。

2. 翁村载瓦人的家庭与家族

家庭是翁村村民养老的基本单位。家庭作为一个基本的社会单位，在不同的社会以及在同一社会内部会有所不同。在载瓦人的社会中，家庭是由婚姻、血缘关系或收养关系形成的父系制社会单位。翁村的载瓦人通过父系单线世系来建立继嗣关系，常态的婚后居住模式为从夫居，无论男女，出世后便被归入父系的继嗣群体，从父方承袭姓氏，并保持终身。由于实行父系继嗣，因此，传统家庭十分重视家庭“房梁”——父系子裔的接续，把家庭中有无男嗣看得非常重要。在家庭中，只有男性才能析分或继承家庭财产，女性一般被排除在家庭财产的析分或继承之外。家庭中，父亲是一家之长，他控制着家庭中的人力、物力和财力资源。在有女无子的情况下可以招赘，但是赘婿不改姓氏，子女也随赘婿姓；没有子嗣的人家可以收养子，养子的权利义务与亲生子一样。

翁村现行的家庭结构，包括核心和扩大式两种家庭形式，其中，以扩大式家庭占多数。这里的扩大式家庭，绝大多数由两个单偶核心家庭、少部分

① 穆光宗：《家庭养老制度的传统与变革：基于东亚和东南亚地区的一项比较》，华龄出版社，2002，第18页。

② 翁村为化名。

由三个核心家庭组成。家庭成员包括祖父母、父母、未婚子女和一个已婚的儿子、儿媳及其子女。四五代直系亲属生活在一起的家庭结构在今天的景颇族中已极为罕见，这种曾经让景颇人最值得骄傲的家庭结构，已经成为他们的历史记忆。

家族也是翁村村民获得养老资源的支持力之一。在翁村载瓦人中，家族指的是由一个血亲祖先繁衍而形成的所有个体家庭。在他们的观念中，属于同一血脉的成员，虽然他们裂变成了多个名称或多个群体，尽管在现存的世系结构中有的已经不能追溯相互之间的系谱关系，但只要都以一个共同的祖先为始祖，就被认为是同一类、同一支的兄弟关系，认为是同一个大家族。载瓦人称这种同类、同支的父系世系集团为“呼”，其性质类似“姓氏”。“呼”有分节的结构特征，在一个大的“呼”下，为了区别不同分支的小家庭，又给各个小家庭取小户名，载瓦语称为“捂”，这些“捂”经过几代的繁衍又发展成新的小家族。由此，形成了在一个大的姓氏“呼”之下有若干个分支姓氏“捂”，分支姓氏“捂”之下还有“捂”的分支。同一个“呼”的载瓦人之间都以血亲称谓相称，由于他们认为源于一个共同的祖先，因此相互之间禁止通婚。一个“捂”，主要以父系核心家庭为轴心，通常向上扩展至曾祖父，向下扩展至孙。除婚姻外，“呼”之下的“捂”在载瓦社会生活中，在经济互助等方面，更具有实质性的意义。

二　翁村的养老模式

目前，翁村景颇族村民践行的是以家庭养老为主，社会养老为辅的养老模式。这种家庭养老与社会养老相结合的养老模式在翁村运行的时间还不长，2009年，新型农村社会养老保险制度（简称新农保）介入村民生活之前，村民的养老模式均为家庭养老。

（一）家庭养老模式

依据由主要的支持力来源来决定养老模式性质的分类，“家庭养老”是对应

“社会养老”和“自我养老”而言的，指的是由家庭成员或者亲属网络来提供主要的养老资源或养老支持的养老模式[①]。家庭养老在景颇族社会中已经成为一种制度化的传统，长久以来，景颇族乡村都施行老人居家由家庭成员或者亲属养老的家庭养老传统。在景颇族社会中，基本不存在幼无所育、老无所养的状况，家庭或家族恪尽职守地履行着“养生送死”的职责。

在翁村，由家庭成员或者亲属提供主要资源或支持的养老模式中，由于家庭成员结构的不同，又可分为几种不同的模式。

1. 亲子养老

亲子养老是有子嗣人家的养老模式，也是翁村最普遍的养老模式。父母与一个亲子一起居住，由该子及其家庭成员提供经济支持、生活照料和精神慰藉。与一些民族重视嫡长子的文化不同，在翁村的亲子养老模式中，养老的责任绝大多数由幼子承担。父母与幼子一起生活、由幼子赡养，是载瓦人传统社会的惯例。在多子的家庭中，通常情况下，长子婚后仍与父母弟妹一起生活，但次子一旦成婚，长子便要离开父母另立门户；三子成婚后，次子也需很快分居他处，以此类推。只有幼子婚后不再分家而与父母一起生活，给父母养老送终。

2. 养子养老与赘婿养老

养子养老和赘婿养老是无子女和无子家庭的养老模式。收养子和招赘，是载瓦人传统父系家庭在代际关系中缺乏生育资源可转换为养老人力资源时的重要补充模式。这两种模式在翁村所占比例很少。

养子养老目前在翁村仅有一户。在载瓦人中，一个家庭如果没有子嗣，可收养子。养子多数来自男户主兄弟中的多子女家庭，其次是失去双亲的孤儿，也有本民族或其他民族的非婚生子。养子随养父姓，传统中收养无须任何手续或仪式，一起共同生活收养关系便成立，收养人与被收养人之间如同亲生父子，一般不存在解除收养关系的情况。养父母的财产由养子继承，养子的义务是必须赡养养父母。翁村的养子养老户，就是因为无子，而分别收养了男户主哥哥和弟弟

---

① 穆光宗：《家庭养老制度的传统与变革：基于东亚和东南亚地区的一项比较》，华龄出版社，2002，第33页。

家的一个儿子为养子。“文革”期间，作为养父的男户主外出缅甸未归。养母一人抚养两个儿子成年，年长的养子结婚后，按载瓦人的传统从养母家分出另立门户，那时土地尚未包产到户，分家时得到的财产主要就是一些生活用具。年幼的养子留家与养母同住，继承了养母的房屋及包产到户后养母分到的承包地，由他赡养养母到其过世。

赘婿养老在翁村也仅有一户。在载瓦人的传统道德规范“统肯”中，有女无子的人家，可以招赘上门奉养老人。赘婿不改姓，所生子女也随赘婿姓，但赘婿不能继承岳父家的财产，财产由赘婿的儿子继承，赘婿有为岳父母养老送终的义务。翁村的赘婿养老户，赘婿为本村村民，其年幼时父母便双双过世。在载瓦人的“统肯”中，如遇父母早亡，兄长有责任抚育弟妹，直到他们成家立业，然后分家各立门户。但是，当时由于经济困难，他的哥哥难以帮助他和幼弟完成成家立业的重任，他30岁尚未成家，最后选择了入赘。尽管在“统肯”中有可以入赘的规矩，但是在载瓦人的现实生活中，人们认为入赘是丢面子的事情，因此，选择入赘的人很少。这桩婚姻中，招赘的主人家有三个女儿，长女与次女都出嫁到了外村，父母为最小的女儿选择了招赘的缔婚方式。目前，这对招赘的夫妇已育有一子一女，赘婿已经为妻子的奶奶和母亲送了终，正在赡养妻子的父亲。

3. 家族亲属养老

家族亲属养老，在翁村是一种常见的模式。这种模式发生在无子女和有女无子的家庭，自笔者到翁村调查的20多年中看到了3例，其中，两例中的老人已经过世，有1例赡养关系尚在延续。在载瓦人的“统肯”中，绝嗣户的财产，包括田地可以由叔伯近亲继承。在老人已经过世的案例中，一例为老年女性，她早年出嫁到缅甸，丈夫早亡，没有子嗣，20世纪40年代末回到娘家居住，一个人生活，包产到户时她分到了土地。年老无力照顾自己时，由其弟弟的幼子来赡养，她去世后名下的土地由这个侄儿家继承。第二例是一对夫妇，他们育有一女，女儿嫁到了外村，夫妇俩年老后由丈夫的堂弟赡养，他们去世后房屋和土地由该堂弟家继承。这两个例子中的老人，生前在经济上都享受到了国家五保户的政策福利，但年老失能时，生活方面依靠的是亲属的照料。

目前还有一对尚在世的无子嗣的夫妇，他们已经70岁出头。在经济上，他们也享受到了国家“五保”户的政策福利，而且与前两个例子中的老人相比，更加幸运的是，他们享受到了社会发展的红利，曾经被送到建立时间还不长的镇办养老院中集体养老。但是，由于嗜酒，两个老人常常因为过量饮酒而影响到养老院中其他老人的生活，仅在养老院生活了两年便被劝返回家。目前，他们与男户主异父弟弟的儿子一起生活，田地由这个侄儿耕种，生活起居由该侄儿家照料，并达成协议，待他们去世后，房屋、田地均由该侄儿继承。

4. 社会养老情况

翁村的养老模式虽以“家庭养老为主”，但其中也存在社会养老的辅助成分。所谓社会养老，是指老年人养老的经济来源和生活服务由社会提供。当前，翁村的社会养老主要包括“五保”户享受的社会养老福利、80岁以上老年人的高龄补贴以及通过缴费方式参加新型农村社会养老保险三种社会保障。

2015年8月时，翁村享受“五保”户政策待遇的仅有一户夫妻两人，享受高龄补贴的也只有两个年过八旬的老人。在翁村，对“五保”户的照顾、救济政策的实行与全国一样，已经有几十年的历史。“五保”户以外的老年人，在以集体经济制度为基础的农业合作化和人民公社时期，在实行人口和劳动量共同分配的模式下，老年人在丧失劳动能力后，可以借助集体经济获得基本的养老口粮。家庭联产承包责任制实行后，翁村老年人的养老与其他农村一样，土地保障和家庭支持占据了养老的主导地位。2009年，新型农村社会养老保险的实施，为翁村村民的养老注入了新的能量。

新农保是以保障农村居民年老时的基本生活为目的，建立个人缴费、集体补助、政府补贴相结合的筹资模式，养老待遇由社会统筹与个人账户相结合，与家庭养老、土地保障、社会救助等其他社会保障政策措施相配套，由政府组织实施的一项社会养老保险制度，是国家社会保险体系的重要组成部分。据村民介绍，新农保于2009年开始在翁村推行，现在村民们基本都参加了这个保险，包括16岁以上的年轻人。按照参保规定，已经年满60岁的村民2009年参保时不用缴费，每月能够领取55元的基础养老金。当年年满60岁的村民，缴足1500元参保金后，从年满60岁的当月开始，每月能够领取75元的养老金；16周岁以上的村民，每年缴费100元，到60周岁开始可以领取养老金。虽然，新农保的养老金数额不高，但是，对于景颇族这个特困民族而言，在目前养老过程中经济供养问题要大于精神慰藉和生活照料的情况下，农村社会养老保险的实行，一定程度上缓解了村民养老的经济压力，为家庭养老起到了经济补充作用。因此，新农保的推行，得到了村民的积极响应。

三　翁村家庭养老模式的特点

对翁村主要养老模式的家庭养老模式调查研究后，笔者认为其有以下几个特点。

（一）互惠与交换混合的养老模式

在上述翁村的家庭养老模式中，养老资源的获取既有通过互惠得来，也有通过交换得来。所谓养老资源，指的是养老所需要的一组可获得的条件或者是能够支持老年生活的健康条件、人力条件、伦理条件、经济条件和时间条件等的总和[①]。这里笔者主要指经济条件、人力条件和健康条件方面的资源。

在亲子养老模式中，养老的部分经济条件和人力资源，是通过以代际间的互惠交换为基础获得的。在经济方面，代际财富的流向与养老之间存在着密切的正相关关系。载瓦人在分家析产过程中，有不成文的规矩必须遵守，即长子已婚，但次子尚未成婚的话，长子不能分家，他有帮助兄弟完婚的责任。若次子尚未完婚长子坚持分家的话，他必须要承担扶养老人、盖房、帮兄弟娶媳妇等家庭责任。同样，次子也必须等三子结婚以后才能分家。在财产分割方面，诸子分家时，父母会分给一定的土地和生活用品，由于幼子要承担赡养父母的责任，因此在分家时，可多分到一些，例如父母的房屋、土地及其他财产主要由他继承。如

① 穆光宗：《家庭养老制度的传统与变革：基于东亚和东南亚地区的一项比较》，华龄出版社，2002，第49页。

果父母不愿意与幼子生活，则哪个儿子赡养父母，便能够多分到一些家产。这是一种以经济资源换取养老支持的互惠性的养老模式。父母为供养他们的孩子提供相应的经济及抚养支持时，孩子是受惠的一方；在分家析产时，赡养父母的孩子多分到家庭财产时他依然是受惠的一方。在他受惠的同时，这个惠利的报偿就是父母年老时他对他们的供养，即这个代际财富换取的是父母年老时孩子的经济供养和生活照料，这时父母成了受惠的另一方。

在养子养老、赘婿养老与亲属养老的模式中，养老资源的获取则具有明显的交换性质。在养子养老模式中，养父母以精力、心血和财产，供养养子成年，并帮助其成家立业，换取年老时养子的赡养。赘婿与亲属养老模式，则是更典型的以土地、房屋交换养老资源的养老方式。翁村那位赘婿的哥哥曾经与笔者谈到，他认为入赘是一件划算的事情，因为入赘不改姓，到赘婿有了儿子，岳父家的财产就变成他们这个姓氏的财产了。在招赘婚姻中，交换与养老之间存在一定的延时性。而在亲属养老模式中，被赡养人往往是在年事已高时才与亲属建立赡养关系，所以这种交换具有很强的即时性。

明确地以交换的方式获取养老资源的案例，近年在亲子养老的家庭中也已经出现。调查中发现，该村一对年近七旬的老夫妻，育有三子三女，三个女儿已经出嫁，三个儿子也都已经结婚成家。在六个孩子中，最小的孩子是男孩，他出生于包产到户之后，名下没有分到土地。三个女儿出嫁后给这个家庭留下了她们的承包地份额。分家前，家中共有8亩水田，14亩旱地。十多年前，长子分家时，夫妇俩给他分了3亩水田，2亩旱地。8年前次子与幼子分家时，夫妇俩将剩下的12亩旱地按三份进行了平均分配，两个儿子每家各算一份，夫妻俩算一份，三家各分到4亩旱地；5亩水田，两个儿子每家分2亩，老夫妇俩留1亩。分家时，夫妇俩就与儿子们约定，将来谁给他们俩养老送终，他们名下的4亩旱地、1亩水田就归谁继承；如果他们轮流由儿子们赡养，轮到谁家时，他们的土地就由谁家耕种。分家后，老夫妇俩先与幼子一起生活了7年，他们的田地由幼子家耕种。1年前，他们由于种种原因，重新选择了与次子家一起居住，由次子家照料他们的生活，田地也随他们一起从幼子家转到了次子家，由次子家耕种。这个案例是目前翁村亲子养老家庭中唯一一个将田地直接作为获取养老资源资本的案例，这种情况虽然在翁村才刚出现苗头，但是这种获取养老资源的方式得到了不少村民的赞许。

（二）家庭养老的居住安排为合住模式

在以上几种家庭养老模式中，居住安排都维持着被赡养人与赡养人合住的传统格局。在这种居住格局中，老年人能够比较便利地及时获得必要的支持、照料和帮助。尤其在精神慰藉方面，载瓦人家庭对老年人的日常生活十分关心照顾，有好吃的先给老人吃，有好用的先给老人用，老年人从中能够感受到亲情的温暖。在家庭中，老人有较高的地位，他们的意见会受到儿女的重视，老人在心理上能够得到一定的满足。同时，老年人也会为赡养他们的孩子或亲属做一些力所能及的家务劳动，比如照看孙辈、料理家务、饲养家禽家畜、编制竹器等，有的还能够创造一定的经济价值，在一定程度上减轻家庭的养老负担。这种居住模式使老年人的精神养老与物质养老得到有机的结合。

（三）生育资源是重要的养老资源

亲子养老是翁村载瓦人最普遍的养老模式，而在这个代际养老模式中生育是前提。在代际关系上，没有子嗣便谈不上家庭养老，更谈不上亲子养老。在此，生育资源是转化为养老人力资源的重要资源。养子、赘婿与亲属养老，都是对无子女家庭，在无生育资源可转换为养老人力资源情况下的重要补充。在生育资源中，性别又是其转换为养老人力资源的一个变量。在以父系血缘为纽带的载瓦社会，男性才具有终身的家庭成员资格，女性由于不能接续“房梁”，她们只是出生家庭中暂时的过客，最终会通过婚姻而离开自己的家庭而加入丈夫的家庭。男性与女性在家庭中的这种不对称地位，表现在家庭财产的析分上，就是在代际财富作为养老资源的交换过程中，女性没有被纳入互惠交换的范围，她们被排除在家庭财产的继承之外，不能参加家庭财产的析分，只在出嫁时由父母或居家的兄弟从其夫家送的聘礼中拿出总价值的一半作为陪嫁。由于她们不在互惠交换之列，社会对她们也不存在要求其承担父母养老义务的角色期待。作为女性，她们养老资源的获取，除生育外，一个重要的途径就是婚姻。通过婚姻，她们能够与丈夫共同使用夫家的财产、自己的积累以及自己的劳动去获得养老所需的经济、人力等资源。

（四）老年人自己是重要的养老支持力主体之一

养老支持力是指提供养老支持的力量来源，在理论上，养老的实际支持力来源只能来自自我的积累、家庭成员的奉献和回报、社会财富的再分配和社会分工体系的支持。简单说，就是3个来源：老年人自己、家庭成员或者说亲属网络、社会分配制度和分工体系[①]。

在翁村的家庭养老中，除了包括家庭成员和亲属网络给老年人提供养老支持以外，在不同的家庭养老模式中，老年人不仅是养老的接受者，还是养老的支持者，是重要的养老支持力主体。在劳动方面，老年人虽然已经无法从事需要消耗大量体能的劳动，但他们依然尽力地照看孙辈、料理家务、饲养家畜，甚至参加一些轻微的体力劳动，以这种不计算经济效益的“家务劳动”，通过一个迂回的途径为自我养老提供着支持。在资产方面，老年人以自己的房产、土地继承等为交换条件换取照料，这也是提供自我养老支持力的一种表现，只不过前者是以劳动交换，后者是以资产交换。

（五）传统规范是家庭养老的文化保障

翁村载瓦人的家庭养老是在一定的文化架构里进行的，其传统的伦理道德规范“统肯”，是家庭养老的伦理道德资源。“统肯”即景颇族的伦理道德，它是景颇族在长期的社会发展过程中逐渐形成的，是景颇族社会生活中需要遵循的法则和道德规范。历史上，景颇族的社会秩序依靠“统肯”来维系。“统肯”在家庭婚姻、亲属观念、社会伦理、传统教育等方面都有一套比较完整的规范体系，在养老方面也有相关的规范。例如，对亲子养老或家庭养老的伦理，在“统肯”中就有深刻的文化内涵和道德底蕴。“统肯”中明确了“养生送死”是载瓦家庭

① 穆光宗：《家庭养老制度的传统与变革：基于东亚和东南亚地区的一项比较》，华龄出版社，2002，第16页。

的重要职责，要求父母对子女必须做到：一是照顾孩子吃穿，抚育孩子成长。二是待孩子长大后，必须为其操办婚事。三是教育孩子成为有道德、会劳动的人。四是儿子婚后生了小孩，动员其另建家园。反之，要求子女必须对父母做到：一是父母年老后，必须承担赡养之责。二是父母去世后，必须负责埋葬送魂。对父母早亡的未成年人，同姓家族或同宗家庭须收留和扶养。“统肯”中的这种伦理原则，强调了人际关系互动中的道德要求或个人义务，在这种道德伦理下，景颇族社会中不存在幼无所育、老无所养的状况，家庭或家族，恪尽职守地履行着“养生送死”的职责。在“统肯”的规范下，景颇族社会形成了尊老爱幼的美德，老人的衣、食、住、行都会得到最大限度的保障，老人能够得到社会的尊敬。谁家有高寿老人是值得骄傲的，老人过世，葬礼非常隆重。遗弃、虐待老人的现象，在景颇族中是极为罕见的。仅从翁村载瓦人的饮食礼仪中，也能管窥到其文化中尊老伦理精神的深刻烙印。在饮酒的场合，有老年人在场，饮酒一般是先向德高望重的长者敬献；每年丰收季节的新米节，尝新的饭包也先给老人。在日常家庭就餐礼仪中，家庭主妇分发食物时，首先是为长者盛装。杀鸡时，鸡头专门给年长者吃，以表示对老人的尊敬。“统肯”还规定，村寨事务中，重大事务的商议和解决，要与村中的老人们商议，而且由老人定夺的一般不得推翻。在文化传统的规制下，载瓦人认为必须尊重自己的父母，否则子孙不会昌盛，生活不会幸福。在“统肯”的保障下，老年人在载瓦社会关系中获得了必要的尊重和帮助，在公共事务中老有所为，在生活上老有所养、老有所依。

四　翁村养老存在的问题和面临的挑战

（一）养老资源供给不足，养老质量有待提高

养老是一个综合性的范畴，其核心是养老资源问题。资源是养老的载体，离开资源谈养老无疑是空谈。当下，对于农村的养老而言，为老年人提供经济供养、生活照料、精神慰藉的养老资源是养老最基本的核心问题。目前，除了新型农村合作医疗、新型农村社会养老保险和少部分特殊人群能够享受到的农

村最低生活保障外，翁村养老资源的供给，绝大多数仍以家庭为主，社会保障为辅。用于满足最基本的生存需要的经济资源、用于满足老年人养老生活需求的服务资源及精神慰藉资源，主要由老年人自己、子女及亲友等构成的家庭或家族提供，家庭是养老三大资源供给的主要承担者。尤其在养老服务资源及精神慰藉资源方面，政府及社会的供给还处于一种严重的缺失状态。养老资源的供给途径比较单一，供给能力有限。在满足基本生存需要的经济资源方面，新农保由于金额有限，仅在经济供养方面起到辅助作用。虽然村民年均约5000元的收入，已经超过了贫困线标准，但由于家庭受到诸多因素的影响，一旦家庭在生产、生活中遭遇意外事故，就会导致家庭经济陷入困境。所以，这种主要由家庭提供养老资源的较为单一的供给途径缺乏稳定性，老年人的养老经济资源处在一种随时发生变化的不稳定状态之中，家庭对老年人的经济支持能力非常有限。这种经济背景决定了这里老年人的生活只能维持在一种最低水平的生存状态。

与生存保障型的养老资源相比，翁村老年人在精神养老方面的资源更显匮乏，目前，从政府层面而言，所涉及的各种社会养老形式，主要是对老人养老进行最基本的经济供给，生活上的关心和精神上的慰藉方面处于空白。村寨中没有任何可供老人们活动的设施，村一级自治组织也没有开展过针对老年人的任何文体活动。虽然2014年，翁村成立了老年协会，但目前这个协会的主要职责就是领导和操作村寨的集体宗教祭祀活动。由于缺乏丰富老年人生活的养老资源，大多数老年人的生活和交往主要是在家中和家庭周围进行，活动半径狭小，生活单调。无论从物质还是精神层面来看，翁村老年人的养老质量都有待提高。

（二）家庭作为养老资源支持系统的功能有所弱化

在翁村传统的家庭养老模式中，亲子养老、被赡养人与赡养人合住、赡养人有充分的时间照料老年人生活起居等这些由充裕的人力资源带来的红利，已经受到了严峻的挑战。

首先，30多年来的两胎生育政策，在客观上改变着村民的家庭结构，使村民的家庭乃至家族规模由大变小，无形中对父系制家庭养老支持系统功能或多或少造成影响。每个家庭都有男孩的几率降低，其中包括生育几率的降低，也包括收养几率的降低。男性养老人力资源的数量在发生着改变，家庭养老资源支持系统的功能有所弱化，亲子养老和养子养老的传统父系家庭养老模式，正面临着资源弱化的挑战。而目前，社会养老资源尚处于匮乏的状况下，在家庭结构出现了难以胜任照料老人的挑战时，社会尚不具备承担养老资源供给主体的责任。因此，这种改变，或多或少地给在传统父系家庭养老模式下的老年人的养老保障，带来了一定的挑战。

其次，随着村寨青壮年向城镇流动的加剧，老年人在养老的非经济资源获取——例如得到家庭成员照料的时间和精力等方面也遇到了一定的问题。在以家庭为生产单位的自给自足的自然经济条件下，绝大多数村民的活动范围局限在村寨周围，婚姻圈也局限在附近几个不远的村庄范围内。在20世纪末期以前，翁村基本没有村民外出务工，老年人能够从家庭中获得非常充足的照料资源，家庭对老年人生活照料方面的时间和人力基本上能够保障。但是，随着社会经济的发展，大量的青壮年流入城市务工，家庭作为生产单位的功能因为家庭成员的流出而出现弱化，老年人能够获得的照料资源也在减少。截至笔者调查时，村寨中仅留老年人在家留守，年轻人常年离家务工的家庭已经有6家，年轻夫妻带着孩子和父母举家远赴上海打工的有1家。举家到上海打工的是一个独生子家庭，年轻夫妻带着一岁的孩子前往上海时，将父亲也带去帮忙照料孩子，让年近六旬的母亲一人留守在家，后来母亲在劳动中意外受伤，家中无人照料，年轻夫妻又舍不得放弃在上海务工的收入和城市的生活，两年前回来将母亲也接去了上海。一方面他们可以照料老人，另一方面老人也可以帮助他们照看孩子。这位母亲到上海后，接替了照看孩子的工作，其丈夫抽身后也开始在上海打工。这个例子让我们看到了家庭成员外流对照料老年人生活带来的问题。虽然与那些外出务工人员占比较大的村寨相比，翁村进城务工的情况还不是非常突出，但是，通过外出务工增加非农业收入的人数呈现逐年增加趋势。外出人数的增加，必然导致老年人与赡养人在居住上的分离，客观上减少了村寨中家庭养老提供者的数量，也减弱了家庭对老年人的照料。随着外出流动人员的逐年增多，村寨中的家庭养老资源受到一定挑战，老年人与子女在生活上长期的时空分离，使老年人能够获得的照料资源逐渐减少。同时，随着分离带来的家庭成员之间交流机会的逐渐减少，老年人能够获得的精神慰藉资源也将受到影响。

以上存在的问题，需要相关部门在今后的工作中积极探索应对方式，建立起多层次、多途径的农村养老保障制度，将由诸多因素变化给家庭养老带来的不利影响降到最低程度，让农村老年人的养老生活得到充分的保障。

参考文献

1. 赵学先，岳坚：《景颇族文化大观》，云南民族出版社，1999。

2. 周兴渤：《景颇族文化》，吉林教育出版社，1991。

3. 刘刚，石锐，王皎：《景颇族文化史》，云南民族出版社，2002。

4. 景颇族调查组：《景颇族——瑞丽弄岛乡等嘎村》，云南大学出版社，2001。

5. 丁方等：《我国养老模式研究综述》，中国市场，2014。

苗族阿卯支系的分家模式与老年人生活状况调查

——以昆明城郊箐村[①]为例

古文凤　高　霖

分家，就是已婚子女从父母的家庭中分离出来，单立门户。它主要以家庭财产的分割、分灶、分家什为标志。[②]分家是人们为了规避代际和代内家庭成员之间的紧张关系，实现家庭财产在家庭成员之间的均等分配，满足每位家庭成员的生存发展需求，最终达到家庭和谐继替和家族世代延续的目的而采取的办法。一个民族或社会的分家方式，是这个民族或社会文化习俗的重要组成部分。在男娶女嫁为主的中国传统社会，分家主要是指儿子儿媳从父母的家庭中分离出来；家庭财产在诸子中平均分配；出嫁女儿没有参与财产分割的权利，她们从父母那里获得的主要是嫁妆。但是不管什么民族，实行什么样的分家模式，其分家过程中的核心问题是父母或老年人的养老问题。

与汉族和大多数少数民族社会一样，苗族社会是父系继承制社会，男娶女嫁，家庭财产由儿子继承，出嫁女儿没有财产继承权。独子一般不与父母分家，独生女大多招婿上门。多子家庭，每个儿子结婚后均分家另立门户，父母一般与最小的儿子儿媳居住；也有的是父亲和母亲被分开，分别与不同的儿子儿媳居住。由于苗族支系多，居住分散，其风俗习惯因支系和地区的差别而有较大差异。

---

① 为避免使用真实名称给村民带来麻烦，本文按惯例，以化名“箐村”取代调查点的真实村名。

② 陶自祥：《家庭继替》，中国社会科学出版社，2015，第8～10页。

一 苗族阿卯支系的分家模式

“阿卯”是苗族的一个支系，俗称“大花苗”，总人口约30万，所讲语言属苗语西部方言滇东北次方言，其人口主要分布于贵州省西部、云南省东北部、北部和中部地区。20世纪90年代末，因异地扶贫搬迁，有部分苗族阿卯人从云南省昭通市高寒贫瘠山区搬迁到普洱市定居。云南苗族阿卯支系大部分是从贵州迁入的。20世纪初，英国基督教传教士进入滇东北、黔西北地区传教，苗族“阿卯”支系多数信仰了基督教。为了便于学习《圣经》，传教士为这个支系的苗族创造了苗族文字，使基督教在这个支系的苗族中广为传播的同时，苗文也在这个支系的苗族中得到了广泛普及。

（一）苗族阿卯支系中的“老人家庭”现象

在翻阅和钟华主编《大山的女儿：经验、心声和需求》[①]的时候，我们从中看到关于禄劝县翠华乡汤郎箐办事处某村苗族妇女张美英的口述访谈材料。张美英夫妇生有4个姑娘和1个儿子，姑娘全部出嫁，唯一的儿子结婚后也与老人分家另立门户，剩下张美英老两口组成仅有两位老人的家庭，我们暂且称之为“老人家庭”。此后，我们在其他地方苗族阿卯支系中不仅发现这一分家模式的普遍存在，还发现丧偶独居的“老人家庭”不在少数。

箐村位于昆明城郊海拔2300多米的山区，距昆明城区30余公里，是苗族阿卯支系聚居的村寨。[②]20世纪初，苗族阿卯支系从贵州威宁辗转迁徙来到这里建寨。1936年，村中建起基督教教堂，现村民大部分信仰基督教。2015年底，全村174户，475人，除2户9人为汉族外，其余全部是苗族。在174户中，有8户人家从传统意义上看已经分了家，即分了土地、分了家什、分了灶，并与父母分开居住，但由于近年来政府加大耕地保护力度，限制新盖住房和新增户数，所以这8户人家还没有获得单列的户口。具有单列户口的166户中，“老人家庭”户有17户，当中夫妻双全的老人家庭有7户，丧偶独居的老人家庭有10户。独居老人中，女性独居老人有6户。

① 和钟华主编《大山的女儿：经验、心声和需求》，贵州民族出版社，1998。

② 为避免使用真实村名的敏感性，“箐村”是化名。

（二）苗族阿卯支系的分家习俗

苗族阿卯支系的社会是父系制社会，男娶女嫁，家庭财产由儿子继承。无儿可招女婿上门，但独生女儿出嫁的案例不在少数。长子长大结婚后，一般与父母同住1～2年，便在父母的房子即“母房”附近另建新房，与父母分开，另起炉灶，建立自己的家庭，父母则带着未婚儿女继续居住在原来的屋子即母屋中。次子长大结婚以后，又开始另建房子，从母屋中与父母和未婚弟妹分离，建立次子的家庭，直到最小的女儿出嫁、最小的儿子结婚成家，剩下父亲和母亲两个老人留在母屋中，组成两个老人自己的家庭，即“老人家庭”。

苗族阿卯支系的“老人家庭”保持着原初单列的户口，“老屋”即母屋，是他们的住房，与儿女分灶生活。在与子女分家的过程中，两个老人要么留下一份土地自己耕种，要么把土地全部分给子女后，老人自己新开一块土地耕种。总之，他们有自己的土地，自己养殖家禽家畜，自食其力，家庭经济独立核算。即便是其中一人去世，留下父亲或者母亲，也一个人居住、生活，直到年迈不能动弹，再考虑由哪一个儿子为他们养老送终的问题。一般来说，如果母亲去世留下父亲，多数父亲会续弦，组成新的“老人家庭”；如果父亲去世留下母亲，少数母亲会改嫁，多数母亲一个人居住、生活，成为寡居老人的家庭，因此造成苗族阿卯社会独居女性老人多于男性老人的现象。

（三）苗族阿卯支系分家的原则和特点

苗族阿卯支系的分家模式，具有自己的一些特点。

首先，汉族、其他少数民族和苗族的其他支系都遵循的一个共同原则，就是独子不分家，独女不出嫁。但在苗族阿卯支系中，父母与已婚儿女分家单独居住的情况，不只限于多子家庭，独女出嫁、独子分家也是普遍现象。比如前述禄劝县汤郎箐的张某英夫妇，就是与独儿子分家的老人家庭；箐村172户苗族中，有6户是招女婿上门后，女儿女婿与父母分家形成；15户老人家庭户中，有2户是与独儿子分家形成，有1户没有儿子，只有一个独姑娘，姑娘出嫁后，留下父母成为“老人家庭”。

其次，从分家的时间看，儿女与父母分家一般都在结婚后1～3年，极少数为5～7年。箐村王某花生有3男3女共6个儿女，3个儿子结婚以后与她一起居住的时间均不到3年。

第三，家庭财产和土地在诸子当中平均分配。分家的时候，每个儿子都可以分得一份父母的土地和财产，入赘的女婿具有与亲生儿子一样的权利。“老人家庭”有的是从既有土地中分得一份土地，如王某花和老伴就在与3个儿子分家的过程中，分得两小块共计1.8亩土地。也有的老人把所有土地分给子女，自己重新开垦荒地耕种。

第四，女儿若嫁在本村，可以从父母处获得一份陪嫁的土地。按照苗族阿卯人的习惯，女儿嫁到外村，因无法带走土地，除了嫁妆，她不参与家庭土地的分割。但女儿若嫁到本村，父母必须拿出一块土地作为女儿的陪嫁，即使这块地一般没有儿子们分到的面积大。王某花的3个女儿都嫁到了外村，所以没有参与土地的分割。但她的一个孙子娶了本村王姓的姑娘，孙媳嫁过来的时候，就从娘家带来一块土地。

第五，儿女与父母分家时，父母都要帮助他们建好新房，然后再行分家。分家的时候，父母要分给儿子儿媳诸如母牛、母猪、母鸡之类的家禽家畜，以便新建家庭的经济生活能够得到持续发展。

二　分家过程中“老人家庭”产生的原因

关于苗族阿卯支系“老人家庭”现象出现的历史，笔者访谈了一些老人，他们都说这是苗族人的习惯，自他们记事起，苗族人就是这样分家的。至于缘起于什么时候，没有人能说得清楚。

关于苗族阿卯支系分家过程中为什么会出现“老人家庭”，各地苗族阿卯人给出的回答基本是一致的。在《大山的女儿》一书中，张美英就此问题做了如下的回答：“这哈（即现在）我们动得起嘛，我们自己苦自己吃。”“自己住嘛，我们自己栽，自己种（庄稼），养点猪鸡去卖。搭（即和）儿媳妇坐

（即住）嘛不敢去卖嘎。老人去搭儿媳妇坐，什么都不管了嘛，才认得在家里瞧瞧门啊，扫扫房子（即扫地）啊那个啦。以前我姑娘（未出嫁）搭我坐（即与我住在一起），人多，儿媳妇去做活计回来，肚子饿了都不敢舀一点饭吃。给她分出去嘛，她自己煮饭啰，她自己舀饭吃嘛不害羞嘎。搭我坐（住）嘛，小娃娃多，肚子饿啦不敢来舀一点饭吃。就因这点嘛分开啦。”[①]2015年，我们在箐村调查时，苗族村民也给出了相似的回答：“儿媳妇刚嫁到我们家，害羞，有我们老人在旁边，她想吃点东西也不好意思拿，她做活回来肚子饿了也不好意思找东西吃；拿我们老人来说，手脚不灵、动作慢，早上起床也要晚一些，饭菜喜欢吃软一点，分开生活，各自不受拘束，对每个人都有好处。”箐村的一位村干部总结说：“我们苗族的习惯，儿子结婚后，不等婆媳关系出现问题就要赶紧分家。所以我们苗族婆媳关系都很融洽。”

陶自祥在其著作《家庭继替》中，就中国农村普遍存在的分家习俗归纳出以下几点原因：一是规避紧张的代际关系。二是规避代内伦理责任和代内关系冲突。三是农民的理性选择。四是文化习俗使然。五是子代财产权意识的觉醒。六是建构新的社会关系，实现家庭在社区中身份的继替和更新。[②]苗族阿卯支系分家过程中之所以出现“老人家庭”，除了以上六点原因以外，我们认为它更强调以下几点：一是规避婆媳之间紧张的关系，维护家庭和社会的和谐。二是赋予年轻夫妻自由权、独立权，培养他们独立生活的能力。三是赋权老人（婆婆和儿媳妇），维护老人在家庭中的地位、自主权和经济独立权。

在中国农村，汉族和包括苗族其他支系在内的许多民族，其分家的过程就是父母权利不断被削弱的过程，等到最小的孩子成家以后，父母的财产也被儿女瓜分完毕，父母从原来的财产所有者变成无产者，地位也从一家之主变成附从，只能依附儿子儿媳，帮儿子儿媳守家、扫地、领小孩。父母晚年生活的状况，完全取决于子女的良心和孝心。因而，父母受不孝子女虐待的现象不乏其数。

众所周知，在一个几代人同堂的大家庭，无论是父母还是儿女，双方都有自主权和家庭经济独立权的诉求，双方拉锯的结果，往往就是家庭矛盾产生的

① 和钟华主编《大山的女儿：经验、心声和需求》，贵州民族出版社，1998，第56页。

② 陶自祥：《家庭继替》，中国社会科学出版社，2015，第10～16页。

原因。苗族阿卯支系的分家模式，不仅赋予儿女家庭自主权、经济独立权，也赋予了父母同样的权利，保障了父母、儿女各自在家庭中持久的地位和自主权。苗族“老人家庭”中的老人，在丧失劳动力之前，他们在家庭中行动自由，经济独立，家庭财产完全由自己支配。特别是国家实行计划生育政策30多年来，苗族农村一对夫妇只生育两个孩子，孩子结婚成家后，父母的年龄一般在50岁左右，正是年轻力壮之时，可以通过自己的劳动创造财富，而不必过早依附儿女，变成儿女的附属。

就箐村来说，近年来实施民族文化开发工程，农民的部分土地被征用。一些“老人家庭”承包的土地被征用后，获得了开发商支付的土地征用款。这些土地征用款完全属于老人自己，儿女或其他亲属无权干预。如王某花个人承包的部分土地就被征用并获得了一笔土地征用款，她的3个儿子谁都没有权占有老人的财产。此外，王某花每月还有政府发放的养老金和低保。如今老人年纪大，患有腰疾，走路和干农活都会加重她的病情。有了这些属于她自己的财产，她便请人帮她做活计。她说：“病了嘛叫儿子儿媳妇去帮我买药，没得米吃了，我拿钱给他们去帮我买，犁地犁不起，也是喊他们去帮我犁；到二三月间天干没得水吃，要开拖拉机去远处拉，我也是叫他们去拉来给我吃；有时间我去砍柴，背不起，我把柴砍好堆起，叫他们去背，背回来大伙烧；我的养老金、低保都是他们去帮我取，取回来后，我给每个儿子200块，给他们买鞋子穿。”她还出钱请儿女们吃饭，“要过年的时候，儿子去帮我取来2100块钱，我打电话把姑娘女婿全部喊回来，把儿子儿媳全部叫上，请他们去街上吃馆子，我出钱。”这些充分体现了苗族阿卯支系“老人家庭”老人的独立地位和自主权。

三　苗族阿卯支系分家模式下老年人的生活状况

（一）父母子女相互之间的伦理责任

苗族阿卯支系儿女与父母分家以后，“老人家庭”与子女家庭并非互不相干，而是各自都要尽自己的伦理责任。

作为父母，帮助儿女们带小孩、看家、放牲口、耕田种地、收割等，是父母的责任。尤其是儿女刚分家出去的时候，孩子小，条件差，而父母还年轻，此时帮助儿女是父母义不容辞的责任。《大山的女儿：经验、心声和需求》里的张美英，她生有4个姑娘1个儿子，共有4个孙女。她说孙女们小时候，她背的背、拉的拉带着她们去看电影、赶街，想吃什么就买给她们；家中有钱也不存银行，儿女中哪一个有困难就把钱拿给哪一个。[①]

箐村的王某花43岁就死了丈夫，许多人劝她改嫁，就连她的父母都劝她改嫁，但她不愿意丢下自己的孩子。她一直独居，除了养猪养鸡，耕种自己的份地养活自己外，她努力帮她的几个儿子儿媳带小孩、割猪草、放牛、种地、收苞谷、砍柴等等，只要看到儿子们家中需要她，她都去做。她说，3个儿子里面，她帮老大家要少一些，因为老大只有一个姑娘，姑娘出嫁后就剩他们两口，负担要轻一些，收苞谷时别人家没有收完他们就收完了。但是“一点不帮也不行，都是自己的娃娃，要平均，不帮他一点，怕他想不通。老大生病去医院，我拿了200块钱给他；老大去地里施尿素，我还不是跟着去帮忙”。

王某花的二儿子16岁时患眼疾，因没有得到很好的治疗，导致其一只眼睛失明，所以她帮二儿子要多一些。二儿子儿媳生有两个儿子，因为给大孙子盖房子、娶媳妇，老二两口子很苦，所以她经常去帮他们。“老二他们忙着起房子，苞谷熟在地头没得人去收，我就日日去地头帮他们撕苞谷，撕好后背来一堆的堆在地边，儿子开拖拉机去拉回来。”

对于嫁出去的姑娘，只要需要，老人（尤其是母亲）都会尽力前往帮忙，帮女儿看家、带孩子、做活计等。在我们访谈王某花时，她正在帮她的小女儿照看孩子。她说，小女儿女婿因为建新房贷了款，为了还贷，两人去了外省打工，要去一年，把14岁不愿读书的外孙送来与王某花同吃同住，帮助照看。

作为儿女，帮助父母是自己应尽的义务。儿子儿媳，要尽力帮助单独居住的父母犁田地、挑水，去街上帮父母取钱购物；父母亲生病，要带他们去医院看病；家里做好吃的，要叫两位老人过来吃，平时要经常性地给他们买衣服，

① 和钟华主编《大山的女儿》（西南卷），贵州民族出版社，1998，第56～57页。

老人生病不能自理，要做一日三餐给他们送过去。

出嫁的姑娘也会经常性地买米买油买衣服送来给父母。箐村的感恩节上，我们看到一群老年妇女穿着干净、鲜艳的苗族服装，一排地坐在教堂广场边晒太阳、聊天，她们说身上的服装都是她们各自的女儿、儿媳妇买给她们的。

但是，父母、儿女之间的责任和义务，往往只是出于伦理责任，并非必然，也不具有法律效用。而且通常因不同的家庭、不同的人而具有较大的差异性，从而导致老年人晚年生活状况的较大差异性。

（二）老年人的生活状况

国家的养老政策2010年开始在箐村实施，当年年满60周岁的村民，每人每月可领到政府发放的养老金90元。但是从2011年开始，规定年满16周岁者，每人每年必须交100元养老保险费，交足15年，到了60岁才能领取养老金，多交多领，不交者便没有养老金。据了解，箐村交养老保险费的村民很少，不到总人口的三分之一。原因，一是村民养老意识淡薄，认为世世代代都是这样过的，有没有养老金都要过生活，不交也罢。二是现在交钱，几十年以后才能领取，领取养老金的日子离他们太远，不现实。三是担心政策有变，现在交了钱，不知道几十年以后这些钱能不能拿得回来。所以，不少村民甚至交了一两年养老保险费以后便不再缴纳。相比之下，村民对每人每年缴纳120元的医疗保险费的积极性比较高，村民缴费率达100%。

从2013年起，箐村80岁以上的老人每年可以领到一笔高龄补贴费，并且逐年增加，2013年为480元，2014年为540元，2015年为600元；90岁以上的老人每年有1100元，同样也是逐年增加；100岁以上的老人，每月可领到300元。

从2007年开始，贫困家庭老人可以向国家申请低保。哪些村民享受低保，由村民小组讨论研究决定，低保金额也是根据家庭的贫困程度而分成不同的档次，有每月130元、160元、190元、210元不等。现箐村享受低保的老人有12人。

据了解，虽然县城建有养老院，但是到目前为止箐村没有一位老人到县城养老院养老，原因是多方面的。一是养老院收费昂贵，村民承担不起费用。二是苗族老人们不习惯城里生活、不习惯被关在围墙里的生活，喜欢在山上到处走走，吹吹风，晒晒太阳，做点活计，认为这样病痛少，人可以多活几年。三是民族习惯不同，苗族老人大多不会讲汉话，难以与外族人沟通交流。基于前述这些原因，在家养老、养儿防老，仍然是箐村老人唯一的选择。老年人晚年生活状况的好坏，完全取决于儿女的良心和孝心。

按当地苗族的习惯，年龄在70岁以下者均不算老人。因为他们大多还能耕田种地，饲养家禽家畜，能自食其力。按箐村干部的说法，“60～70岁在我们农村不算老，他们精神好，苦得，能养很多的猪、鸡、牛、羊，用水也多，所以对60～70岁的人，我们不免水费，要70岁以上才免收水费”。

箐村70岁以上的老人有40余人，他们的晚年生活状况与苗族特殊的分家习俗有关，与老人子女的良心和孝心也有很大的关系，大致可以分为较好、较差和中间偏差三种类型。其中，晚年生活较好者仅有2人，约占5%，其原因是子女孝顺。张某荣，男，87岁，其一子在办事处工作，儿子有文化、懂国家政策，儿媳孝顺，老人虽然独居，但一日三餐都能吃到儿子儿媳送来的热汤热饭，衣服裤子由儿子儿媳买给他，有病有痛、吃药打针或送医院，都有儿子细致的关怀。潘某花，女，80多岁，一个人居住在村中一栋土坯房里，生有一儿一女，女儿出嫁，儿子把家建在离此处大约两公里的对面。老人因年纪大，足不出户，柴米油盐都是儿子送来给她。老人说，她的第一个儿媳妇因与儿子吵架后想不通自杀了，后娶的这个儿媳妇良心好，经常过来看她，做好饭送来给她吃，她身上穿的衣服裙子也都是儿媳给她买的。即便如此，晚年生活较好的老人，他们面对的一个共同问题就是孤独。

晚年生活较为凄惨的有2户3人，约占7%，原因就是儿女无良、不孝。如张某玲生有一儿一女，女儿出嫁，独子与她分家，老人长期一个人居住、生活，晚年疾病缠身，生活不能自理，其独子对她的情况不仅不闻不问，还霸占了老人的全部土地征用款，使得老人生前经常连饭都吃不上。大年三十晚上，老人孤独地逝在其独居屋里。另据村民反映，张某明夫妇80多岁，生有两个儿子，死了一个还有一个，但是儿子无良不孝，经常叫两位老人上山为他放牛放羊。他的老母亲上山干活时小腿被石头划伤化脓，他不仅不给母亲治病，还叫老人一瘸一拐地去放牛。儿子有车，两位老人去办事处办事，儿子不接不送，20分钟的路程，两个老人走了两个多小时。

箐村40多位老人中，约70%～80%老人的生活状况处于中间偏差的情况。这是由于老人与儿子儿媳都有自己的家，平时自己过自己的家庭生活，所以老人与儿子儿媳们处于相对隔离的状态。儿子儿媳们一般的做法是，隔两三天到老人家门口侧耳听听、探头看看老人的动静。

在苗族阿卯支系特殊的分家模式下，夫妇双全的老人家庭，老夫老妻相互关心、互相照顾、互相做伴，相依为命。这样的老人家庭，两位老人看起来不感到孤独，精神状态好，室内收拾得较为干净，也充满着生活气息，老人的生活质量也较高。我们在一对70多岁的老夫妇家里看到，他们家堂屋顶上挂满了腌肉，女主人还做出很好吃的水焖粑粑。对于丧偶独居的老人家庭，老人独守空房，吃的很随意，煮一次饭有可能吃三四天，只求填饱肚子；孤独、生病无人过问，累了、饿了都得自己动手，这是独居老人面对的普遍问题。与夫妻双全的老人家庭比，独居老人的家庭，室内更加脏、乱、黑。因为孤独，不少老人只能以《圣经》为伴。

养儿防老，老人丧失劳动力以后，必须归依儿子们，由儿子们为他们养老送终，这是中国农村普遍的养老方式。苗族阿卯支系的传统，人老了以后，一般都归依最小的儿子，由小儿子为其养老送终。但是在种种复杂的利益关系和实际困难面前，传统往往显得软弱无力。像现年76岁的王某花，有腰疾，不能劳动，连她最喜欢的宗教活动都不能去参加。但是她的3个儿子谁都不愿意供养她，村干部为此专门把她的3个儿子请来做工作，但争吵了半天仍然没有结果。最后村干部根据她家的实际，决定让老人归依二儿子，由二儿子负主要责任为她养老送终，但二儿子拒绝承担责任，所以老人至今仍然一个人居住。王某花说，前不久她病了三天三夜，躺在床上起不来，水都倒不着喝，几个儿子儿媳谁都没有来看过她。

为了吃上一口饱饭，享受儿孙绕膝的家庭生活，有病有痛能有个依靠，许多老人只能拼命干活以讨儿女欢心。像王某花患有严重的腰疾，从她家里到教堂不到两公里的路程，她要休息4次才可以走到，但为了讨好儿子儿媳，他们去地里挖洋芋她只有跟着去，“挖一阵，腰疼得耐不住，就直起腰休息一下，又接着挖”。这是农村许多老人晚年的处境。箐村苗族由于其特殊的分家习俗，老人晚年大部分独居一处，儿女孝顺者不愁衣食，但仍然难解孤独。儿女不孝者，晚景更加凄惨。

四　基督教对苗族阿卯支系老年人生活的影响

（一）宗教活动客观上为老人们提供了聚会、交流的机会和平台

苗族的基督教信仰始于20世纪初，至今已有110多年的历史。基督教的传播对苗族阿卯支系文化习俗带来了一系列的影响。箐村苗族信仰基督教者占全村总人口的三分之二，中老年妇女几乎全部信仰基督教。信教群众尤其是妇女均能识读苗文、阅读苗文《圣经》、唱苗文赞美诗。每周三晚上、周六晚上和周日举行礼拜活动。每逢礼拜，信教群众便集中在教堂听道、唱赞美诗。箐村教会把村里的信教群众按年龄分为青年唱诗班和中老年唱诗班，每天晚饭后，青年唱诗班集中在大教堂，中老年唱诗班则集中到主日学校教室唱赞美诗。感恩节、圣诞节是箐村盛大的宗教节庆活动，届时周边村寨的教会都要派出团队前来祝贺，节日期间除了传道、做礼拜，还要举行吃圣餐活动。信徒只要做出一定的奉献，比如奉献几十元钱、几斤大米或上好的玉米等，就可以参加吃圣餐。因此，宗教信仰为老人们提供了聚会、交流、聚餐的机会。在访谈过程中许多老人表示，每天晚上到教堂唱诗，每周的礼拜活动和每年过年、感恩节、圣诞节等，是他们最快乐的时候。由于孤独无依，寡居的老年妇女100%信仰基督教。

年老体弱或行动不便不能去教堂参加礼拜、唱诗活动的老人，读苗文《圣经》、唱赞美诗成为她们排解孤独的唯一方式。

（二）宗教给老年人孤独的心灵以慰藉

基督教崇拜一神即上帝耶和华，不拜别的偶像。宣称信徒凭借虔诚信仰就

可以直接与上帝交流，信仰上帝的人死后将在天堂与神相伴，不信教者、魔鬼和恶人将被打入地狱，接受永罚。基督教教规教义规定：当孝敬父母，不可杀人，不可奸淫，不可偷盗，不可作假证陷害人，不可贪恋别人一切。“信、望、爱”是基督教信徒必须具备的三大美德。“信”就是“信任”“忠诚”，望是有“期望”、祈求神的庇护，“爱”是神的本质，就是“爱人如己”，是信徒的最大美德。同时，基督教对婚姻十分重视，认为婚姻是神圣的，应以一夫一妻为原则，不主张离婚。对于信仰基督教的箐村苗族来说，在未通公路之前，内部从来没有出现过小偷小摸现象，也从来没有出现过杀人、奸淫、偷盗、陷害别人等现象，村民过的仍然是路不拾遗、夜不闭户的生活。如今，在苗族阿卯支系中，夫妻因口舌之争，一方一时想不通上吊或喝农药自杀的现象十分普遍，已成为这个支系苗族的一个突出社会问题，箐村也不乏这方面的例子。这也是导致一些鳏寡老人家庭产生的原因。

基督教的上述教规教义对村民的影响更多地体现在老人和妇女身上。年纪大、身体不好、出不了门的老人，尤其是女性老人，她们不能去教堂参加活动，独自在家时，几乎都靠读《圣经》、唱赞美诗度日，一方面学习教规教义，祈求心灵上与上帝同在；另一方面，也排解内心的烦恼，消磨时间。笔者在箐村调查时，偶然从一户人家门口经过，听到从屋里传出唱歌声，走进去黑漆漆一片，站了一会儿以后才看清火塘边坐着一位老年妇女，她手捧一本苗文赞美诗独自在唱歌。经询问得知她已80多岁，因为身体不好，已经很多年没有去教堂了。问她平时一个人会不会感到孤独，她笑呵呵地说：“我日日看书、唱歌，日子好过得很。我自己一个人也有想不通的时候，但想到耶稣与我同在，心里就高兴了。”

每年春节或一些特殊的节庆活动，村里的教会会给每位老人（不分信教与否）发放一些诸如米、油之类的慰问品，表示对老人们的关爱。

虽然基督教教义规定“应当孝敬父母”“爱人如己”，但我们对箐村的调查发现，苗族基督教信仰与儿女对父母的良心、孝心和责任心之间，不成正比例关系，有的甚至成反比例关系。体现在信教村民对待老人的问题上，宗教教规、教义没有发生明显的作用。据村干部反映，把全村作为一个整体来看，全村老人的生活状况与村民的宗教信仰名不副实；部分村民之间对比，信教村民与非信教村民在对待老人问题上没有什么差别。有些信教村民在对待老人的言行上还不如非信教村民。个别村民在教会中还担任着诸如执事、传道员之类的职务，但是在对待自己家老人的言行、态度上，却是完全违背基督教教规教义的。典型的如王某花的3个儿子，在老人的赡养问题上争吵不休，谁都不愿承担老人的养老责任；二儿子在教会里担任执事，但是在对待他母亲的养老问题上，在村干部做工作的情况下，他仍然抵制村小组的决定，拒绝赡养老母亲。

而村民受教育程度的高低、是否担任村干部与儿女对父母的良心、孝心和责任心之间，是成正比例关系的。也就是说，村民文化教育水平越高，对父母就越孝敬，老人晚年的生活就越幸福；村干部的家庭，一般也是儿女有孝心、老人生活幸福的好家庭。

五　结语

苗族阿卯支系独特的分家模式，充分尊重了家庭成员的自由与自主权，最大限度地发挥了老人在家庭中的作用，维护了老人在家庭中的地位和经济自主权、独立权。但是，在老年社会到来，国家养老政策相对滞后，民族民间缺乏创新养老保障体系的情况下，每个人老了、丧失了劳动能力之后，都只能按民族传统的“养儿防老”方式，将自己的老年生活寄托在儿女身上，而儿女的良心和孝心就决定着老人生活的质量和生存状况。国家30多年来的计划生育政策，使得农村一对夫妇只能生育两个孩子，致使孩子们在老人们面前也显得力不从心。计划生育政策与苗族传统习惯的交集，也给苗族阿卯支系老年人的养老带来一系列问题。

苗族阿卯支系的基督教信仰对信教者个人的心理和精神形成了一定的支撑体系。参加各种宗教活动，不仅为老人们提供了聚会、交流的平台和机会，还使老人们学会了苗文，并用苗文诵读《圣经》、唱赞美诗，极大地丰富了老年人的业余生活。许多孤寡老人在“耶稣与我同在”“上帝关爱每一个人”的信念下，通过读《圣经》、唱赞美诗，排解孤独，消除对死亡的恐惧，视死如归。但就整体来说，“孝敬父母”“爱人如己”等基督教教规教义在箐村并没有形成民族群体或社区信教群众普遍遵循的行为规范和价值理念，反映在老年人的养老问题上也是如此。因此，一个融民族传统习惯与宗教文化为一体、环境熟悉、社会化程度高、不唯“养儿防老”的村社养老组织机构的建立，是解决箐村老年人当前生存状况的最好选择。

哈尼族传统家庭养老方式的现代恢复与可持续发展

王清华

清人王思训说：哈尼族“上下相接皆有礼”。[①]这“礼”就是老少尊卑，社会秩序。王思训之一语道出了哈尼族处理人际关系的原则。这一原则不仅体现在邻里关系、村寨关系，与其他民族及更广阔的人际关系中，而且更集中地体现在血浓于水的哈尼族家庭关系中。它维系了哈尼族和睦融洽的家庭生活和世世代代的生存繁衍，维系了红河哈尼梯田的长期存在和发展。

在哈尼族“上下相接皆有礼”的社会和家庭关系中，老年生活或养老从来就不是问题，它是人生和家庭发展的正常过程。“少有哺育，老有所养”不仅是正常的，而且是天经地义的，自自然然的。

然而，自20世纪80年代始，由于红河南岸哈尼族青壮年大量外出打工，使很多家庭成为“老少留守”，甚至成为“空巢”，这不仅极大地影响了哈尼族的家庭结构和秩序，威胁着梯田农业的正常进行，而且使家庭养老变成严峻问题。

对此，政府和一些有识之士曾提出对策和建议，诸如“农村养老保险”“农村养老院”之类，但收效甚微。在长期的对哈尼族家庭调查的基础上，本文以发现传统、激活传统为理念，对哈尼族家庭及养老问题提出对策建议。

---

① 《滇南杂志》卷三三。

一　哈尼族传统家庭及养老方式

云南红河南岸的哈尼族是一个历史悠久，文化丰厚，具有强烈内聚力和向心力的民族。这是因为哀牢山安定环境（哈尼族曾有过漫长的迁徙历史）的存在，是在艰难困苦中共同创造梯田、维护梯田、从事梯田农业的共同生涯中形成的。这种内聚力和向心力表现在家庭中则是上下相接，亲情融融，生死相依。

（一）哈尼族的传统家庭

哈尼族在家庭观念上，奉行着"树大分枝"的原则。哈尼族男子一经结婚生子，一般都要与父母分家，建立独立的小家庭。分家时，父母按家庭人口将田产、农具等平均分配给分家的儿子。一般情况，最小的儿子留在父母身边，以继承父母的那一份田产和祖宅。实际上，可以看到，哈尼族家庭尽管树大要分枝，但主杆仍存。分出若干小家庭后，最后小儿子仍然和父母组成一个较大家庭，小儿子一旦生子，这个家庭就成三代同堂的大家庭，以后还可能成为四代五代同堂的大家庭。所以应该说，在哈尼族社会中，大家庭与小家庭并存，实行着父权制的家庭结构。

另外，值得注意的是，在个别地区，哈尼族社会中存在大家族制度。例如哀牢山区红河县垤玛一带哈尼族"是长期保持大家族制的典型地区，重世系和血缘团结，形成同父系大家族多世代聚居不散的现象。他们的生产也由父亲或长子负责，家务由母亲和长媳安排，实行大家族整体经济，统一生产粮食和饲养家禽、家畜，统一安排全家族成员的消费，不存在小家庭的独立经济。以尊敬长者的传统教育后代，家长对晚辈和全家族成员采取公平态度维护大家族的兴旺。晚辈结婚完全不必自筹家当，家长早已考虑周全，为每个应婚应嫁的儿女们做好准备。这一地区的哈尼族，总喜欢同家族人紧靠在一起修建住房。如果大家族人口自然增殖后仍不分家，就在原房址侧边扩建同样规模和格局的房屋，这就避免因住房好坏不一而造成成员之间的不和，这实际上是原始平均主义思想的反映。直到今天，他们有人外出归来，买回来的东西，都要分给大家族的每一个人，而不限于自己小家庭成员。这种长期形成的风尚，都在巩固大家族的团结，力促大家族的聚拢”[①]。

在哈尼族社会中，无论小家庭、大家庭、大家族，其内部都是融洽和睦的。每一个人在家庭中都有一定的位置和职责，都认真地履行着尊长护幼“上下相接皆有礼”这一民族道德原则。

在哈尼族家庭中，父亲的地位最高，其职责是负责安排全家的劳动生产，管理经济收支。一个父亲，他必须为家庭的前途、儿女的成长负有全责。他的为人，他一辈子的劳动必须为儿女们做出表率，他积累的知识和从事梯田劳作的技艺必须在儿女成年前全部传授给他们，一句话，他的言行举止必须符合哈尼族的规矩，为子女做出榜样。当然，与家庭有关的一切大事也由他主宰。

母亲，在哈尼族社会中是受到人们崇敬的，特别是经过艰辛的生活，从媳妇熬成婆婆的老年母亲更受到极大的尊重。在社会上，她们和男性长者（父亲）一样是勤劳、智慧的象征。在家庭中，她们是生活的当然权威，她们指导媳妇管理家政、纺纱织布、染布缝衣、培养儿孙。对于家庭的和睦、健康和发展，她们负有重大的责任，与此相关的一切大事，她们都亲自到场，亲自动手。例如，盖房子是哈尼族家庭的大事，此事直接关系到家庭的安定和兴旺发展。男人们选定地基后，家庭中的老母亲、老婆婆要亲手用丝线量其方圆，然后才能破土动工。在我们的观察中，这实际上仅是象征性的操作，但哈尼族人告诉我们，这很重要，只有这样，神灵才会保佑新居安康。有些地区的哈尼族住宅的房顶是用山茅草覆盖，这第一把草也必须由老母亲来割，据说也只有这样，神灵才会保佑其家庭安居乐业。梯田农业生产，更是哈尼族家庭生存、发展的大事，尽管哈尼族老母亲（或老婆婆）已经不参加直接的田间农业生产劳动，但像栽秧这样由女性负责的关键性农业活动，她是必须到场的。开秧门这天，这个家庭的母亲先拔出第一捆秧。这捆秧称为“母亲秧”。栽秧前，这位母亲拿着第一捆秧，绕田一周后，等候在旁的穿着崭新衣服的媳妇、女儿就蜂拥下田，进行栽插。哈尼族认为，此“秧”如同“出嫁的新娘”，她的成活、成长，不仅意味着农业丰收，而且意味着子孙满堂。

① 毛佑全，李期博：《哈尼族》，民族出版社，1989，第104页。

哈尼族母亲每天必须早起，她的第一件事情就是生火做早饭和煮猪食，如果她还是一位婆婆的话，这件事情就由儿媳妇与她一起完成。饭做好后，老公、儿子和媳妇先吃，她去喂猪。同时将孙儿孙女从床上叫起来穿戴。等儿子、儿媳妇吃完饭去田里，老公去放牛，她就和孙儿们一起吃饭。饭后，是学生的孙儿去学堂，其他孙儿就跟她到附近的山中摘猪菜。回来后，她有时到菜园里弄弄蔬菜，有时在屋子的晒台上织织布，抱抱孙子。在干这些细碎活计的过程中，给孙儿们讲故事是她的天然职责。在哀牢山中，家庭的老祖母是儿童们的第一个启蒙老师，很多哈尼族的风情传说、历史掌故、生活习俗、农业知识，主要是由她传授给新一代。哈尼族的儿歌，数量难以尽数，内容包罗万象，代代延续不衰，可以说这得力于老祖母们的传袭。在我们访问的哈尼族村寨，每到夜晚，都能听到朗朗的儿歌唱诵声。若问这些儿歌从哪儿学来，他们会异口同声地告诉你，是祖母教给他的。夕阳西下，家中这位老母亲开始生火煮饭，与从田里提前回来的儿媳妇一起，将一天中最重要的饭食准备好。全家回来后，在融融的气氛中吃晚饭。男人们必须喝上一口酒，谈谈田间的趣事和劳动进展；而老母亲则一边吃饭，一边给儿子、儿媳妇夹菜，同时给幼小的孙儿喂饭。晚饭后，男人们或是去串门子，或是在家接待朋友，媳妇收拾家务，婆婆则哄孙儿上床睡觉。

我们之所以对哈尼族母亲多说了几句，是因为母亲对于哈尼族家庭实在是太重要了，她是家庭的支柱，她太辛苦了。在哀牢山，我们深深地感到，哈尼族的母亲、婆婆的一天是奉献的一天，哈尼族的母亲、婆婆的一生是奉献的一生。这一生，囊括了她做女儿、做媳妇、做母亲、做婆婆的全过程。这是一个成长的过程、奉献的过程，这一过程主要是在家庭的平凡劳作中完成的。对于社会细胞——家庭的奉献，使哈尼族母亲获得了全家、全社会的尊敬。

儿子，在哈尼族过去重男轻女的社会和家庭中，是宝贵的。“养儿防老”是哈尼族的观念，但并不是完全为“养老”而设，养老是个自然的过程，世世代代的人都会老去，世世代代的人都会接上，这是再自然不过的事情。儿子的重要不在于他将是哈尼族梯田农业的劳动者，而且是父系制家庭的财产和血缘的继承者。结婚前，他是社会关注、家庭爱护的对象。他应该健康成长，学习梯田劳动技艺和一切知识。结婚之后，他成为真正的劳动者，步入成人的行列。作为大儿子，生育儿女后，他分家另过，成为一个小家庭的一家之主，成为一个父亲，这时他必须负起家庭的责任、父亲的责任。作为小儿子，他与父母、子女一起生活，将逐步成为这个三代同堂大家庭的主要劳动力和家庭的支柱，他有侍候父母、养育儿女、继承祖宅田产、管理家政的义务和权利。

女儿，在哈尼族家庭中，是备受疼爱的。尽管过去哈尼族社会重男轻女，但女儿在家庭中依然宝贵，家庭所有成员对其仍然是无微不至地关怀、爱护而无一丝歧视。哈尼族女儿自小就参加生产劳动，在童年时期就帮助母亲洗菜、背水、煮饭、做家务；同时，学习纺纱织布、缝制衣物，并伙同寨中女伴上山背柴。可以说，家中只要有一个女儿，全家煮饭、烤火的烧柴就有了保障。在农业生产中，女儿也是重要的劳动者，拔秧、栽秧、薅秧、收割、背谷入仓等是她们的主要农活。另外，大女儿帮母亲领带弟弟妹妹是其应尽的义务和职责。

儿媳，在哈尼族家庭中是个重要角色。在分家另过的小家庭中，她是当然的妻子、主妇和母亲，管理着家政。在几代同堂的家庭，上有公婆，下有儿女，她和丈夫具有家庭的支柱性质，而她在家中更是举足轻重。哈尼族人常说：“大树离不开根，家庭离不开女人。”这个女人指的就是今天做媳妇，明天做母亲和婆婆的她。哈尼族家庭大权归男人，而实际上家庭的财产、家务、消费等一般都由女人掌管，而这个掌管“财政大权”的大多就是儿媳妇。哈尼族称这个“管家人”为“萨师阿玛”，意思是“女人手掌留福气”。一个好媳妇必须是个全才，从农田里的活计，到挑花绣朵、背水做饭、伺候公婆、哺育后代都得是把好手。对于好媳妇，哈尼人称为“聪葵然咪”，意为聪明、贤惠、能干的女人。

新媳妇进入夫家，不仅成为这个家庭中的管家人，而且为这个家庭增加了一个强有力的劳动力。家里有个好媳妇，是一家人莫大的幸运和幸福。她不仅为父系制的哈尼族家庭生儿育女、传宗接代，而且给家庭带来生机和温暖。新中国建立以来，哈尼族媳妇的地位已得到极大的改善和提高。在红河南岸的哀牢山区，哈尼族媳妇的精神面貌是健康的，她们中的大多数人上过小学，有的上过中学，是有知识有文化的一代哈尼族媳妇。在家里，她们是家庭的管理者；在田头，她们是得力的生产劳动者。

这就是哈尼族的传统家庭。家庭成员在家庭中的血缘亲疏、位置与职责，决定了他们之间的关系。这种关系，在小家庭无非是横向的夫妻关系和纵向的父母与子女的关系；在大家庭则多一层纵向的祖孙关系和婆媳关系。当然作为一个家庭，必然还有兄弟姐妹之间、嫂叔之间、姑嫂之间、连襟之间、妯娌之间、同辈的堂兄弟姐妹、表兄弟姐妹、异辈的外祖父母与外孙等等一系列家庭亲戚关系。但是作为一个家庭，作为一个经济单位意义上的家庭，它的家庭关系主要是横向的夫妻关系和纵向的父子关系、婆媳关系及祖孙关系。

（二）哈尼族的养老方式

哈尼族人的一生都是在劳动中度过的。在哈尼族人民的一生中好像不存在养老之说，我们所说的养老，对哈尼族人民而言是从梯田劳动转为家庭劳动而已，是个自然的过程。

一个哈尼族男人，一旦有了儿子，他的梯田农业劳动技艺和生活经验就有了传人，他的家庭血缘和财产就有了继承者，他死后有人抬头（哈尼族男人死时，儿子要抬他的头入棺），这是极其重要的事情。这个有儿子的人，心理舒坦平衡，在社会上也就扬眉吐气了。一旦他有了孙子成了祖父，可以说他的一生已经基本成功，可以心安理得地安度晚年了。

哈尼族男人有了孙子，一满50岁，就算完成了人生任务，他不用再到梯田里干农活了（除非他自己仍然愿意下田），而是在家里休息，做些家务：喂猪、种菜园、带孙儿。其中，带孙儿是他晚年的一大乐事和义务。

哀牢山区元阳县黄草岭乡树皮村哈尼族农民李某沙，55岁时（1984年），有两个儿子，两个孙子（大的三岁，小的一岁多）。李某沙已丧妻，但他儿孙满堂，是个人生成功、幸福的人。他已不用再下大田干活，每天早晨起床后，为家里喂喂牛，等儿子儿媳下田后，他领着两个孙子到菜园或到山坡上，极耐心地给他们讲哈尼族迁徙的古今，给他们讲开造梯田的过程，讲哈尼族的风俗故事等。中午他带孙子去串门，找老人们聊天，晚饭后围着火塘，他教孙子唱歌，入夜他带大孙子上床睡觉。

在大多数哈尼族家庭，祖父和孙子形影不离。如果祖母健在的话，较小的孙子就由祖母照管，而较大的孙子则常随祖父。可以说祖父既是孙子的守护者，又是孙子的启蒙教师。

哈尼族祖父对孙子有着特殊的感情，哈尼族说这叫“隔代亲”。对自己的儿子，哈尼族是严厉的，从小督促其劳动，教他尊长爱幼，稍有过失，轻者骂，重者打，毫不留情。但对孙子，则爱护有加。平时，儿女们留给父亲的好食物，他总是又留给了孙子，晚上睡觉，他总是和孙子同床。由于中青年男女白天都要到梯田劳作，所以祖父的每一天大多数时间是和孙子们一起度过的，甚至可以说，他的晚年大多数日子是在孙辈的陪伴下度过的。

哈尼族孙子，对祖父也有着特殊的感情。一方面，父亲过于严厉，常使孩子害怕，祖父成了孩子的保护神，处处袒护；另一方面，从小由祖父母带大，疼爱保护，有求必应，加之隔代的亲情，有充分的时间来厮守呵护，甚至祖父们由于年轻时忙于梯田生产、生活劳作而疏于对自己子女的爱和照顾，这时也统统以补偿的形式给了孙辈。因此，孙子辈从祖父母那里得到的和感受到的是双倍的关心爱护，是加倍的亲情。因而，在孙辈的心目中，祖父母不仅是自己的亲人，而且是爱的源泉和智慧、神灵的化身。对祖父母，他们永远有敬之若神的感情。每当吃饭，他们首先给祖父母添满并双手捧送，饮酒必先斟给祖父母，饭后烟筒总是先捧送给祖父母，与人谈起自己的祖父母总是情感外露，感慨系之。

这就是哈尼族人的晚年生活。这种生活是劳动的生活，亲情的生活，自然而然的老有所养的生活。

这也就是哈尼族的养老方式。这种方式是与哈尼族传统家庭结构和关系紧密结合一体的。

二　哈尼族传统家庭及养老面临的危机

从20世纪80年代始，随着地域开放和外来文化的影响，哈尼族，特别是青年一代哈尼族的劳动价值观发生了巨大变化。内地和边疆的差别、城市和乡村的差别、农业和非农业的差别，特别是内含其中的劳动价值的差别，改变了哈尼族年轻一代的世界观、人生观，乃至审美观的走向，引发了青壮年劳力的大量外出打工。用哈尼族青年的话说："全家干梯田一年的收入，还不如我在城里打工两个月的收入。"畸形的巨大的劳动价值差别，使哈尼族梯田劳动的价值处于极端不平等的低位。哈尼梯田劳动价值的极度贬低，其结果就是造成了哈尼族中青年一代背井离乡到城市打工。据调查，红河县的农村95%以上的中青年在外打工。据哀牢山区各地反映，更普遍的情况是村寨中有三分之一的人在外打工，而这三分之一正是中青年。村寨人口是由老年人、中青年和少年儿童组成，哈尼族传统家庭也大多是由祖父母、父母亲和儿女组成。中青年的外出打工，实际上使村寨和家庭缺失了一代人（或可说是两代人：中年和青年），村寨缺失了中青年只剩下老人和小孩，就失去了往日的生机活力，显得冷火秋烟；而家庭缺失了中青年只剩下了老人和小孩，家庭失去了劳动力、各人的位置和责任、亲情的相互关照，失去了"上下相接皆有礼"。

大量中青年人口外流给哈尼族社会造成了极大的危机。首先就是梯田农业后继无人，二是文化传承后继无人，再就是传统家庭的破损，出现"空巢"现象，于是传统家庭生活变异，其传统的自然的变梯田农业劳动为家庭家务劳动的老年生活也发生变化，老有所养的哈尼族家庭养老方式出现了严重的危机。由于家庭失去了劳动力，很多老年人又重新回到了梯田劳动中。元阳县洞浦村的朱某和就是一例，朱某和一家6口，女儿在城里工作已嫁人，儿子儿媳在外打工，家中只剩他、老伴和一个两岁的孙女。朱家有田3.5亩，2013年，我到朱某和家拜访时，家中只有老伴，76岁的朱某和还在田里干活。按照哈尼族传统，朱某和应在26年前就"退休"在家从事家务劳动，过着养老的生活。然而，由于儿女外出打工，家中缺失了年轻一代劳动力，朱某和只得承担起梯田劳动。实际上，他失去了哈尼族亲情相融的养老生活。朱某和所处的情况在哀牢山区哈尼族社会中已很普遍，农忙时节很多老人在梯田里干犁地、铲埂这样的强劳力活，这些活自古以来都是中青年干的。哈尼族家庭正在失去传统的代代相袭的养老方式。

这是哈尼族社会的一个危机。

三　哈尼族传统家庭养老的恢复与发展

这个危机引起了哈尼族社会的焦虑，也引起了政府和有识之士的极大关注，曾采取过诸如免除农业税、农业补贴、老年人补贴、“低保”乃至“农村医疗保险”“农村养老保险”等政策措施，但都没有改变家庭破损老人失养的现状。

其实，历史以来哈尼族有着良好的家庭制度和养老方式，在采用了大量现代方式，使用外部力量努力改善这一状况的今天，我们应当努力发现传统，激活传统以服务于今天。

（一）发现传统：支持文化自觉

哈尼族强烈的家庭观念使哈尼族较早地意识到这个危机的到来，20世纪90年代就有人反映说，青壮年越来越多地离开村寨到城里打工，梯田农业主要由老人和妇女操持，家中没有了青壮年就像房子没有了支柱，长此以往，农业后继无人，家庭后继无人。于是，这些先知先觉者面对人口流失的危机，在家庭中采取的措施是兄弟姐妹几个必须有一个在家，其余的可以出去打工。例如，元阳县全福庄村的卢某贵，就有两个儿子一个女儿，在全村青壮年几乎都到城里打工时，他的大儿子卢某华被留在家中娶妻生子，二儿子和女儿则到城里打工。如今，卢家不但像所有外出打工的人家一样盖起了大房子，而且一家三代居住一起，大儿子继承了农业生产，大儿媳管家，两个孙子由老伴带，二儿子和小女儿在梯田旅游公司从事旅游服务，60多岁的卢某贵则在农村搞调查，从事着他年轻时候就喜欢的民族文化事业。他的家庭既保持了传统，又进入了现代生活。一家人其乐融融，没有人为养老操心。

这个典型事例给我们以启示：传统家庭的完整，才能恢复和实现家庭养老。其实，哀牢山区的绝大多数哈尼族人家都有条件这样做的。要鼓励这样的做法。这就是发现传统、继承传统、发展传统。

（二）世界文化遗产带来的机遇

哈尼族的这一危机，表面看是由于人们外出打工，村寨和家庭缺失了中青年一代人而造成的，其实，更深层的原因是人们的文化及劳动价值观的改变而造成的。如前所论，城乡差别、劳动价值的差别，哈尼族梯田农业的价值低，才使得哈尼族中青年大量外流，这不仅造成梯田农业后继无人，文化传承后继无人，同时也造成了家庭及养老的危机。

2013年6月22日，“红河哈尼梯田”成为世界遗产，这给予哈尼族传统家庭及其养老方式以恢复和发展的契机。

1. 激活传统伦理观

“哈尼梯田世界遗产”的获得，对哈尼族来说意义是重大的，其中最大的意义就是对哈尼族文化价值的肯定和劳动价值的世界性肯定。哈尼族文化价值的肯定对哈尼族梯田的文化传承将带来根本性改变，同时劳动价值的肯定将使梯田的劳动产品得到升值，当哈尼族梯田劳动收入达到和超过在外打工的收入时，哈尼族外流的中青年劳动力将回归故土。

实际上，这种情况正在出现。再以朱某和家为例，2014年，朱某和的儿子从城里打工回来，表示不再外出打工要在家里种田了。问起原因他说，父母老了需要人照顾，其实在外打工也不容易，常常想家日子难过，虽然他不喜欢种田，但是家里的田不能闲着总得有人种。在这里我们看到，尽管这一代年轻人的人生观、价值观有了很大改变，向往城里的生活，但千百年积淀的传统伦理观还是坚固地扎根脑中，不会在短时期内改变。在现阶段外出的哈尼族青年大多追求金钱至上的价值观，接受外来文化的洗礼。但当问及家乡和未来打算时，回答都是共同的：“如果我老了，我愿意回到我们家的田边上，守着我们家的田，不愁吃穿。”这是哈尼族传统的价值观及伦理观的展现，是对梯田农业的怀念和对家乡的眷念。正是传统造就了今天的哈尼族。我们应当激活哈尼族传统的“上下相接皆有礼”的人际关系原则和传之千年的传统伦理观，我相信哈尼族的传统一定能够很好地吸收融合新文化，在未来继续绽放光芒。今天，哈尼族青年正在回归故里，这是“红河哈尼梯田”世界遗产所带来的最重要的刺激与信息，是哈尼梯田正在恢复活力和哈尼族传统家庭得到恢复的一线曙光，也是趋势。对于此，要大张旗鼓地鼓励。

2. 恢复发展哈尼梯田传统农业

哈尼梯田之所以成为世界文化遗产，是因为哈尼族梯田农业是山地农耕的杰作，是山区传统农业的典范。

红河南岸地区自古就是无公害优质稻米、亚热带经济作物、热带亚热带水果的重要产区。从二十世纪六七十年代以来，此地和全国一样一直在推广化肥化、农药化等科技，产量虽长，但污染随之。我们应当在此地恢复其传统农业，建立无公害农业食品生产地。这不仅使其农产品在现代社会价值倍增，也为其旅游业的兴起奠定基础。

2013年，红河哈尼族彝族自治州制订《红河州南部山区综合扶贫开发规划（2013～2017）》（征求意见稿），提出在红河南岸积极培育壮大山区特色优势产业，重点发展“六个百万亩”（即培育橡胶带、梯田红米带、香料产业带、水果产业带、棕榈产业带、商品林产业带）。

“六个百万亩”的提出是针对红河南部山区扶贫综合开发的重要措施，但在我看来更是对恢复和发展红河南岸哀牢山区绿色农业生产地的重要措施。特别是“百万亩红米”（六个百万亩之一）更是意味着红河南岸哀牢山区将全面灰复哈尼梯田的传统种植。红米种植的全面恢复，就是对哈尼族传统农业的恢复，就是对哈尼族传统农业的肯定，而哈尼族传统家庭就是建立在梯田传统农业之上的。

南部山区综合开发，将巩固绿色农业，将优化产业结构，将接受更多的农业就业，将使更多的中青年回归故里。

3. 提升传统梯田的产品价值

《红河州南部山区综合扶贫开发规划（2013～2017）》（征求意见稿）提出：“依托绿春、金平、河口、元阳、屏边等地海拔在800～1600米之间适宜区，发展红河牌稻系列产品，到2017年建成梯田红米产业带92万亩。”[①]哈尼梯田主产红米。红米这一特产，很早就以其独特的品质享誉滇南。

2013年，依托世界遗产哈尼梯田这一品牌优势，元阳、红河、绿春、金平都在重点发展建立哈尼梯田特色稻生产基地。按照“龙头企业＋专业合作社＋基

① 红河哈尼族彝族自治州人们政府：《红河州南部山区综合扶贫开发规划（2013～2017）》（征求意见稿），2013。

地”的种植生产模式，元阳县建立了哈尼梯田有机红米专业合作社，带动3360户社员种植哈尼梯田特色稻2.35万亩，总产量达0.94万吨，实现产值8640万元，与以往种植的品种相比每亩增收800～1000元以上，取得显著的经济和社会效益。同年，元阳县粮食购销有限公司与北京中信集团总公司、云南世博集团分别签订销售订单，与养慕中国组委会合作开发了系列中国高端家庭食用米——哈尼五原生态红米（原基因、原产地、原生态、原手工、原营养），实现大企业间联销联售，市场前景十分广阔。2013年12月，红河哈尼梯田红米以其不可复制的独特品质，荣登中央电视台第七频道“2013年度中国十大魅力农产品”光荣榜，成为唯一入选的大米品牌。①

哈尼梯田获得世界文化遗产称号后，梯田红米价值一路飙升，在元阳县市场上卖到1公斤8块钱，而杂交稻只卖得3块钱左右。在广州市场上，传统的“梯田红米”卖到1公斤30块钱。梯田红米的市场价格，体现了梯田农业的价值。红米是梯田的主产，梯田的其他农副产品还很多，如梯田养鱼、梯田林业都是梯田的大产业，它们的价值也像红米一样正在提升，这正是对梯田劳动和劳动价值的肯定。很显然，恢复梯田多样化生产和梯田农产品价值的提升，将吸引更多外出打工的哈尼族中青年回归故里从事传统的梯田农业，这对于哈尼族传统家庭的恢复有着极为重要的意义。

4. 促进文化产业发展

自古以来，哀牢山哈尼族地区一直从事着传统的梯田农业。2000年以后，随着“红河哈尼梯田”申报世界遗产及2013年6月22日哈尼梯田成为世界遗产后，梯田旅游业迅速兴起，这是哈尼族的一个新产业，这一产业不仅促进了梯田产业的发展和产品的升值，而且带动了哀牢山哈尼族旅游服务行业的大发展。短短几年，在哈尼族村寨中兴起了各式各样的客栈、旅店、饭馆、农家乐，受过良好教育的青年一代很多进入了旅游行业。值得注意的是，旅游业促使哈尼族其他文化产业出现和发展，例如，最近几年，哈尼族村寨的各种文艺团体像雨后春笋一样出现，到2016年3月止，仅元阳县就有乡村文艺队352个。哈尼族诗歌（哈巴、阿

---

① 让红米“走红”国内外市场——红米产业发展成果及展。http://news.xinhuanet.com/city/2014-06/06/c_126582980.htm.

欺枯、阿米车），哈尼族舞蹈（乐作舞、棕扇舞、铓鼓舞等），音乐（多声部合唱）等文艺，不仅在梯田旅游的景点演出，而且走出深山登上了世界的舞台（2015年5月1日，哈尼族原汁原味的传统艺术《哈尼哈巴》《哈尼多声部：劳动生产歌》《乐作舞》《棕扇舞》登上了意大利米兰世界博览会的国际大舞台。这是原生态民族艺术的现代闪光，这是哈尼族传统文化和文艺的魅力）。这一现象说明旅游业激发了哈尼族传统文化的复活，文化产业也悄然在梯田农业中成长。传统梯田农业之上的新兴产业的发展，需要大量的服务人员。而且这些产业的经济效益深深地吸引着当地人和外出打工的哈尼族青壮年，随着旅游业和其他文化产业的发展，将有大量的外出者回归故里。

总之，发现并支持哈尼族对传统家庭关系的坚守，鼓励并激活哈尼族传统伦理的活力，利用“世界遗产”对哈尼族劳动价值、文化价值的肯定和所带来的旅游业及文化产业兴起之机，稳定和回归流失的人口，就必将恢复和发展哈尼族传统家庭及养老方式。

四　结语

哈尼族在哀牢山区上千年的奋斗，创造了举世瞩目的红河哈尼梯田世界遗产。在“上下相接皆有礼”的人际关系和伦理格局中，哈尼族家庭一直保持着“少有哺育，老有所养”的传统。20世纪80年代后的“打工潮”，使哈尼族村寨大量的青壮年外出打工，不仅造成梯田农业后继无人，造成文化传承后继无人，而且造成了家庭的残缺，出现“留守”“空巢”家庭，老有所养成为严重问题。

在长期的对哈尼族的调查研究中，笔者发现哈尼族家庭有着强大的伦理支撑，它是家庭和社会发展的动力源。而且，当今红河哈尼梯田成为世界遗产又给予哈尼族社会发展以新的定位与动力。因此，我们解决哈尼族家庭及养老问题的理念是发现传统，激活传统，将传统的活力融入现代生活和发展中。

云南小凉山彝族农村老年人口生活现状

郑成军

一 引言

20世纪70年代末以来，伴随着我国经济、社会、文化的快速发展，医疗和公共卫生服务供给水平不断提高带来的育龄妇女生育水平、婴儿死亡率的持续下降以及人均预期寿命的延长，老年人口占总人口的比例迅速上升，65岁及以上老年人口比例从1990年的5.6%上升到2000年的7.0%，2010年已增至8.9%，我国社会老龄化程度越来越严重。快速增长的老年人口总量和人口的快速老龄化已经引起社会的广泛关注。

与此同时，自20世纪70年代末以来，严格推行的计划生育政策以及工业化、城市化和现代化进程的影响下，城乡家庭结构发生了前所未有的变化，表现为家庭规模小型化和家庭结构核心化。从1990年、2000年和2010年3次人口普查数据来看，家庭户均人口规模1990年“四普”时为3.96人，2000年“五普”时下降到3.44人，2010年“六普”时进一步下降到3.09人。家庭户均人口规模的下降，一方面意味着夫妻子女数的减少（城镇一对夫妇一个孩子，农村一对夫妇大约两个孩子），另一方面也意味着青年、成年家庭的核心化和老年家庭的空巢化。

家庭规模和家庭结构的变化，对家庭与养老产生了深刻影响。从家庭变化层面看，平均每对夫妇所拥有子女的绝对数量在减少，家庭对老年人的养老支持在弱化；从城乡比较层面看，城市社会保障的覆盖面和保障水平都要优于农村，农村老年人更加依赖于子女等家庭成员提供经济支持、日常生活照料和精神慰藉；从人口流动层面看，城市化进程中，越来越多的农村青壮年劳动力向城市流动或迁移，农村老年人愈加缺乏基于子女支持的家庭养老资源。

第六次全国人口普查数据显示，2010年，云南60岁及以上人口为508.7万人，占总人口的11.7%；65岁及以上人口350.6万人，占总人口的7.63%，均超过国际上10%和7%的通用标准，表明云南已处于老龄社会。2010年，全省有3677155个家庭有60岁及以上老年人，占全省家庭户的29%，在有60岁及以上老年人的家庭中，19%的家庭只有一个老年人或一对老年夫妇。这样的人口结构和家庭结构的剧烈变化给传统的家庭养老和居家养老模式带来了严峻挑战。而在508.7万60岁及以上老年人口中，近七成生活在农村。与城镇老年人口相比，农村老年人口数量更庞大、养老压力更大、困难更多、形势更严峻。

相对于全省的老龄化程度，在1533.7万少数民族人口中，0~14岁人口占22.95%，15~64岁人口占70.51%，65岁及以上人口只占6.54%，0~14岁人口比重比全省平均水平高2.22个百分点，而65岁及以上人口比重比全省平均水平低1.09个百分点，表明云南少数民族老龄化程度低于全省水平。但云南少数民族绝大部分分布在乌蒙山区、滇东南石漠化区、滇西边境山区和迪庆藏族地区4个集中连片特殊困难地区，经济发展水平低，贫困面大，农村老年人养老集体保障能力弱，社会保障覆盖面和保障水平低，养老机构少，子女或家庭其他亲属是其养老支持的主要提供者。而近二十年来迫于农村商品化、货币化及贫困的压力，民族地区农村青壮年劳动力人口源源不断流向城市，加速了农村人口的老化，民族地区农村老龄化程度越来越严重，传统家庭养老模式面临巨大挑战。

本文将以云南宁蒗小凉山彝族诺苏支系[①]传统家庭养老方面的经验材料为基础，结合2014年6月对沙力坪村委会部分老年人口家庭的访谈材料为依据，分析小凉山彝区农村劳动力人口迁移背景下老年人口的生活现状及面临的问题。

---

① 彝族内部分支众多，称谓复杂，不同支系在语言、服饰、习俗、信仰上都存在较大差异。诺苏是聚居于川西南凉山彝族自治州和滇西北宁蒗县及其周边地区的操彝语北部方言的彝族人的自称。

二　诺苏文化语境下的“老人”和老人的基本生活保障

（一）诺苏文化语境下的“老人”

根据世界卫生组织最近确定的年龄分组，44岁及以下为青年人，45~59岁为中年人，60岁及以上为老年人，其中60~74岁为年轻老年人，75~89岁为老年人，90岁及以上为长寿老人。[①]我国新修订的《中华人民共和国老年人权益保障法》规定，60岁及以上为老年人，其中80岁及以上老年人为高龄老人。而各地根据《老年人权益保障法》制定的社会保障制度及政策措施则将80~99岁老人称为高龄老人，100岁及以上老人称为长寿老人。相应的，60~79岁年龄段的老人则习惯称为低龄老人。

那么，彝族诺苏人又是怎样定义和界定“老人”的呢？在诺苏人的年龄分组中，0~6岁称“阿依”，为儿童；7~15岁称“阿伙”，为少年；16~22岁为青年人，其中男性称“苏里”，女性称“媳勒”；23~43岁称“阿诗阿硕”，为青壮年人；44~54岁称“诗洛固曲”，为中年人；55~65岁称“体里”，为半老人；65岁以上称“莫苏”，为老年人。流传于川滇彝族诺苏人地区的彝文典籍《玛木特衣》[②]是一部以男性一生年龄分期为线索，针对不同年龄段生理成长特点来告诉世人如何适应社会、如何规范行为的训世经典，其中把55岁作为一个重要的年龄分期标志是这样描述的：“笃慕[③]的子孙，人生五十五，见多又识广，兹知千样事，莫知百样事，毕知半百事。”[④]而对进入60岁后则写道：“笃慕的子孙，五轮六十一[⑤]，犁地力不从，识多记不牢，不与邻里争，一心只为善，是树

① http://finance.chinanews.com/life/2013/5-21/4838966.shtml.

② 罗家修搜集整理：《玛木特依》（彝文版），四川民族出版社，1985。

③ 笃慕，人名，系彝族传说中的共祖。因方言差异，有阿普独姆、阿仆笃慕、笃慕吾、居木、举木、祝明、仲牟由等不同译名。

④ 兹、莫、毕：彝语音译，彝文文献记载中彝族历史上处于上层社会的三个阶层。按照彝族诺苏人的说法：兹是负责掌权施政的，莫是负责聚讼仲裁的，毕是负责祭祖祀神的。

⑤ 彝族诺苏人以十二生肖轮回纪年、月、日，以十二生肖的轮倍数来计算年龄，一轮十三，即十二生肖的一个轮回：鼠一、牛二、虎三、兔四、龙五、蛇六、马七、羊八、猴九、鸡十、狗十一、猪十二、鼠十三，二轮二十五，就是两个十二生肖的轮回，以此类推，方便易算。

我门槛，是石我锅庄，有眼看亲戚，有口问亲戚。”诺苏文化认为，55~65岁这个年龄段，是人的一生中知识积累最丰富、思想最成熟、考虑问题最周全、行事最稳妥的时期。虽然进入55岁后，人的身体机能开始衰老，特别是60岁后扶犁耕地，不再像从前那样轻松从容，记忆力也开始衰退，但65岁以下的人，无论男性或女性参加劳动和社会活动的比例都很大，因此只能算是半老人，只有65岁及以上才算是真正步入老年。诺苏的谚语说：“女活六十六，不去纺织处；男活七十七，不去调解处”“七十不会客，八十不轰鸡”。过了65岁后，老年人不仅不再承担高强度的体力劳动，而且有意识地不再参加社会交往和社会活动了。而到了85岁后：“七轮八十五，晒谷不赶鸡，有口不说人，有脚不走路，老进脑子里，头昏又眼花，老进眼睛里，一个看成俩，老进耳朵里，一句听两句，老进腿脚里，一步迈两步，老进嘴巴里，一句变两句。”日常生活也要依赖子女和亲属伺候照料了。

（二）传统诺苏社会老年人的基本生活保障

老年人的基本生活保障，主要包括衣、食、住、行、医几个方面。在家庭养老为主的传统诺苏社会，赡养父母的责任主要由儿子承担。诺苏社会实行男娶女嫁的父系小家庭制，女子出嫁后从夫居，男子娶妻后与父母分爨别居。当一个家庭的儿子结了婚并且夫妻关系趋于稳定后，当家的父母就会主动安排已婚的儿子分出去单过，父母则和未婚的子女共同生活。新建的小家庭会带走部分财产，这些财产包括一定数目的土地、牲畜、农具和生活用具等家庭生活、生产资料。对于多子的家庭，这样的分家是分多次进行的。有一个儿子结婚就会分一次家，在安排完一个儿子娶妻成家后，做父母的又得继续苦钱、攒钱，为下一个儿子娶媳妇做准备。轮到最小的儿子婚娶时，年富力强的父母会再帮小儿子另盖一栋房子，让他们在新房子里过，自己留在老房子里安度晚年。而那些年事已高、再也没有能力为小儿子再起一栋房子的父母，会选择把自己的大房子留给小儿子，自己则在旁边盖一两间小屋度过余生。一般说来，只要儿子正常婚娶，家中有几个儿子，就会分出几个标准的核心家庭和一个夫妇核心家庭。若只有一个儿子，父母失去生活自理能力后，他们的基本生活就由儿子儿媳和孙子孙女提供保障。对于多子的、已与儿子分开生活的父母尚有劳动能力时，往往会帮助分出去的已婚子女照顾孩子。在父母年老失去劳动能力后，他们的日常生活主要由最小的儿子家庭负责供养和照料。相应的，父母名下的最后财产包括房屋、田地、牲畜都会留给小儿子。

"父欠子债娶媳继嗣，子欠父债养老送终。"在诺苏的社会文化里，赡养父母，为父母养老送终，既是做儿子应尽的义务，也是做儿子不可推卸的责任。年长的儿子分家后，房子一般就建在同一院落中或父母房屋的周围，个别儿子的房屋受宅基地的限制，离父母的房屋会有一定的距离，但相距不会太远。诺苏文化倡导"父母在，不远徙"。在诺苏乡村，生育儿子的一个主要目的就是养老送终，老人晚年的一切保障包括烧火取暖、挑水担柴、穿衣吃饭、病痛照料等都由儿子提供，这是做儿子必须承担的责任，没有任何条件可讲。此外就是"送终"，包括老人临死时守在身边，给老人举办体面的丧事，最后还要超度老人的亡魂，送灵归祖，这是做儿子的本分。年长的儿子们虽然不承担日常经济供养、生活照料的主要责任，但也有义务在吃穿上补贴、照顾老人，保障老人衣食无忧，还要督促家人、子女在挑水担柴、农忙耕种、牲畜管理上提供支持和帮助。父母得了病的话，要负责治疗，细心照料。小病由老人自己或负责赡养的小儿子负担，大病则由几个儿子共同承担医疗费。

出嫁的女儿不参与财产分割，也不承担养老责任。但通常也会力所能及地履行一定的赡养义务。比如逢年过节回家探望父母，农忙时抽空回来帮父母做农活，春节农闲时回来帮父母砍柴背柴，父母生病时回来探视并力所能及地承担一定的治疗费用，等等。无论过去还是现在，主要依靠男嗣养老是诺苏人家庭养老的主要模式。

对于有女无儿的家庭，父母的养老则主要依靠女儿，具体方式有两种，一是从女居，靠一个自己信任的女儿家生活，如沙力坪村农场一组73岁的俄尔老人夫妇就是跟随嫁到这里的女儿从另外一个乡搬来的，已有十余年。二是招一个上门女婿。说是上门女婿，其实并不和岳父母生活在一栋房子里。在诺苏的社会里，招婿入赘的关键考量，是希望老来有所依靠，而不是承继根脉，延续香火。所以上门女婿不必改姓，所生子女也无需从母姓。做女婿的只要尽心尽力赡养好岳父母，为他们养老送终就成。对于无儿无女的家庭，也可从兄弟家庭中过继一个侄儿或侄女，作为养子养女负责养老。如果过继来的是侄女，其养父母通常不会把她嫁出去，而是会选择招上门女婿。从兄弟家庭中过继侄女，再招婿养老，在沙力坪的河西村也有个例发现。无论是从女居、招上门女婿，还是继子继女养老，都是以子女为主要赡养人的家庭养老。

除了以子女为主要赡养人的家庭养老外，依靠亲属养老在诺苏乡村也较为常见。这种情形通常以因残疾、智障或其他原因，造成终生未婚或失婚孤寡老年人为主。这样的残障人士，父母在时跟父母一起生活，父母不在后跟兄弟或侄子家庭生活，由他们负责经济供给或生活照料。

三　劳动力迁移背景下乡村诺苏老年人生活现状

（一）老年人口居住安排方式

老年人口的居住安排是指老年人生活的家庭结构，以及家庭成员之间的固定关系。老年人口家庭居住的安排与婚姻状况、继嗣制度、财产继承、孝悌观念、习俗禁忌有密切的关系，不同的老年人口居住方式对代际关系、照料方式产生影响，了解当前农村老年人口居住安排的基本特点以及居住意愿的现状对研究老年人口生活现状具有重要意义。根据笔者多年在诺苏乡村调查经验的材料和2014年在宁蒗县沙力坪村的调查发现，当前小凉山彝区诺苏老年人的居住安排，大致可以分为四种方式：独居、与配偶居住、与子女（包括孙子女）居住、与其他亲属居住。

1. 独居

独居是指老年人口在居住安排上选择单独居住或配偶、子女外出就业、务工不在身边，实际处于单独生活的老年人口家庭。从调查的情况看，独居通常又可分为两种情况：一是无配偶、无子女的孤寡老人，这类老人由于缺失来自配偶或子女的代际支持，只能选择独居。二是有子女，丧偶，身体健康，生活能自理，自愿选择独居生活。在沙力坪的调查发现，这类独居老年人的居住和生活安排也有两种方式，一种是与子代家庭（通常是幼子家庭）同爨别居，即吃在一起，但不住在一起，老人有自己独立的起居屋。另一种是与子代家庭分爨别居，和子代家庭既不同吃也不同住，自己独立生活。在诺苏乡村，丧偶女性老人选择与子代家庭同吃同住的比例要高于丧偶男性老年人。

2. 与配偶居住

在当下的诺苏乡村，与配偶居住是绝大多数夫妇双全的老年人口家庭在居住安排上最常见的方式。虽然，习惯上诺苏人实行幼子继承制，由幼子承家，由幼子承担赡养父母、照顾父母的责任和义务。但调查显示，夫妇双全的老年人口家庭，无论年龄大小，一般都选择与配偶居住，单独生活。原因主要有二：一是两代人的生活习惯不同。二是文化习俗上，翁媳间存在诸多禁忌限制，共同生活有诸多不便。所以诺苏乡村极少有两代夫妻永久生活在同一屋檐下，做父母的要么帮助、扶持小儿子再建房，要么把自己的房屋留给小儿子，自己选择另建简易的起居屋，单独生活。

3. 与子女居住

在现今的小凉山彝乡，家庭内部的代际支持仍然是老年人的生活保障，包括经济供养、生活照料、精神慰藉。从沙力坪的调查情况看，老年人在居住安排上选择与子女家庭同住一般以丧偶女性老人为多，男性丧偶老人由于受习俗禁忌限制，在居住安排上更倾向于与子女分开居住，有自己独立的起居屋。近十余年来，随着青壮年人口纷纷选择进城务工，老年人与未成年孙子女共同居住生活的现象越来越普遍。在沙力坪，一个老年人和未成年的孙子女共同生活，或一对老年夫妇与未成年孙子女一起生活的隔代家庭已成为当地社区仅次于核心家庭的一种家庭类型。

4. 与其他亲属居住

与其他亲属居住的老人一般是因残疾、智障或其他原因，造成终生未婚的单身孤寡老人。这样的孤寡老人，目前都已列入“五保”，但在供养上仍以分散供养为主，即由政府提供经济供养，由亲属（兄弟或侄子）负责生活照料。

（二）目前小凉山彝区诺苏老年人口的主要生活来源

经济收入是老年人晚年生活的经济保障。现阶段乡村诺苏老人的生活来源主要有劳动收入、社会保障、子女及亲属供给几种。

1. 劳动收入

劳动收入是诺苏老年人的重要生活来源，在老年人生活来源中占到了第一位。对沙力坪金古拉达、河西、农场等村组部分老人的访谈显示，年龄在60~79岁的低龄、健康老人，都以坚持种承包地、饲养猪鸡、种植中药材等收入自养。“一日不劳动，十日无粮吃；一年不养羊，十年无衣穿”，对于这个年龄段的老人，劳动对于他们来说，不仅仅是一种习惯、一种生活，更是生命的意义所在。在当地，一个六七十岁的老人种上三四亩承包地，养上两三头猪、十来只鸡，种上几分甚至几亩中药材（以附子或续断为多），是很平常的事。这部分老年人，或多或少都有一定的收入，只要身体好，生活就没有太大的问题。但农村老年人年龄越大，身体健康状况越差，劳动能力就越弱，劳动收入也就随之减少，一旦丧失了劳动能力，劳动收入也就没有了。

2. 家庭子女及亲属供给

家庭子女和亲属供给在当前乡村诺苏老人生活来源中占到了第二位。对沙力坪金古拉达、河西、农场等村组部分老人的访谈显示，无论是60~79岁年龄段低龄老人，或是80岁以上的高龄老人，依靠家庭子女及亲属提供经济支持的比率都比较高。60~79岁年龄段的健康老人大部分能依靠劳动收入获得一部分生活来源，但他们的劳动收入主要依靠种养殖业，作物的生长、牲畜的饲养周期都比较长，他们的劳动果实通常到了第四季才会转换成现金。因此像柴米油盐、烟酒糖茶、种子薄膜、农药化肥、看病吃药、随礼还礼等日常生产生活的应急开销，还得靠子女及亲属提供支持。受访的老人普遍表示，一般老年人都不要求在外务工的子女定期汇钱，都是需要的时候才打电话要，少则几百，多则上千，要多少汇多少。老年人随着年龄的增长，逐步丧失劳动能力，健康状况也每况愈下，劳动收入比例逐步降低，依靠家庭其他成员供养的比例也随之提高。从调查的情况看，家庭子女的经济支持在老年人生活来源中所占比重，与老年人的年龄和健康状况密切相关。年龄越大，劳动能力越弱，健康状况越差，依靠子女经济支持比例越高。80岁及以上的高龄、失能和多病老人基本上要靠子女及其他家庭成员提供经济赡养。

3. **社会保障**

在小凉山彝族地区，目前乡村老年人口的社会保障主要包括退休金、养老保险金（新农保）、最低生活保障金（低保）、老年人生活补助金、“五保”供养金等几种。在小凉山彝区，依靠退休金生活的乡村老人，主要是乡村教师、乡村医生、乡镇干部等退休后回到乡村生活的薪给公职人员，这部分老人以二十世纪六七十年代参加工作，配偶、子女生活在乡村的男性老年人为主。依靠退休金生活的老人数量不多，但每个村都会有几个。

养老保险金，是当前乡村老人一项重要的固定生活来源，它由政府补贴、集体补助、个人缴费构成，基础养老金为中央财政补贴每人每月55元。根据国务院印发《关于开展新型农村社会养老保险试点的指导意见》规定，新农保制度实施时，已年满60周岁、未享受城镇职工基本养老保险待遇的，不用缴费，可以按月领取55元的基础养老金。距离领取年龄不足15年的，应按年缴费，也允许补缴，累计缴费不超过15年。按照国家这一普惠制养老制度安排，2011年以来凡持有本地户籍（宁蒗）的60岁及其以上农村老人都能按月领取60元的基础养老金（中央财政补助55元、省级财政补助5元）。这个钱虽不多，但它跨越了一个时代，它不仅意味着我国农民从此也有了退休制度，可以像城镇职工一样按月领取“退休金”，而且标志着我国农民养老模式从家庭为主、集体为辅，进入到了家庭、集体、政府共同承担的养老时代。

最低生活保障金，是面向农村低收入家庭，特别是困难家庭的一种生活救助制度，它以国家财政为物质基础，以农村居民最低生活保障线为救助依据，是我国社会保障体系中的基础性保障制度安排。自2007年实施以来，农村最低生活保障标准和补助水平不断提高。2014年，宁蒗县农村最低生活保障标准为1904元，最低生活保障补助水平按照申请人及其共同生活的家庭成员年人均纯收入分为四档：一类为年人均纯收入低于500元，每人每月补助144元。二类为年人均纯收入在500~1000元之间，每人每月补助134元。三类为年人均纯收入在1000~1500元之间，每人每月补助124元。四类为年人均纯收入在1500~1904元之间，每人每月补助114元。按照“分类施保、应保尽保、差额补助、动态管理”的原则，目前，当地农村因病、因学、因残、年老体弱、丧失劳动能力和生存条件恶劣等原因造成生活常年困难的家庭，基本上都得到了保障。对沙力坪部分老年人口家庭的访谈也显示，单身独居老人或与子女居住但生活困难的老人基本都享受到了最低生活保障金，与配偶居住、只有一对老年夫妇的家庭，也至少有1人享受到了最低生活保障金。

老年人生活补助金，是一种由地方政府主导实施的兼有社会救助和社会福利性质的社会保障措施。根据《丽江市人民政府办公室转发市老龄工作委员会办公室关于丽江市老年人补助发放工作实施方案的通知》，丽江市老年人补助发放范围为具有丽江市户籍，年满60周岁以上的老年人。补助标准为：年满60~79周岁的，每人每月发放30元；年满80~89周岁的，每人每月发放50元；年满100周岁及以上的，每人每月发放200元。老年人补助资金由市、县（区）财政按照5：5的比例分担。按照这一方案，自2013年宁蒗县60~79周岁共25404人、80~89周岁共2765人、100周岁及以上2人领到了相应的老年人补助金。

“五保”供养金，是当前农村无劳动能力、无生活来源且无法定赡养，或者其法定赡养人无赡养能力的老年人的重要经济支持。农村“五保”实行集中供养和分散供养相结合。据统计，2014年宁蒗县有农村“五保”5500人，但收养“五保”老人的农村敬老院只有7所，床位198张，集中供养198人，集中供养率不到4%。并且这几所农村敬老院都分布在坝区，凉山片区的乡村，至今没有一所农村敬老院，“五保”老人的供养仍然以分散供养为主。2014年，宁蒗县农村“五保”分散供养标准为每人每月104元，集中供养标准为每人每月450元。

（三）老年人生活照料现状

生活照料现状是指对老年人的“衣食住行医”包括生火烧水、洗衣做饭、挑水担柴、病痛照料、农忙耕种等日常生产生活方面提供支持的状况。目前，小凉山地区的诺苏乡村，老年人生活完全依靠家庭成员及亲属照料，个人或机构照料处于空白。传统上，乡村诺苏老年人的生活照料主要由老年人的配偶、儿子儿媳和其他家庭成员提供。

老年人的生活照料与婚姻状况、健康状况、年龄状况有密切的联系，失婚的孤寡老人，没有配偶和子女，缺乏代际支持资源，除了生火烧水、挑水担柴、洗衣做饭都需要自己动手外，农忙时也很难找到帮手，更为艰难的是生病时也缺乏照料资源。由于缺少来自配偶和婚生子女的家庭支持，他们的生理和心理福利均受到损害，生活境况要差些。

有配偶、健康、能够自理的老年人，与配偶居住生活在一起，和配偶相濡以沫，相互依靠，相互照料。丧偶、高龄、失能、多病的老人，大多与儿子儿媳生活在一起，依靠儿子儿媳和其他家庭成员提供照料。近十余年来，大量青壮年纷纷选择进城务工，乡村老年人子女照料缺位越来越严重，特别是低龄、健康、能够自理的老年人，儿子儿媳成双成对外出务工，把未成年的子女交由老人照顾。老人不但要照顾自己，还要照顾孙辈甚至重孙辈，由原来的被照料者，变成了提供照料者。受访的老年人普遍表示，子女外出务工也是不得已的选择，但对老人来说，比起前几十年，体力上的负荷更重、更辛苦了。相比较而言，高龄、失能、多病的老人，儿媳一般会留在家中照料，儿子也会选择就近打零工，以便照应家中的老人。

（四）老年人精神慰藉现状

根据马斯洛的需要层次论，人的需求可以分为五个层次，即生理需求、安全需求、社交需求、尊重需求、自我实现需求。这五个层次的需求又大致可以类归为物质需求和精神需求两大类。生理需求和安全需求偏向于物质需求，社交需求、尊重需求和自我实现需求则偏向于精神需求。当赖以维持基本生存的物质需求和体现生活质量的精神生活得不到满足时，都会使人产生对生活现状的不满，影响到人的生活品质。

从调查的情况看，乡村诺苏老人的养老精神慰藉主要来自以下几个方面。

第一，子女健康，儿孙满堂。在传统诺苏的文化语境下，人生自我实现三件意义重大的事情是：生儿子、为儿子娶媳妇、为父母举办体面的丧事并送灵归祖。只有圆满地完成这三件事，人生才算获得了丰富的意义，生命的存在也才算是完整的。这三件事的实现需要一个人用一辈子的时间去争取，去完成。按照彝文典籍《玛木特衣》的记述，一个男人的一辈子大致可以分为四个“二十二年”：第一个“二十二年”是在父母的养育下长大成人，第二个“二十二年”是在父母的帮助下娶上媳妇，生上儿子，并把子女养育成人，同时努力积攒钱财，为儿子娶媳妇做准备。诺苏谚语说：“男活三十不知妻是谁。”一个男人年过三十还娶不上媳妇，会被人瞧不起，做父母的脸上也无光。第三个“二十二年”是给儿子娶上媳妇，抱上孙子，为父母养老送终。再晚了，要么自己看不到儿子娶上媳妇，抱不上孙子，要么儿子就娶不上媳妇了。这样的话，不但自己活着脸上无光，死了也不瞑目。第四个“二十二年”，是子女健康，家庭没有变故，儿孙满堂。老年人最大的精神慰藉：自己顺利完成了人生三大任务，子女健康，儿孙满堂。这样的老人不仅能获得人生自我实现的巨大满足感，在村落里也会获得巨大的声誉。这样的老人，村落评价他们是有“福气”的人，也是有本事的人。在这样的文化语境下，夫妇双全、儿孙满堂的老年人在精神上最容易获得成就感和满足感，他们的精神和生活状态也显得更加轻松自在。而相对于有子嗣、丧偶的单身老人，那些有女无儿或因某种原因未嫁娶的失婚老人背负的心理压力则要沉重得多。在村落生活的公共领域，他们也显得更加谦卑和小心翼翼。

第二，得到较好的尊重。首先，在家庭层面上，诺苏的伦理价值追求父慈子孝，兄友弟恭。强调“有父而后有子，有兄而后有弟”。在家庭内部，老人仍具有较高的权威：儿子们成家后，各自独立经营自己的小家庭，承担其养家糊口的责任，但老人在涉及诸子家庭事务如购买农机、建盖房屋、子女教育、缔结婚姻、做传统仪式、承担家族事务、维持良好的社会关系等方面提出建议，儿子儿媳通常都会尊重老人的意见，多数情况下也会接受和采纳老人的建议。“不听父言走十川，不听母劝绕五沟”的古训在年轻的子辈中还有较大的影响力。其次，在村落日常生活中，老人也享有较高的地位。在过年的季节，选择哪月哪天杀猪过年，都是老人说了算。在婚丧红白喜事的安排上，老人具有绝对的权威，在日常居家或是正式的仪式性场合，见了老人，年轻人都要起身让座。有威望的老人如老家长、老族长，还经常充当乡村纠纷调解人，乡村干部在调解涉及家庭、家族、村落纠纷时也往往请能说上话的老人出面协助。这与内地乡村出现过的老人权威丧失的情况不大一样。

第三，子孙孝顺，家庭和睦。老人与子女的关系是家庭养老的核心，子孙孝顺，善待老人，关爱老人，与老人关系融洽，是老年人安享晚年最大的精神慰藉。诺苏的谚语说："父母所在处，子孙齐聚集。"老人是子孙后代的联系纽带，只要父母在，做儿女、子孙的无论身在何处，都会抽时间回来看望，对此老人通常会感到欣慰无比。此外，儿孙守规矩，没有坑蒙拐骗、作奸犯科、诉讼缠身；没有杀人越货、身陷囹圄；没有吸毒贩毒，本分持家，凭劳动养家糊口，靠勤奋发家致富，也是老年人最重要的精神慰藉。

四　乡村诺苏老年人口养老存在的问题

（一）农村家庭养老能力有限

小凉山地区诺苏乡村经济发展水平低，产业结构单一，缺乏稳定可持续的产业支撑，家庭养老保障能力有限且不稳定，无法给老年人提供充足的经济支持。根据宁蒗县统计年鉴显示，2013年，城镇居民家庭年人均可支配收入14704元，农村居民家庭年人均纯收入只有4175元，城乡差距巨大，农村经济发展水平远远落后于城镇。农村老年人口养老生活来源除了自我劳动收入外，主要依靠家庭子女及亲属的经济供养。农民家庭经济低收入、高支出的现状，使得能够用于支持家庭中老年人养老的部分很低。

（二）农村社会养老保险保障水平低

2009年以来已在全国普遍建立的农村新型养老保险制度，在一定程度上缓解了农村家庭养老的压力，改善了农村老年人口的生活，但总体上保障水平仍然偏低，与城镇居民相比差距较大。新农保以个人缴费、集体补助、政府补贴为筹资模式，政府补贴包括基础养老金补贴和个人缴费补贴两部分。云南农村新农保政策中，基础养老金由中央财政为参保农民提供的每人每月55元和省级财政为参保农民提供的每人每月5元构成，个人缴费分100元、200元、300元、400元、500元五档，缴费补贴由省级财政给予参保农民每人每年30元的补贴，在此基础上，再按参保农民的缴费档次由省级财政和地方财政按比例给予一定的缴费补贴，缴费档次越高，缴费补贴也越高。但由于当地农民家庭收入水平低，集体补助缺失，老年人家庭子女参保保费均选择最低的100元档，有的甚至不参保，使得养老保险金收益很低。以现在40岁的人来说，年缴100元保费，60岁时也只能每月拿到十几元的保险金。很显然，即使参加了新农保，到了“退休”时能拿到的养老金也十分有限，无法真正起到保障养老生活的作用。

（三）“五保”集中供养服务供给不足，分散供养保障水平低

2006年新修订《农村五保供养工作条例》的颁布，进一步明确了“五保”供养的资金渠道，将农村“五保”供养由村集体供养转为财政供养，使农村“五保”尤其是“五保”老人的基本生活得到了有效保障。对宁蒗沙力坪等地的调查表明，当地符合条件的老人基本实现了应保尽保，但存在“五保”集中供养服务设施不足，集中供养服务机构少，集中供养率低，分散供养保障水平低等突出问题。2014年，宁蒗全县15个乡镇，有农村“五保”5500人，但收养“五保”老人的农村敬老院只有7所，床位198张，集中供养198人，集中供养率不到4%。并且这几所农村敬老院都分布在坝区，凉山片区的乡村，至今没有一所农村敬老院，“五保”老人的供养仍然以分散供养为主。而分散供养的“五保”对象每人每月领取的供养金也只有104元，低于当地农村最低生活保障金（低保），这个水平连最基本的生活保障都很难做到，保障水平十分低下。

（四）“看病难、看不起病”依然困扰着农村老年人

新型农村合作医疗保险制度的建立，在一定程度上减轻了重病农民家庭的负

担，缓解了农民“看病贵、不敢看病”的窘境，但看病难、看不起病的现象依然是摆在乡村诺苏老人面前的一道坎。造成目前乡村诺苏老年人“看病难、看不起病”的原因不全在于“看病贵”，按宁蒗县现行新农合政策规定，住院医疗费用报销比例为60%～85%，即省级医院补偿60%、市级医院补偿65%、县级医院补偿70%、乡级卫生院补偿85%，加上新农合大病补充保险50%～70%的报销，总报销比例已不低。“看病难、看不起病”更主要的原因，还在于乡村医疗可及性差。首先是乡村村落分散，交通不便，多数村落离村卫生室、乡卫生院都有一段不短的距离，老人生病后很难得到及时的治疗。其次是村卫生室、乡卫生院公共卫生基础设施薄弱，医疗设备差，医疗从业人员学历低、职称低、技术低，一般的病痛都被要求转诊县级医院，无形中增加了老年人的就医成本，迫使多数老年人，特别是高龄老年人在面对疾病时往往采取“小病拖、大病扛”，或者转而选择传统的仪式治疗，在请毕摩或苏尼仪式治疗无效后，为了不给子女增加负担甚至会选择放弃治疗。

（五）老年人的生活照料和精神慰藉堪忧

近十多年来，农村青壮年劳动力大量外出务工，农村一人户（独居老人）、一对老年夫妇户（空巢老人）和隔代户（一个老年人或一对老年夫妇与未成年孙子孙女生活）越来越多，留守老人既要承担繁重的农活、家务劳动，又要担负照顾孙辈的重任。老年人的生活不仅没人照料，反而更加劳累、更加辛苦了。与此同时，成年子女与老年父母在空间上的分离，导致老年人与子女间情感交流减少，老年人尤其是独居的留守老人长期独自生活，更容易产生精神上的孤独和缺乏安全感。而伴随着农村劳动力转移过程中出现的一些负面讯息，如误入黑工厂、误入传销、工伤伤亡、交通事故、失踪、夫妻离异等，也给留守老人增加了不小的心理压力。此外，目前凉山片区农村诺苏老人的生活照料和精神慰藉主要依靠家庭、配偶、子女和亲属，来自社区、机构的社会支持完全处于空白。

五 结语

目前，乡村诺苏家庭基本都实现了温饱，但离小康还有一段很长的距离。乡村诺苏家庭养老保障能力有限且不稳定，但传统的“幼嗣承家养老”的制度安排，较好地解决了老人养老的问题。在内地很多地方出现过的遗弃老人现象，把老人赶出家门，甚至老人因没有生活来源而自杀的情况在现阶段的诺苏乡村基本没有。一般的老人都能够平静地度过晚年生活。此外，已广泛建立起来的农村低保、农村养老保险、农村老年人补助、农村“五保”供养等社会保障制度，虽然保障水平还很低，却实实在在地支持和弥补了家庭养老的不足，使乡村老年人基本实现了老有所养、老有所依。

近十多年来，农村青壮年劳动力的大量外出务工，在很大程度上增加了农民家庭的现金收入，增强了家庭老年人口的经济供养能力。老年人的物质生活需求在不断改善的同时，由于在生活照料和精神慰藉方面来自子女及其他家庭成员的支持减少，老年人的日常生活照料和精神慰藉令人担忧。而乡村公共卫生资源的不足和低水平的医疗服务能力，使老年人倍感“看病难、看不起病”。因此，如何在大病统筹的基础上，加强乡村公共医疗资源供给和医疗服务水平的提升，提高乡村老年人口医疗服务的易获得性，是未来地方政府需要深入研究和认真思考的问题。

参考文献

1. 王怀勇：《中国农村社会福利保障体系的形成与变迁》，《社会科学研究》2009年第4期。

2. 郑长德：《中国少数民族人口老龄化问题研究》，《民族学刊》2014年第1期。

3. 杨华：《宗族·信仰与老年人状况——湘南宗族性村落老年人调查》，《中国农业大学学报》2007年第3期。

4. 罗家修搜集整理：《玛木特依》（彝文版），四川民族出版社，1985。

独龙江乡农村老年人口养老现状调查[①]

罗荣芬

独龙族是我国人口较少的民族之一。自1999年修通公路以来，独龙族地区与外部环境的互动增多。国家层面一些政策的推行，是加速独龙族社会生活变化的主要力量。2003年独龙江实施退耕还林以后，独龙族已放弃有规律轮种火山地，放弃种植祖辈传下来的谷物品种。家家户户都有政府发放的大米和面粉，一年当中几个月的缺粮窘况一去不返。这样的生活状态下，老人在家庭中的角色和社会地位变得微妙。尤其是最近几年，独龙族都享受到种植草果带来的经济收益，传统生产生活技能支撑家庭生活的场景渐行渐远。

独龙江40岁以上的人群是适应新的生计模式的主力，而他们的父辈则在生理机能已经进入老年之际，心理却因独龙江不可逆的发展变化而五味杂陈。老人担忧传统意义上的独龙人生活的样本不再延续。尤其是2010年以来，以通水、通电、通路为主旨的整乡推进，政府出钱盖房，实行村民集中定居，彻底打破以往以家族为基本单位的居住形式。对此，相当一部分老人抱着“年轻人住新居，老人留旧屋”的想法。但新房子建成之日，旧屋一律拆毁，不得留在原居住地。咫尺相隔的居住环境，进一步要求老年人调整社会交往方式。因此，独龙江乡农村老年人养老的问题，实际上就是在社会变迁之下，老人本身以及独龙族社会的养老方式如何适应新社会格局的问题。

独龙族是跨境民族。在缅北克钦邦境内的恩梅开江、迈立开江流域生活有数万人。我国境内的独龙族人口7000左右，有4430人聚居在贡山县西部独龙江两

① 本文基于作者2015年8月到独龙江的调查，独龙江敬老院工勤人员李涛给予了帮助。

岸。其余散居在贡山县怒江北部的小茶蜡村，维西县齐乐乡以及西藏自治区的察隅县境内也有部分散居独龙族。

本文主要以独龙江乡的调查情况为主，结合有关历史资料，初步探讨如何在国家民政等部门支持下，依托传统的地缘、血缘等文化因素，保障独龙族老年人老有所养的问题。

一 独龙江乡的机构养老情况

据2010年统计数据，独龙江乡下辖孔当、献九当、龙元、迪政当、巴坡、马库6个村民委员会，41个村民小组，1085户，4430人。其中60～65岁人口数为169人（男83，女86）；65岁以上人口数为259人（男130，女129）。

按国家民政部门的相关规定，享受机构养老的对象为全乡境内的老年孤寡户和“五保”户。由各村委会报独龙江乡政府，经乡政府核实再报贡山县民政局。目前独龙江乡已经有一所敬老院。该敬老院2010年12月开工建设，2012年6月落成。这一上海帮扶项目的完成，标志着独龙江独龙族对孤寡“五保”对象的供养，由分散供养向集中供养转变。建成后的3年时间里，敬老院有独龙族工勤人员4名，院长1人，3名管理人员。由县财政拨款补助每人每月不到2000元。2016年有一名工勤人员离开敬老院另谋职业。

该敬老院地处独龙江乡孔当村委会腊配小组，距离乡政府所在地3公里。敬老院建筑面积1046平方米，房舍投资164万余元，加上周围附属建筑，投资近300万元。可集中供养孤寡老人、“五保”户、孤儿共60人，目前有36位（男16，女20）孤寡老人及“五保”户生活在那里，他们当中的大多数是无劳动能力、无生活来源的老人及残疾智障人员。除年龄最小的一位是肯顶村的聋哑孤儿，30多岁。他本人不想呆在敬老院，目前借住在一个村民家里。其他老人都在60岁至80岁之间。县民政部门每月拨款给敬老院每位老人生活费400元。

敬老院楼高3层，设床位90个。宿舍为两人一间的标准房，面积14平方米，每个房间配有单独的储物柜、床头柜等必备生活用具。每个楼层配备一个公共卫生间和洗澡间及洗漱台。每层楼有一台电视、一部固定电话。院内有食堂、预备菜地和烤火房。敬老院的其他开支，如电视费、部分柴火费、养车费，绝大部分来自县民政局拨款或社会捐款。电费从县民政局拨款，每年0.8万元至1万元（独龙江电费每度0.20元）。自2013年起，每月补助60岁以上、80岁以下的老人生活补助金60元；80岁及以上老人103元。100岁以上的老人每年可享受中央财政补助5000元。

敬老院有专门的厨房但面积不大，有一台冰柜、一台绞肉机。2014年，一场泥石流冲垮水池，重新修建的水池水管经常堵塞，做饭用水不方便。平时老人们有一单独的公用厨房，随时可用来烧洋芋、烤苞谷及打漆油茶喝。敬老院里有能力和兴趣的老人，有的独自养鸡卖，不论大小100元一只。有一对勤快的夫妻还养猪卖，活猪26元/公斤。这对夫妻是到敬老院后认识的，分别来自巴坡村孟顶小组和孔当村腊配小组。

敬老院36人当中，相当一部分信仰基督教。最近的教堂离养老院2.78公里。敬老院有纹面老人两名，自2013年开始，政府每年补助每人1000元人民币。有些外来旅游者到敬老院拍她们的照片，每拍一张要付5～10元。

独龙族每天的早茶必不可少。敬老院负责供应茶、奶粉、盐，保证老人一起煮茶、打茶，享用食物，每天至少两到三次。敬老院的老人们关系和睦，有四对老人还谈起了恋爱。

独龙江的物价比贡山高，敬老院花销较大。县民政局发放到敬老院的每人每月400元生活费，买柴火就用了一半。譬如一码杂木柴火500元，只够用几天。独龙江实行天然林保护后，不准砍树，所以烧柴价格高。独龙族平时有烧吃芋头、洋芋、苞谷、山药的习惯，火塘不可缺少，平时从早到晚都有老人不间断地使用火塘。内地养老院规定不准烧火就不能烧，但在独龙江因涉及独龙族生活习惯，只有当特殊情况对待。

为缓解经济压力和丰富老人们的膳食，经原县长高德荣指定，独龙江北部熊当村地段一块约20亩的土地作为敬老院生产基地，公路也通到那里，解除了过去要攀悬崖，背洋芋的危险劳作。手脚麻利，身体健康的10位老人和工勤人员一道，乘坐敬老院的农用卡车前往这块基地。有经验的老人在基地上养了20个蜂桶。洋芋、芋头、山药、苞谷等收成基本满足敬老院的需要。

敬老院一年养七八头猪，基本满足肉类需求。每一年独龙族的年节“卡雀哇”，敬老院杀一头猪，老人唱歌跳舞，喝酒庆贺。敬老院也得到社会各界的扶持与关注。譬如云南玉溪地区的一名缉毒警察，经常为敬老院捐衣物，到过敬老院两次。这位曾经上过湖南卫视《天天向上》的热血警察，为老人们举办篝火晚会献爱心，并表示会经常来往于独龙江。贡山县共青团等组织也经常到敬老院搞慰问活动。

独龙江乡政府民政科专门有一笔农村医疗救助款。敬老院的老人生病住院，只需敬老院工作人员签字，乡民政科付钱。敬老院刚刚成立期间，省公安边防总队怒江边防支队独龙江边防派出所“送关爱，送健康”医疗小组前来为孤寡老人检查身体，诊治疾病。医疗组走进每个房间，给老人宣讲预防传染病和日常保健知识，并为每一位老人建立了健康档案。这次活动为老人们免费配发了2000多元的常用药品。每年的重阳节，独龙江边防派出所或乡医院来敬老院为老人做体检。

二　敬老院管理方面需要关注的问题

（一）对工勤人员的培训需求

独龙江敬老院的4名工勤人员中，有一位名叫李涛的独龙族青年，他曾就读于云南大学人文学院，后因在独龙江生活的母亲体弱多病，不得已于2010年放弃学业回到独龙江。因为读书多一点，敬老院的日常管理工作，譬如每天记敬老院的流水账、管理资金、上报县民政局的财务报表等由他承担。

根据李涛介绍，敬老院4名工勤人员每礼拜轮流值班两天左右。主要是做饭，夜晚要进行巡查，以保安全。农忙季节还领着有能力的老人去基地干活，觉得有些吃不消。若是再增加两名工勤人员会更有利于敬老院的管理工作。李涛本人于2014年到昆明参加过为期10天的老年护理工的培训，主要针对瘫痪老人的护理，学习如何给瘫痪老人换洗被子、衣服，如何帮助瘫痪老人翻身等技巧。他通过了培训考试，觉得受过基本培训回到独龙江敬老院，再面对8个手脚不利索的老人，显得有信心了。

独龙江敬老院在对老人的生活照料及文化娱乐活动方面做得基本到位。但由于工勤人员中没有一位具备卫生保健方面的专业知识，遇到老人突发疾病或需要救护时只能紧急送乡医院。因为据当地风俗，有的老人深更半夜患病但不愿出门，一定要等到天亮。故2015年，敬老院准备向贡山县民政局申请，为敬老院配备一位医护岗位。目前敬老院的老人当中，有10位老人患高血压，另有几名白内障患者。

逢敬老院有老人去世，挖坟地、丧葬事宜等工作由工勤人员承担。

（二）敬老院工勤人员的待遇问题

据2015年8月的调查，4名工勤人员每月补助不到2000元。虽然他们吃住在敬老院，但独龙族社会人情往来较多，扣除生活交际中必须的开支，这点补助往往捉襟见肘。院长高金亮30岁左右已结婚成家，笔者访问敬老院之际，他已远赴保山的医院为自己的孩子看病治疗。

因为自己的收入接济不了体弱多病的母亲，作为敬老院工作能力最强的李涛，在敬老院工作3年后，正准备离开这个工作岗位。李涛说，他内心对敬老院还是留恋的，干了3年，跟老人们相处很好。有老人时不时送鸡蛋，还有的老人看年轻人辛苦，拿出十元、二十元，或者干脆买点酒给他们喝。这些都让他感动，老年服务工作的特殊性他也理解，但家庭经济的困境迫使他再一次做出选择（2016年2月份，他已经不在独龙江敬老院工作了）。

养老服务工作有别于其他岗位，敬老院工勤人员既要满足老年人平时生活的各种需求，特别是手脚活动不利索的8位老年人，需要工作人员付出更悉心的照料。除此之外，对于老人情感及心理方面的需求他们也要力所能及地给予关照。因为几位工勤人员都是独龙族，跟老人们交流没有障碍，没有隔阂。这对老人们离开家园到敬老院集中生活多少是一种安慰。

三　独龙族家庭人际关系与赡养观念

独龙族的社会生产关系中，直到20世纪80年代还存在以地缘、血缘关系为纽带的集体占有、集体生产、集体消费的生活方式，独龙语称其为“宗”。父、子、孙三代组成一个大家庭，共居一屋，屋内被分割为若干小屋，每间小屋子都有一个火塘，一个火塘即代表男子娶妻后各自分食的小家庭。大家庭内部由各火塘的主妇轮流煮食，吃完大家庭仓库的粮食，再接着用小家庭的小仓库，各个小家庭不得拒绝。这是一个家族应该具有的良好秉性。

分食制是独龙族饮食风俗之一。每餐饭由年长的主妇按人平均分配，无论大小哪怕是婴儿也得一份。若老主妇不在场，就依次由最年长的媳妇分。如今“主妇管仓”“主妇分食”等做法已经消亡，但一个家族内部团结友爱、守望相助、共享等生活气息仍有迹可循。譬如家庭里遇事商量，若有人不同意，则宁愿再等等，再商量。一个屋檐下很少有争吵口角之事，自己新吃或接受外人送来好吃的食物，一般都平均分配，小孩子也不抢不夺。兄弟叔侄分家后，互相帮忙不计较劳动力出勤多少。兄弟分家，原先其父占有的土地不再分割为数块，而是兄弟共同占有。一家之内，对老人并不特别照顾，只要有能力，都要出工出力。但兄弟分家之后，只要有好吃的食物，必有老人的一份。一般老人跟幼子居住为常见。亲属及妯娌之间远近之分不怎么明显，但吃东西分享的习惯还很常见。

独龙江农民的基本生计方式因外部力量的促动，几经变化。特别是2003年开始的退耕还林还草和天然林保护等生态工程的实施，独龙族基本放弃种植一些传统农作物品种（小米、稗子、独龙苞谷、独龙芋头、荞子、天糯米、高粱、旱谷、黄豆等等），与其密切相关的家庭内部饮食习俗也逐步改变。家庭内部愈来愈少依靠家人的能力，包括老人对家庭经济的贡献。

数年前在独龙江开展的整乡推进活动，使独龙族群众居家生活环境有了大的改进。每家每户修建了有火塘的厨房，虽然父母以及成家的子女各有厨房，但一般情况下，一家人还是吃一锅饭。亲戚来往，也是大家聚在一间厨房烹饪，共享。

四　独龙族居家养老与生活环境变迁的适应

以血缘亲族关系及一定数量的土地共有为基础的家族关系，是独龙族社会关系的主要标志之一。由于住在同一村落，又是近亲，因而有互相帮助的义务，家族内残疾、孤儿由族内近亲养活。所以，在独龙族社会里看不到乞丐之类。平常有人去世或家里遇到各种事情时，都要义不容辞互相帮助。家里杀猪、杀牛，也要送给亲戚，大家共同分享。在冬季农闲期间，家族亲戚之间或邻里之间互通有无，男人狩猎有收获也行“见者有份”。

以往独龙族一个自然村为一个家族，有自己的土地，与别的村子有天然的分界线。传统上各氏族有自己的名号，如“姜木雷”是“善于变化和与自然做斗争”之意，“江勒”是“性格暴躁”的意思。不是一个家族基本不在一个村落居住。在新的定居模式之下，老年人的心理如何适应目前的急速变化，年轻人需要为家庭中的老人尽何种孝道，是回避不了的现实问题。建筑、饮食、休闲方式的改变，并不等于独龙族社会的文化内在也会加速跟进。

在独龙江实地访问过程中，感觉老一辈人面临的困惑影响他们的晚年生活质量。一方面他们非常感谢国家和政府大量的扶持，另一方面也担忧独龙族完全不种独龙人代代相传的粮食品种，子孙后代还有独龙人的秉性特质吗？在新农村建设过程中，新房建成，紧跟着拆毁旧屋，对老年人来说是一个要慢慢调适的过程。

独龙族文化习俗不歧视寡妇，只要双方愿意，她可改嫁夫弟兄，甚至夫家有责任帮助她出嫁。独龙族文化也不歧视不孕不育妇女，女子出嫁之后，岳父对女婿所提要求女婿不得拒绝，是必尽的义务。男嗣延续香火的观念不十分明显。家庭道德与伦理观念源于父母身体力行之教育。无论生活在几代同堂的大家庭或一夫一妻的小家庭，独龙族人注重和平温馨的家庭气氛。对做错事情的孩子，父母只会讲道理劝说，不打孩子。只要孩子来到这个世上，无论多苦多难，都会将他们养育成人。父母年老无劳动能力时，就与儿子住在一起，由儿子一家照料其晚年生活。多子的家庭老人可自由选择到哪一个孩子家养老。赡养双亲的那个家庭也不会因此向其他弟兄姊妹索取赡养费。这些文化特质在一定程度上减轻了老年人晚年生活的不稳定风险。

在独龙族社会加速转型的今天，集中连片的居家环境对保持家庭关系和睦的品质要求更明显。如今，部分年轻人的生活态度、待人行事方式发生了根本变化。独龙族青年男女离家到外地打工，极少部分超过半年，多是季节性外出，草果地薅锄季节大部分回家帮忙。现在从贡山到独龙江交通便利，只需4个小时左右的车程，每天都有小型班车往返。所以，其他地区出现的村庄空心化和老人留守空巢现象在独龙江乡还不明显。

五　完善独龙族社会居家养老的基本保障

独龙族老人居家养老最大的保障基础就是经济保障。国家社会保障相关政策的实施，使独龙族老人安享晚年生活成了可能。如今独龙江实现了最低生活保障，养老保险、新农合、医疗救助等社会福利从无到有。独龙江乡新农合参合人数男947人，女751。60岁以上的农村老人每人每月享受60元的养老补助金，受益者男158人，女207人。养老保险缴纳范围18岁以上，60岁以下，按自愿参保的原则每人每年缴纳100元，在国家规定的100～1200元范围内，独龙江老百姓一般都选择交100元。

除此之外，目前，独龙江乡居民每家每户有5到10亩不等的草果地，草果的收入缓解了家庭经济拮据的状况。随着政府各级有关部门对独龙江更具针对性的扶持帮助，譬如，贡山县在省级有关部门的帮助下成立的“独龙族手工艺协会”，请剑川的木雕师傅培训独龙族青年学习木雕雕刻技术，女青年学习手工编织工艺技术。已有独龙族青年接受培训回到独龙江。这些措施使独龙族经济来源多元化有了保障。家庭经济状况的改善，缓解了独龙族老人居家养老的生活支出压力。

居家养老是独龙族农村主要的养老方式。截至2015年，独龙江乡60～65岁的人口有169人，65岁以上的人口有259人。让这些独龙族老人留在本乡本土养老，舒心地跟自己的亲人住在一起，跟熟悉的事物和环境共处，既能满足老年人念家眷土的心情，更可以降低独龙族养老的社会成本。村一级应制定有利于家庭养老的相关村规民约，选出有爱心的志愿者担任联络人，定期进行家庭寻访；也要鼓励村寨里身体健康，性格开朗，有人缘的老者出面，选择与独龙族社会生活相关的一些节点，组织老年人活动。因为独龙江信基督教的老人，每一个礼拜有一次教堂活动。而对那些不信教的老年人群来说，有一个聚会闲聊的机会和场所，也是好事情。过去不是一个家族的人不住在一起，来往也不多。现在新的环境给老人们提供了建立新的社会交往的机会。另外，大多数老人提出的问题是，没有更多的事情可做，电视上的新闻和电视剧基本听不懂，希望能有独龙语配音的电视节目。

整乡推进以后，老人们集中住在河谷，尤其是孔当、巴坡、马库一带夏天气候炎热，是疾病多发季节，这使老年人群得病的风险更大。所以，逐步改善村一级医疗卫生条件，也是保障独龙江老人健康养老的条件之一。贡山县乡有关部门，要有意识地选拔培训有志向的独龙族青年为村医，建立和完善农村合作医疗，鼓励他们向懂草医的老人学习。提高独龙族老年人群的健康保健意识，关注他们的内心需求，在目前的独龙江养老事业中十分有必要。

源源不断的社会捐助，对独龙族来说仍然是雪中送炭的好事情。而国家和政府相关部门在资金和财力等方面的投入，将不断完善和促进独龙江养老事业的健康发展。

参考文献

1. 中国科学院民族研究所云南民族调查组、云南省历史研究所民族研究室编：《云南省怒江独龙族社会调查》（调查材料之七），1964年12月。

2. 《独龙族简史》编写组编：《独龙族简史》，云南人民出版社，1986。

3. 高丙中：《现代化与民族生活方式的变迁》，天津人民出版社，1997。

香格里拉市水磨房村老年人生活现状与思考

章忠云

随着我国老龄化社会的到来，养老问题愈显突出，少数民族地区也不可避免地面临这一问题，特别是居住在乡村中的少数民族老年人。2015年，笔者对云南省香格里拉市安南村委会水磨房自然村老年人的生活现状进行了调查，调查内容包括年龄、婚姻状况、日常生活能力、收入状况、衣食住行情况等几方面。发现依靠土地养老和传统家庭养老已难以适应老年人的养老需求，该村老年人的养老面临许多困难。

一　安南水磨房村基本情况

安南水磨房村是云南省迪庆藏族自治州香格里拉市三坝乡安南村委会的一个自然村，位于香格里拉市东部，豁占豁庄雪山脚下，地处海拔2700米的二半山区，气候比较寒冷。传统上，水磨房村的经济为半农半牧的农牧经济，农作物主要有小麦、青稞、玉米，土豆等。牧养的主要牲畜有犏牛、牦牛、黄牛、山羊等。饲养的牲畜为猪。2015年有51户，208人，60岁及以上的老年人有34人。村民以藏族、回族、汉族为主。

二　老年人的生活现状

从目前村里的人口看，长期在村里居住并依靠传统经济为生的村民有54人，其中包括60岁及以上老年人34人。其他154个村民中有89人在外打工、做小生意，除春节过年回村半个月左右，平时几乎不在村里常住。65人为学生和幼儿，大多数学生基本在乡上和县城上小学、中学，只有假期才回村。

（一）日常生活情况及婚姻状况

目前村里的34位老人日常生活都有自理能力，衣食方面已达温饱。大多数老年人儿女常年不在身边，自己承担着繁重的生产劳动。其中与子女居住的老人和老年夫妇共同居住的，在一日三餐方面质量上要比独居的好一些，独居老人饮食质量不是很好。如村里有两个结伴居住的老人，早晨简单喝点酥油茶，吃点烤粑粑或热热头天晚上的剩饭，中午有时不吃，晚饭煮锅肉汤，汤里下点洋芋、白菜就米饭吃，虽说保证吃饱，但不能保证质量。从下面两个表格可以看出水磨房村老年人参加生产劳动和日常居住情况。

安南水磨房村老年人参加生产劳动情况（表一）

家庭	性别年龄	婚姻状况	土地	种田否	养猪	养牛	林下产品	带孩子否	家务否	备注
1	男76女76	夫妇	4亩	种	2头	无	否	有时	做	
2	男64女62	夫妇	6亩	种	2头	13头	采集	否	做	妻子夏季在牧场放牛、捡松茸。
3	女83	丧偶	3亩	种	1头	无	否		做	
4	女70	丧偶	4亩	否	无	无	否	带	做	长期与儿媳、孙在县城住。
5	男65女61	夫妇	6亩	种	5头	4头	采集		做	
6	男60女56	夫妇	3亩	弃荒	无	无	否	带	做	专门带孙子，妻子在外打工。
7	女77	丧偶	6亩	种	3头	无	否	有时	做	
8	男67女64	夫妇	6亩	种	3头	16头	采集	有时	做	妻子夏季在牧场放牛、捡松茸。
9	男65女60	夫妇	5亩	种	3头	10头	采集	否	做	
10	女62男55	夫妇	5亩	种	2头	8头	采集	有时	做	
11	女70	丧偶	2亩	否	无	无	否	带	做	随子女在县城居住，偶尔回来。
12	男76	丧偶	3亩	否	无	无	否	有时	做	
13	男65女63	夫妇	6亩	种	3头	7头	采集	有时	做	

续表

家庭	性别年龄	婚姻状况	土地	种田否	养猪	养牛	林下产品	带孩子否	家务否	备注
14	男76	丧偶	3亩	否	无	无	否	有时	做	田由儿女栽种后，平时他管理。
15	女64	丧偶	5亩	种	2头	无	采集	有时	做	
16	男80女72	夫妇	9亩	种	2头	21头	采集	有时	做	妻子夏季在牧场放牛、捡松茸。
17	女80 男61女60	母亲 夫妇	9亩	种	3头	5头	采集	有时	做	是个四代同堂的家庭。
18	男66女65	夫妇	9亩	种	3头	无	采集	有时	做	
19	男69女67	夫妇	9亩	种	2头	30头	采集	有时	做	夏季丈夫在牧场放牛、捡松茸。
20	女80	丧偶	6亩	否	2头	8头	否	有时	做	与子女在村里。
21	女73	丧偶	5亩	种	3头	无	否	有时	做	
22	男87	丧偶	6亩	否	3头	15头	否	否	做	辅助儿子儿媳做力所能及的家务。
23	男60	未婚	10亩	种	4头	30头	采集	否	做	五保户，与弟弟一家生活，帮助干家里的农活。

水磨房村老年人日常居住情况（表二）

项目	人数	情况说明
与子女居住	7人	这种类型包括了一个子女或全家常年在村里居住的情况。
丧偶独居	8人	这种类型指共同居住的子女几乎都在县城打工、做生意，平时老人独自生活，子女一两个月回家看望一次老人，十多天会给老人寄一些蔬菜、新鲜肉食。
与老伴居住	15人	这种类型指共同居住的子女都外出打工、做生意，平时老人大都与老伴独自生活，其中有三户的老伴年龄还未满60岁。
老人结伴居住	2人	这是村里比较特殊的一种老年人居住形式。村里有两个家庭的两个老人（男性）已丧偶，两个家庭与老人居住的儿子和儿媳常年在外打工、开食店，其中一个家庭的老人身体不好，其嫁到另一家庭的女儿将其父接到夫家，与独自生活的公公一起生活，平时两个老人可以相互照料。
与亲戚居住	1人	这是村里的一个五保户，因其为智障人士，他与其弟弟的家庭共同生活。
丧偶情况	11人	其中女性丧偶的有8人，男性丧偶的有3人。

从表一中我们可以看到，青壮年外出打工后，留在村里的老人一方面几乎承担了所有依靠土地山林的传统劳作，由于劳动力的减少，老人们的劳动量远远大于过去；另一方面，传统经济依然是老人赖以生活的经济保障。女性老人丧偶的比例高于男性，老人丧偶后几乎没有再婚的现象。从表二可看到安南水磨房村76%的老年人，处于与老伴居住或自己独居的状态，子女几乎不能照顾老人的日常生活。

村里这批六七十岁的老人，大都经历过大集体时代付出辛苦劳作，却吃不饱肚子的生活。后来包产到户，靠自己的劳动逐渐过上吃饱穿暖、养活众多子女的日子，有对劳动回报如何保障生存的深刻体会。调研中，经常有老人讲："我们这些人，与现在的年轻人不同，没有享清福的命，哪天要是闲下来，骨头骨节都会痛。"生产劳动成为他们长期的习惯和生活，只要有点力气，从没见他们闲下来，辛勤劳作直至生命的终点成为其老年生活的重要部分。

（二）居住条件

目前全村51户都有房住，老人都是与继承家业的儿女生活，所居住的房屋有三种类型，一种是传统的夯土藏房，一种是砖木结构两面出水的砖瓦房（楼房和平房），第三种是钢筋混凝土楼房。其中传统夯土藏房大都建于二十世纪八九十年代，楼上住人，楼下关牲畜。砖瓦房大都修建于20世纪90年代中期至21世纪初的几年间。钢筋混凝土楼房大约于2008年左右开始在村里建盖。

村里34位老人所在家庭，其居住条件还算可以，基本都有自己单独居住的房间，保暖条件尚可。其中有5户人家的居住条件相对较差，主要是建于二十世纪八九十年代的夯土藏房和砖木结构平房，由于建盖时基本没有考虑采光、房间结构、太阳能应用等，加上没有卫生间、洗澡设施、独立厨房，给老年人生活带来不便。

（三）经济来源

水磨房村的地理环境为高寒二半山区，土地大都是山坡台地，土地面积不多，人均耕地不足3亩（不算山地），且较为贫瘠，农作物的产量不高，却是重要经济来源之一；同时，山林牧场面积广大，牧草质优，畜牧业一直以来所占比重较大，主要饲养大牲畜犏牛、牦牛。如果收获的农作物被人吃了，就没有牲口的饲料，粮食非常紧张，也有缺粮的情况。20世纪80年代改革开放之后，村民靠卖柴火、采集松茸等林下产品，出售畜牧产品、搞运输、打工等多种形式，收入逐渐增加，口粮不再依靠农田，主要用现金购买大米，所产农作物主要作饲料月。

目前老年人的经济来源有三种形式，一是依靠传统经济自己劳动生产所得，二是子女提供，三是政府补贴。

从表一可以看到，农业和畜牧业生产依然是水磨房村老年人的主要经济收入。调查显示，土豆每亩可产1000斤、青稞每亩产400斤、小麦每亩产300～400斤、玉米每亩产800斤左右。畜牧产品中酥油每公斤120～150元，养牛的人家除自己食用外，产量少的家庭每年至少出售20公斤，产量多的家庭出售50公斤左右，有的家庭不出售，但作为给亲友的礼物送出20公斤左右；乳制品奶渣，少的人家出售40公斤左右，多的人家上百公斤，每公斤25元左右；每年出售1～2头牛，根据牛的品种和大小不同，2015年每头牛的价格在2000～8000元之间。采集林下产品松茸菌出售是现金收入中最高的，2015年老年人在松茸收入一项中，最高的有20000多元，最少的也有5000元。

按以上农牧林生产的3种收入计算，34个老年人2015年的人均纯收入4200元左右，国家统计局2016年2月29日发布的《2015年国民经济和社会发展统计公报》显示，全国农村居民人均纯收入为10772元。2016年1月29日，云南网国家统计局云南调查总队城乡一体化住户调查汇总数据显示，2015年，云南省农村居民纯收入为7526元。村里老人的收入与云南和全国的纯收入相比，相差很大。

但可以看到大多数老年人通过自己的生产劳动，解决自己的温饱问题，有的甚至是家庭的经济支柱。比如表一中的9号家庭，仅老人采松茸菌一项，年收入现金有近20000元，比其儿子在县城打工的收入还高。

自己不进行生产劳动的几位老人，主要靠子女提供的赡养费和实物养老。

除这些收入外，年满60周岁的老年人，每个月都有新型农村社会养老保险发放的100元养老金（60岁以下村民每年交纳100元）和每月300元的低保金。同时，每个家庭还有一些政府发放的农业生产和生态补偿补贴，如退牧还草补贴每户每年有500元、农村综合直补每户每年482元、良种直补每户每年117元、土豆补贴每户50元、草原生态补贴每户每年780元等。

（四）老年人的健康及就医情况

目前水磨房村老年人的健康保障基本处于一种自然的状态中，没有开展任何有关老年人保健方面的事宜，甚至从未组织过老年人集体体检，只有少数家庭子女带老人进行过体检。传统上，子女在冬季会带老年人去泡温泉，以提高身体素质，如今这一保健方式依然存在。

从社会医疗保障方面看，没有任何人参加大病保险，只参加了每人每年20元的医疗保险。参加医疗保险的，如果住院，可报销70%的医药费。

村里的医疗条件极其简陋，仅有1个卫生员的一间医务室，不仅药品少，卫生员还经常不在，很少有村民前往就医。村中大多数人生病都直接前往市里就医（村子距市区70公里，村里大多数人家都有面包车），老年人也不例外。老人如生病了，子女都会开车接送并进行护理，重病或大病病人，一般去大理就医。但是，当老年人生病需要住院时，他们很不愿意去，认为住院是浪费钱，能吃点药就行，若要去外地住院医治，还不如听天由命。

目前健在的34位老年人，除表一中1号家庭的女性健康状况稍差外，其他人都还健朗，很少生病。但许多70岁以上的老人，听力和牙齿都不太好，给生活带来一些不便。

（五）子女（亲人）的赡养情况

水磨房是个几种民族杂居的村庄，有着尊老爱幼，孝敬父母的美德。在赡养父母的习俗上大都沿袭藏族的风俗习惯，即由家中老大继承家业与父母生活，其他子女则出嫁、入赘或独立成家。因此，有的父母与儿子生活，有的父母与女儿生活，父母年老后由留在家中的子女照顾其日常起居。但凡遇到如生病等需要大的开支的事情时，子女都会分担。

目前，水磨房村的34个老人，虽然都是与继承家业的子女居住生活，由于子女大都外出打工、做生意，大多数子女无法照顾老人的日常生活，老人成为村里的留守者，但子女并不推卸他们的赡养义务。比如，用打工的收入购买足够的米面、改造居住环境、重建房屋、春节带老人去外地旅游、生病就医护理、每年添补2～3套衣物、给足够的赡养费用、一个月至少回家看望一两次老人（大多数外出村民是在本地县城打工），经常与老人通电话等。

另一方面，虽然老人是与其中一个儿女居住，但这些老人几乎都有两个以上儿女，因此在赡养父母这方面，其他儿女每年也都会尽一份孝心。如表一中的12号老人，有子女6个，其他5个子女每年在过年或方便的时候都会回家看望老人，给老人买些烟酒、衣物、营养品、零食等，这些儿女每年孝敬老人的零用钱总额超过1万元，物质生活条件较好。因此这个老人在村里只需做自己的三餐，不需要参加任何生产劳动。

虽然老年人在物质条件方面情况较好，但因独居在家，无人照看的现实，对老年人的身心健康很不利。如表一中的14号老人，儿子儿媳都去城里打工了，但老人身体不好，手脚不便，而且耳已失聪，独自一人在家。2014年的一天，他在火塘边睡着了，火塘的火太大，烧到了地板，还好有另一个老人去他那里，发现了，才没酿成大祸。后来这个老人已出嫁的女儿不放心（她自己也在城里打工），把父亲接到夫家，与公公一起生活，让两个独自在村里的老人搭伙生活，相互有个照应。

老年人成为村里大多数留守人员的情况，是2010年前后开始的。这之前，虽然每户家庭都有青壮年人在外打工、做生意，他们大多数是家中的男性，而女性基本留在村里从事农牧活计、照顾老人孩子、完成家务等。2010年，云南省开始实施拆点并校的教育改革，安南村委会的小学被并往乡里，乡里的中学并往县城。村里的小孩要到离村30公里的乡小学住校上学，上中学的则要到县城。家长们考虑，孩子既然要离开家上学，那不如选择条件更好的学校，那就是县城里的学校。由此导致村里有学龄儿童的家庭都带孩子前往县城，一方面可照顾孩子，另一方面在外的夫妻也可相互照应。从下表我们可以看到34个老年人家庭的子女在外打工和下一代的情况。

水磨房村老年人子女、收入及下一代情况表（表三）

户号	子女	孙子女
1	儿子42岁，在县城开出租车，年收入4~5万。儿媳37岁，2010年开始在县城学校食堂打工，年收入2万。	孙女在县城上小学三年级。孙子在县城上小学二年级。
2	女儿35岁，2009年起在县城开小食店，年收入5~6万。女婿开夜班车，年收入5万左右。	大孙女在县城上小学五年级。小孙女3岁。
3	女儿37岁，2010年开始在县城打工，年收入2万。女婿45岁，县城打工，年收入5万左右。	孙子在县城上小学四年级。
4	儿子44岁，县城打工，年收入1万多。儿媳2010年开始在县城开小食店，收入4~5万。	孙女在县城上民族中专。孙子在县城上小学五年级。
5	儿子已去世。儿媳48岁，2008年开始在县城打工，年收入2万左右。	大孙子27岁，在县城打工。小孙子19岁，在县城打工。
6	2009年，老人的妻子在县城开茶室，年收入7万左右。儿子38岁，从事民间借贷，年收入5万左右。儿媳36岁，在县城打工。	孙女在县城上初三。孙子在县城上初一。
7	儿子36岁，开大车跑运输，年收入5万左右。儿媳37岁，在村里从事农活。	孙子在县城上初二。孙女在县城上初一。
8	儿子40岁，在县城开公共汽车，年收入2.4万。儿媳37岁，2010年开始在县城打工，年收入2万。	孙子在县城上高二。孙女在县城上初二。
9	双胞胎姐妹俩在县城打工，未婚。儿子，在县城打工。	
10	儿子29岁，从事民间借贷，收入5万左右。儿媳27岁，在县城开小食店，收入5万左右。	孙子未满一岁。
11	儿子37岁，在县城打工。儿媳34岁，当导游。	孙子在县城上小学四年级。
12	儿子40岁，开挖掘机、跑运输等，年收入10万左右。儿媳38岁，2009年开始在县城开小食店，收入6万左右。	孙女在云南师范大学上学。

续表

户号	子女	孙子女
13	儿子40岁，从事民间借贷，收入5万左右。儿媳36岁，2009年开始在县城开小食店，收入5万左右。	孙子在县城上小学四年级。
14	儿子36岁，从事民间借贷，收入3万左右。儿媳33岁，2010年开始在县城打工。	大孙子在县城上小学四年级。小孙子在县城上小学二年级。
15	儿子34岁，在县城打工。儿媳34岁，在县城打工。	孙女在县城上学前班。
16	儿子27岁，开大车跑运输。儿媳24岁，在村里从事农活，照看老人和孩子。	孙女4岁。
17	儿子61岁，儿媳60岁，都在村里务农。	孙子31岁，未婚，在县城打工。
18	儿子39岁，从事民间借贷，收入5万左右。儿媳35岁，2010年起在县城开小食店，收入5万左右。	大孙女在县城上初二。小孙女在县城上初一。
19	儿子36岁，在县城打工。儿媳30岁，目前在村里。	孙子1岁。
20	儿子40岁，儿媳40岁，都在村里务农。	孙子在县城上民族中专。孙女在县城上初二。
21	女儿52岁，女婿53岁，都在村里务农。	孙子18岁，在县城打工。孙女在县城上民族中专。
22	儿子44岁，儿媳45岁，都在村里务农。	两个孙子都未婚，在县城打工。

从表三可以看到，在外打工的村民，每年都有一定收入，但除去房租和日常开销，所剩纯收入并不多。在经济上他们的收入几乎仅够自己在城里开销，可提供给老人的并不多。大多数女性进城的时间与孩子去县城上学的时间一致。

在与这些女性村民的访谈中了解到，大多数女性仅有小学文化，没有什么技能，进城打工都难找到工作，唯一有信心做好的是饮食，因此只能干辛苦又繁忙的餐饮工作，一方面可以赚一点小钱，另一方面也解决了一家人在县城的一日三餐和住宿。其中很多女性表示，一旦孩子考上大学后，将回村与老人居住，回村度过自己的晚年。他们认为，在村里经营传统农业的收入与在城里打工的收入相比，因为城里的开销太大，到年终还不如村里的收入，因此没有能力在城里买房，把老人接进城里居住，即使有能力，老人也不喜欢在陌生的环境居住。

从整个村子的情况看，村里40～50岁之间进城的这批村民，是村里的第一代打工者，他们的子女是第二代。第一代打工者由于大都没有上过学或只上过几年小学，在城里难找工作、收入又低，大都只能干些辛苦的工作。他们的收入既不能让他们在城里买房养老，随着年龄的增长和有了孙子辈，也难于让他们继续生活在城里，他们大部分的积蓄都花在养育子女、孙辈和回乡盖房上，大多数人面临再度回乡种地、抚育孙辈的景况，同自己的父母一样，要重新依靠土地生活和度过自己的晚年。他们的子女，第二代打工者，前途也并不光明。他们大都受了国家九年制义务教育，但几乎在初中毕业后，便随父母或亲戚进了城，他们既不像父母那样曾经在乡村有过辛勤劳作的经历，对乡村生活已经不习惯，没有在乡村生活的技能，也没有在城市讨生活的一技之长，工资低、辛苦忙碌的工作又看不上，大多数还是依靠父母生活，像村里出现从事民间借贷靠利息生活的，就是这种状况的一个写照，一种没有保障和存在风险的生活。他们对父母的赡养和今后自己的老年生活该何去何从，实在令人担忧。

因此，可以预见想要依靠打工收入来赡养老人，让老年人养老，对于水磨房村大多数人来说还不现实，依靠土地依然是村民养老的保障。

三　讨论和思考

从水磨房村老年人的生活状况看，其衣、食、住、行、医等方面基本没有大的问题，但还没有完全过上老有所养、老有所依、老有所为、老有所学、老有所乐的生活，老年人依然承担着繁重的生产劳动，承受着巨大的经济压力，大多数老年人基本无法过上有子女照顾的生活，形成这种状况主要有以下几方面的因素。

（一）传统农牧经济收入水平较低，无法满足养老需求

土地和畜牧业自古以来就是水磨房村的主要经济来源。但由于地处高寒二半山区，土地和牧业的收入填饱肚子都很难，无法保证基本生活。虽然随着科技的进步，农作物生产大量采用良种和科学种田，作物产量有所提高，但由于农产品价格低廉，每亩地年产出仅在500～1000元之间。牧业方面，虽然畜牧产品价值不断提高，但受饲料、劳动力等因素的制约，无法成规模化发展，造成收入提高难。土地增产不增收，畜牧业发展受制约，人们的生活还处在为生计奔波的阶段，传统农牧经济不能保障农民基本生活需求，没有能力考虑和提供良好的养老保障。

（二）家庭养老困难多

依靠传统农村经济并不能使村民富裕起来，村民依然处于贫困状况。为了摆脱贫困，从20世纪80年代中期开始，村庄里的大多数青壮年（16～59岁）开始外出打工、做生意，老年人大部分时间与子女分离，得不到子女的照料。尽管外出打工的收入比经营传统农村经济的收入高，但大多数打工者的收入除去房租、日常生活开销、改善一点老人的生活条件外，一年中的盈余并不多。一方面，留在村里的老年人还要承担起经营土地、畜牧业生产等繁重的劳动，以增加家庭收入，没有条件谈养老。另一方面，尽管尊老养老的传统美德依然是村民的道德取向和道德约束，却因为贫困、小孩上学等现实问题，子女无力兼顾两者。

（三）政策变化对传统养老习惯的影响

水磨房村的家庭传统养老模式在城镇化进程中不断受到影响，最大的影响来自5年前开始的教育改革中的拆点并校。拆点并校的实施，打破了村里两性的社会分工模式，即男主外，女主内的模式。原来主要由男性外出打工，女性在村里生产劳动，照顾老人和孩子，随着学龄儿童的进城，女性不得不离开村庄，边照

顾孩子边打工维持生计。

（四）农村社会保障薄弱

社会保障是养老保障的最后防线，水磨房村与大多数中国农村的情况一样，没有养老院，也没有专门针对老年人的养老服务。村民对社会养老没有什么认识和概念，参加社会保障的积极性也不高。村民可支配的收入低，导致缴纳保费的金额有限，60岁以下村民所参加的新型社会养老保险，只有能力参加五个等级中最低的每年100元那档，因此得到的保险给付水平自然低，目前的社会保障不足以维持基本生活。当农民丧失劳动力，或子女无力承担父母的养老时，如何养老？因此，建立适合水磨房村的社会保障机制是个亟待解决的问题。

就目前水磨房村的情况看，家庭养老依然是今后相当长一段时间中的主要养老模式，社会养老还没有条件。针对养老中存在的困难和问题，笔者认为最重要的还是要解决传统经济收入低和如何让大多数进城务工人员重新回到村寨生产生活的问题。如果能实现以下几方面，家庭养老的经济问题和子女照顾问题基本可以解决。

1. 实现土地增产又增收

水磨房村的传统农业，主要种植土豆、小麦、玉米、青稞等，价格不高、以自己使用为目的传统品种，生产上除传统管理外，基本是靠天吃饭。如果要让土地增收，必须改变目前的土地经营模式。首先要把全村土地纳入政府的强农惠农项目体系中，用政府的项目作为支撑，改变传统生产模式，种植市场需求量大且价格高的农产品。比如，像“民族团结示范村镇建设”项目，就有专项资金投入开展生态农业建设。因此，在土地经营模式上可以采取合作社的形式，整合村民的承包土地，小规模生产不同需求的产品。收入的提高，则要通过生产技术的提高来开展，专门种植市场需求的符合绿色、生态指标和消费者信任的产品，以质量保证收入。

2. 规模化地开发生态畜牧产品

水磨房村的畜牧产品，因其为自然生态牧养产品，一直以来市场声誉都很好，随着劳动力的减少，养殖量也逐年减少，甚至许多家庭已不再牧养，仅在村子里养殖数量不多的牲畜自用。而当地市场对畜牧产品的需求量却很大，有很大的市场潜力。比如目前香格里拉市建塘镇售卖牛肉、猪肉产品的小商贩有近百家，但50%的产品并不来自当地。如果安南村的畜牧产品能进行规模化养殖，抢占本地市场，就能改变目前不成规模的经营，以提高收入。

3. 培植在地产业

水磨房村之所以大多数青壮年都要以进城打工的方式来增加收入，最主要的原因是没有本地产业。适合水磨房村开展的产业，就目前的条件看莫过于旅游业。香格里拉作为闻名于世的旅游胜地，水磨房村就处在香格里拉旅游东环线上，南边有白水台、哈巴雪山和虎跳峡，北边有普达措国家公园，村子及其所属山林与这几个景区相连，每天穿村而过的旅游大巴很多，可以考虑把村子纳入香格里拉东环线的旅游景点，开发村子周围的雪山探险，牧场体验、藏族回族特色文化村落休闲旅游等，培植以家庭为单位的集餐饮、住宿、休闲为一体的旅游业，使进城打工的村民回村既有事可做又有收入，还能照顾老年人。

个旧市沙甸回族社区的养老问题研究

金 杰

近年来，少数民族地区的养老问题得到学界的广泛关注，相关领域的研究数量丰硕。少数民族地区的养老深受少数民族文化影响。本文以云南著名的回族社区——个旧市沙甸区为例，试分析少数民族宗教文化对回族社区养老的影响。

一 沙甸简介以及当地城乡居民养老保险参保情况

沙甸是云南省著名的回族聚居区，是个旧市的一个区（乡镇级），辖区总面积27.5平方公里。2010年第六次全国人口普查，沙甸总人口为18952人，其中，回族12703人，占总人口的85%；彝族1300多人，约占总人口的8.7%。此外，还有近4000人的流动人口。全区下辖4个村委会，11个自然村。沙甸区现有10所清真寺。自20世纪90年代以来，沙甸民营企业发展迅速，形成以铅锌冶炼为支柱的民营经济。现已有大小乡镇企业800多户，具备一般纳税人资格的73户，拥有资产近3亿元，就业人员近4000人。①

截至目前，沙甸60岁以上老人突破2000人，占总人口的14%，80岁以上高龄老人接近300人，占总人口的2%。

2011年，沙甸开展城乡居民养老保险。参保者年龄需达到16周岁以上。沙甸16周岁及以上居民中，民营企业职工参加企业职工养老保险，其余人参加城乡居民养老保险，参保率达到100%。目前，我国养老保险年参保金额从100元到2000

① 红河州回族学会编《红河州回族概览》，云南民族出版社，2012，12～13页。

元不等，沙甸多数参保人的年参保金额为100元。参保人每月获得养老保险金额为“个人账户/139+基础养老金”，从2015年起，基础养老金为80元/月。

沙甸区政府通过多种渠道宣传居民养老保险。除了常规的宣传方式外，沙甸区政府注重发挥清真寺的作用，利用清真寺每周五主麻（聚礼）机会，向前来参加礼拜的群众宣传居民养老保险。每年缴费时间，沙甸区负责部门打电话逐个告知参保人。在个旧市的乡镇中，沙甸区养老保险的缴费率名列前茅。每年11月15日，当地主管部门开展养老保险参保人生存认证。

二　宗教文化与沙甸回族养老

养老主要依靠三种力量——国家、家庭和社会，沙甸回族的养老也如此。但是，沙甸作为一个伊斯兰教氛围浓厚的回族社区，当地的家庭养老和社会养老深受宗教信仰影响。沙甸回族的家庭孝道观念植根于伊斯兰教信仰，而沙甸的社会养老力量就集中体现为宗教慈善。在沙甸，国家养老政策植根于宗教信仰的家庭孝道以及伊斯兰教慈善精神三者合力，再依托沙甸多年来的经济繁荣，为沙甸的老年人营造了一个舒适的养老环境，让沙甸老年人老有所养、老有所医、老有所学、老有所乐。

（一）宗教文化与沙甸回族的家庭孝道

孝顺是伊斯兰教极力倡导的美德，伊斯兰教把孝顺提升到信仰层面。伊斯兰教明文规定，孝敬父母与崇拜安拉并列，二者是穆斯林最为重要的义务。《古兰经》有大量涉及孝顺的经文，除《古兰经》以外，记录穆罕默德言行的《圣训》也有很多谈论孝道的内容。

伊斯兰教进入中国后，在本土化的过程中，中国伊斯兰教积极从儒家思想中吸取营养，形成“以儒诠经”的传统。伊斯兰教尊崇孝道，于是，受这两种文明共同哺育的中国回族把孝顺提升到极高的位置。

虔诚信仰伊斯兰教的沙甸回族恪守孝道。沙甸人把老人敬称为“老祖”，这是当地孝道的一个外在体现。沙甸老年人在子女成家后，通常选择与继承房产的儿子家同住，但没继承房产的子女同样为年迈的父母提供各种各样的帮助。“嫁出去的姑娘泼出去的水”在沙甸并不成立，沙甸的成家女性也自愿担当起赡养年迈父母的使命，这其中有原因可循。历史以来，沙甸的男尊女卑思想不严重。民国以来在沙甸开明乡绅的倡导下，沙甸在周边乡镇中首先破除裹小脚的恶俗，率先让女孩走进校园。另外，出于宗教信仰考虑，沙甸女性的通婚多限于本地，女儿的家离娘家近。女儿的小家离不开娘家，娘家也离不开女儿的小家。由于上述原因，沙甸的女性也承担起赡养父母的责任。如果女儿家经济条件好，女儿把父母接到家中居住，承担起父母养老的主要责任，这样的例子在沙甸很常见。

沙甸回族尊老尽孝的美德主要源自内心和宗教道义，同时，沙甸特殊的舆论圈也发挥了作用。在民族文化和宗教等因素的共同作用下，沙甸存在一个互相监督的舆论圈，在促使子女尽孝方面，这个舆论圈发挥了积极作用。沙甸回族通婚面相对窄，女婿和岳父岳母、儿媳和公婆之间或多或少存在某种亲缘关系，即使没有亲缘关系，女婿、儿媳也是双方父母从小看着长大的，大家都是知根知底的熟人，这样的情况对于推动子女家庭和父母的关系很有帮助。

无疑，对于沙甸无收入、积蓄不丰厚的老人而言，老人生活的质量取决于子女的家庭条件。但是，无论子女穷或富，尊老、孝顺都是可以保证的，老人的基本生活都有保障。当前国内农村不时出现子女虐待老人、子女互相推诿赡养责任、抛弃老人、被弃老人寻短见等社会丑恶现象，这样的现象在沙甸闻所未闻。对于沙甸的特困户而言，家里的老人不是累赘，反而是一个家的中心，是养家糊口之人。在沙甸，有经济条件的子女不仅为年老的父母提供衣食住行，还要为父母提供到麦加朝觐的费用。

正因为沙甸回族根深蒂固的传统孝道观念，筹划已久的沙甸养老院项目一直无法启动。在当地，把老人“撵出家”，送进养老院的做法被视为子女的奇耻大辱，有悖于沙甸回族传统的孝道观念。

（二）宗教文化与沙甸的社会养老

伊斯兰教仗义疏财、扶贫济困的教义是沙甸社会养老的重要精神源泉。

《古兰经》有很多教导仗义疏财、扶贫济困的经文。伊斯兰教把扶贫济困列入教条，伊斯兰教五大功修中的“课”（“天课”）要求每位穆斯林把每年盈余的2.5%用于帮扶穷人。虔诚信仰伊斯兰教的沙甸回族自觉履行着扶贫济困的宗教教义。

改革开放以来，在各级党委政府的领导下，以冶炼为核心的沙甸民营经济取得辉煌的成绩，民营企业家们成为沙甸的致富带头人。总体而言，沙甸民营企业家是一个信仰虔诚的群体，他们发家致富之前就很虔诚，事业的成功让企业家感受到宗教的应许，信仰进一步强化，更加热心宗教慈善事业，其中，一些慈善项目就专门面向老年人。

沙甸一位企业家每月拿出1.8万元作为“天课”，专门用于帮扶沙甸区老沙甸村委会困难家庭的老年人。其中，重病人每月可得到300元奉献金，在此基础上递减，最少的也可以领到130～150元。截至2016年1月，沙甸村委会有174位老年人享受这项慈善养老金。沙甸大通冶炼厂每月拿出大笔资金帮扶老人，每位老人每月从大通冶炼厂得到100元的养老金。沙甸一位年轻企业家为沙甸区90岁以上老人每人每月提供150元的养老金。沙甸部分企业家也通过现金以外的方式为困难老年人提供援助。例如沙甸回味餐厅一年365天，天天为沙甸两位“三无老人”免费提供早、中、晚三餐。两位“三无老人”吃的由回味餐厅提供，住房由沙甸区政府出钱租给，基本生活有了保障。

除了上述几位沙甸企业家的固定养老慈善金，沙甸针对困难老年人的慈善金多是不固定的，无法统计。在沙甸，任何一户因老弱病残等不可抗因素致贫的家庭，都会得到亲友、邻居和社会的援助。笔者有一个叫碧孃的亲戚。20世纪80年代中期，碧孃的丈夫逝于肝癌，留下一个因医疗事故瘫痪在床的独儿子和三个女儿，最小的不满一个月。碧孃的人生遭遇了巨大的不幸，但幸运的是，虔诚信仰伊斯兰教的沙甸乡亲们给予了碧孃无微不至的关爱和帮助。有经济条件的乡亲不断把“天课”送到碧孃手中，包括侨居泰国的沙甸同胞也让回国探亲的代表统一把“天课”送交给碧孃。无能力提供物质帮助的乡邻则为碧孃提供挑水、修房子等力所能及的援助。乡亲们二十多年从不间断的帮助让碧孃的三个女儿顺利完成学业，成为人民教师，让碧孃一家看到人生风雨后的彩虹。由碧孃的例子可见，在沙甸，只要一户家庭有客观困难，社会帮扶力量就会跟上。在当地，困难户只要家里有老人，就会得到社会帮扶，亲友、邻居、富裕家庭的“天课”就会不断送到老人手里。

每年斋月是沙甸慈善捐款的高峰。斋月是行善之月，每个有能力的穆斯林在斋月期间都热心慈善和奉献。斋月期间的沙甸，个别特困家庭的老人会站在沙甸正街，等待过往人群的“塞待该”（sadaqah，阿拉伯语“慈善捐献”之意）。过往人群中知道老人家庭情况者，会为老人献上“乜贴”（阿拉伯语“心意”）。斋月期间，沙甸各所清真寺也为当地困难户提供大米、食用油等生活物品，接受清真寺援助的困难家庭多有老人。

几年前，在沙甸一位宗教界人士的倡导下，一群年轻人成立了沙甸志愿者协会，该协会致力于为沙甸提供各种社区服务。志愿者协会的成立有效整合了沙甸零散的慈善资金和力量，当地部分企业家有心做慈善，但找不到合适的救济对象，于是企业家把奉献金交给志愿者协会，由志愿者协会为更多需要关爱的人群提供帮助，奉献爱心。沙甸志愿者协会针对老年人的社会服务覆盖沙甸辖区内所有民族。每年春节，志愿者协会为辖区内80岁以上非回族老年人提供200元敬老费，80岁以上回族老人的200元敬老费则选择在每年斋月期间发放。在志愿者协会的组织下，2014年12月25日，沙甸区政府和沙甸爱心企业家联合举办“敬老爱老慰问座谈会”。沙甸辖区内300多名回族、彝族、壮族的高龄老人参加了此次敬老会。这次会议的主旨是：大力弘扬中华民族敬老爱老的传统美德，结合当前我国进入老龄化社会，人口老龄化严峻，尊老爱老意识逐渐淡化的实际，在沙甸掀起敬老爱老的热潮，推动孝亲敬老志愿服务活动的持续开展。在满足老年人物质生活的同时，着重关注他们晚年的精神生活，努力在沙甸形成“对老人献一份爱心，给社会添一份和谐，对老人尽一份孝心，给人间增一份温暖”的良好风气，使沙甸的物质文明和精神文明跃上一个新台阶。会上，个旧市民政局领导、沙甸区领导、沙甸区两位爱心企业家分别做了发言，两位爱心企业家用质朴的语言传达了“今天给老人留一份天空，明天给自己建一块绿地”的信息。沙甸的爱心人士计划以这次爱心活动为契机，成立“沙甸老年协会”，并在适当的时候，在沙甸的黄金地段建盖一所漂亮的敬老院或老年公寓。让老人们享受幸福美满的物质生活的同时，充实丰富多彩的精神生活，安度幸福晚年。当天的敬老会为300多位老人准备了丰盛的午餐，饭后，志愿者协会还向每位老人赠送了一条价值150元的毛毯，为老人们越冬雪中送炭。本次敬老爱老活动，为沙甸志愿者协会提供了大显身手的机会和舞台。活动自始至终，100多名男女志愿者搀扶着老人们上下车，伺候老人们上洗手间，对于腿脚不便者，年轻的志愿者俯身弯腰，背上背下。会后就餐时，每位志愿者站立桌旁端饭倒水，夹菜舀汤。[①]

三　沙甸当前的养老情况

在国家政策、沙甸经济基础、沙甸回族根植于宗教信仰的孝道观念以及慈善精神几个因素的共同作用下，沙甸老年人的生活总体而言是幸福的。沙甸老年人基本实现了老有所养、老有所医、老有所学、老有所乐。

沙甸老年人“老有所医”，是因为当地老年人都加入新型农村合作医疗。值得一提的是，自2010年以来，沙甸爱心企业家每年出资14万元人民币，为沙甸困难群众购买新型农村合作医疗保险，使当地困难群众的医保后顾之忧得以解决。

沙甸多所清真寺开办老年班，教老年人念诵《古兰经》，学习阿拉伯语。以清真寺为中心的老年生活让沙甸老年人老有所乐。清真寺不仅是老年人的学习场所，也是老年人的社交场所。每天学习时间，老年人在清真寺相互交流沟通。考虑到清真寺对沙甸回族老年人的重要性，政府近年提供的健身设备都统一安装到沙甸各所清真寺。清真寺是沙甸老年人的社会活动组织者，每当其他地方的清真寺做圣纪[②]，通知发到沙甸各所清真寺，沙甸清真寺就组织老年人前往该地做

① 《沙甸》杂志，《敬老爱老动真情 春风化雨暖人心》，2015年第1期，第97页。

② 纪念穆罕默德诞生。时间不定，一般在每年10月至来年2月间举行。

圣纪。外出做圣纪是沙甸回族老年人的一大乐趣，笔者儿时就随奶奶以及她的老年伙伴到沙甸周边各县份的回族聚居区做圣纪。当时，交通不发达，即使去的地方不远，来回也要两三天。期间，清真寺安排老人们到当地人家借宿，老人们在此过程中与各地建立了关系网，从中得到许多信息和乐趣，老年生活非常充实。现在，随着交通发达，经济发展，沙甸老年人做圣纪的地方越来越远，如云南省内的大理、腾冲、西双版纳、澜沧等地，周边省份如四川、贵州。近年来，在当地清真寺的组织下，沙甸老年人还迈出国门到国外做圣纪，如泰国清迈。朝觐是沙甸老年人的另一快乐，朝觐期间40多天的异国生活开拓了老年人的眼界，丰富了老人的精神生活。

四　沙甸养老存在的问题和困境

无疑，沙甸的养老总体做得不错，有许多可圈可点之处。但沙甸的养老并非没有问题，现将沙甸养老存在的问题和困境分析如下。

第一，沙甸的环境污染给老年人的健康带来威胁。多年以来，沙甸与全国各地一样，没能平衡好经济发展与环境保护，以环境作为代价换取经济发展。20世纪80年代以前，沙甸以优美的环境和丰富的物产著称。当时的沙甸依山傍水，古树参天，瓜果飘香，部分水果品种为沙甸独有。自20世纪80年代起，铅锌冶炼成为沙甸经济的支柱产业。特别进入20世纪90年代中后期，受全球节节高升的金属价格诱惑，在缺少规划的情况下，沙甸的人力和资金蜂拥投入冶炼行业，大批冶炼厂在沙甸四周拔地而起。冶炼厂给沙甸带来了可观的经济利益，却给沙甸的环境带来巨大的破坏。当地水源被污染，土壤被污染。沙甸的空气污染更是给当地人的健康带来直接威胁，部分冶炼厂为了逃避检查，在夜间悄悄排污，排污释放的刺鼻气味足以把睡梦中的人呛醒。沙甸的老幼病残成为环境污染的最大受害者，因此，环境污染成为沙甸老年人健康最大的威胁。

第二，沙甸部分传统生活方式不利于老年人的健康。沙甸是个典型的熟人社会，请客赴宴非常多。老年人，特别是老年妇女是赴宴的主力军，当地部分老年妇女一年之内约有一半时间在赶赴各种应酬（赴宴多少与家庭经济状况和社会地位成正比），在家吃饭的时间少。频繁赴宴一来增加了人们的经济负担，二来宴会上的饮食多盐多油多肉，对长期赴宴老年人的健康很不利。当前，糖尿病、高血压等“富贵病”在沙甸非常普遍，逝于“富贵病”的中老年人有逐年增加的趋势。

第三，沙甸人的部分传统孝道观念不适应社会的发展。如前文所述，受宗教文化的影响，沙甸回族有强烈的孝道观念。当地孝道观念认为，子女若孝敬老年父母，就应该让父母在自己身边，一家人三代同堂，甚至四代同堂，让年老的父母带儿孙。由于受传统孝道观念影响，筹划已久的沙甸养老院项目无法开展。没有人敢置社会舆论压力不顾，把父母“赶出家”，送进养老院。然而，随着社会的发展，养老院建设势在必行。客观而言，老人住养老院，与同龄人住在一起，相互沟通更容易，更容易产生共鸣。若是老人与子女同住，代沟是必然存在的，有代沟就有摩擦。因此，沙甸人有必要改变部分传统孝道观念，接受养老院这一新型养老模式，让父母在住家与进养老院之间做出选择。

第四，沙甸经济衰退给当地养老带来考验。长期以来，沙甸良好的经济条件是当地孝道的重要物质保障。然而，近年来，沙甸的支柱产业——铅锌冶炼日渐衰落，沙甸仍然在产业转型的道路上挣扎，沙甸经济面临着诸多困境。沙甸经济的衰退已经影响到当地的养老事业，社会养老慈善金逐步缩减。前文提到，沙甸一位企业家之前每月拿出1.8万元帮扶困难家庭的老年人，重病人每月可得到300元，最少的也可以领到130～150元。进入2016年，该企业面临重重困境，虽然支撑着老年慈善金，但数目较之前已经减少到每人每月100元。之前二十多年，沙甸铅锌冶炼厂养活了大量沙甸劳动力，但是，随着大批铅锌冶炼厂停产，当地失业人口增加，一些基层家庭失去经济来源，生活困难，家里老年人的生活质量势必受到巨大影响。前些年，沙甸铅锌企业生意红火，普通沙甸人把一生的积蓄拿到工厂入股分红，其中有很多老年人参加入股。部分老年人甚至卖了家里的土地，把钱送进工厂吃利息。现在，大批工厂亏损关闭，很多老年人积攒一生的养老钱付诸东流。如果沙甸经济持续低迷，当地养老将面临诸多不确定性。

五　结语

沙甸的养老深受宗教文化的影响。得益于宗教的敬老教义、慈善教规和宗教活动，沙甸老年人的生活总体是幸福的，老人们安享晚年。当然，不否认宗教也给沙甸老年人带来一定的压力。但是，宗教对养老的影响总体是利大于弊。宗教与养老这个主题值得进一步深入研究和探讨。

小凉山彝族传统文化中的养老观念及现代价值研究

——来自宁蒗县跑马坪村的调研

罗　丹

云南省境内的“小凉山地区”通常是指“地处金沙江及其支流雅砻江之间，以今天丽江市的宁蒗彝族自治县为核心地带，包括永胜、华坪等毗连宁蒗的彝族聚居区”。[①]分布在小凉山地区的彝族自称诺苏（nuosu），操藏缅语族彝语支彝语北部方言，宁蒗县境内小凉山地区与万格山脉另一侧的四川省凉山彝族自治州（大凉山地区）山水相连，大小凉山地区诺苏人亦是血脉相连。据“六普”数据统计，处在小凉山核心区的宁蒗彝族自治县户籍人口为25.8869万人，全县辖15个乡镇，彝族人口为16.3059万人，占全县总人口的62.99%，全县65岁及以上的人口为15552人，占全县总人口的6.01%。同2000年第五次全国人口普查相比，宁蒗县65岁及以上人口的比重上升了2个百分点。根据老龄化标准[②]，宁蒗彝族自治县已经接近老龄化社会。随着中国人口老龄化问题的日趋凸显，老龄化社会越来越受到政府和学界的关注，在学界热议中国农村现代化多元养老模式的背景下，小凉山地区彝族诺苏村落社会中普遍存在的“家支文化”[③]价值观指导下独具民族和地域特色的养老模式也有特别的学理和现实意义。

---

① 郑成军：《彝族志：血统与根——云南小凉山彝族的生活方式、社会结构与家支制度》，云南大学出版社，2006，第25页。

② 人口老龄化是指总人口中因年轻人口数量减少、年长人口数量增加而导致的老年人口比例相应增长的动态。它包括两个含义：一是指老年人口相对增多，在总人口中所占比例不断上升的过程；二是指社会人口结构呈现老年状态，进入老龄化社会。国际上通常的看法是，当一个国家或地区60岁以上老年人口占人口总数的10%，或65岁以上老年人口占人口总数的7%，即意味着这个国家或地区的人口处于老龄化社会。

③ 家支文化是凉山彝族地区基于传统父系家支制度和社会等级制度所形成的文化系统，“家支”是中国学术界约定即成的术语，这里不对其展开深入讨论。

一　田野点概况

（一）小凉山腹地的传统彝族村落——跑马坪村

宁蒗彝族自治县跑马坪乡位于小凉山彝族地区腹心地带，历史上彝族群众经常在此地举行隆重的赛马活动，故而得名。中华人民共和国成立后（1950年1月至1956年9月）属于凉山彝务办事处。1955年，凉山彝务办事处从羊坪（今属永胜县）迁驻跑马坪（今跑马坪乡政府驻地）。1956年9月，凉山彝务办事处和宁蒗县合并成立宁蒗彝族自治县，设跑马坪区。1958年成立跑马坪公社，1962年改称跑马坪区，1987年改为跑马坪乡。跑马坪村是跑马坪乡辖下最大的村委会，是一个典型的彝族聚居村，地处宁蒗县南部交通要道，是宁蒗县通往永胜、华坪等县的必经之地，也是跑马坪乡政府驻地，距离宁蒗县城46公里。跑马坪村东邻沙力坪村委会，南部及西部毗邻二村村委会，北邻新营盘乡，全村辖19个村民小组，这些大大小小的自然村落散布在伊滴达拉河沿岸。跑马坪村整体属山地地形，国土面积61.08平方公里，平均海拔2680米。跑马坪村现有农户1284户，有乡村人口4183人，其中农业人口4153人，有劳动力2248人，其中男性2097人，女性2086人，绝大部分从事第一产业。

跑马坪村地处小凉山地区交通要道，居民全部为彝族，其村落家支文化在当代农村养老实践中有较强的规约性，在小凉山地区具有一定的代表性，故笔者选取跑马坪村委会为田野点，走访了几个较有代表意义的典型村落，如公路交通沿线的下农场村、下羊安山村、下跑马坪村、菜子沟村和位于万格山脉延伸带山区半山区的磨房沟、新民村、光马山等杂姓诺苏村落①。以及新生村（阿中村）等主姓诺苏村落②。笔者试图对这些各具特色的传统诺苏村落的养老保障问题开

① 郑成军：《彝族志：血统与根——云南小凉山彝族的生活方式、社会结构与家支制度》云南大学出版社，2006，第61页："小凉山村落家支结构大致可分为主姓和杂姓两种，杂姓村落的特点是在一个村落内居住着许多不同姓氏的家庭，但没有一个姓氏在村落中处于轴心地位，不同姓氏之间的关系直接决定着村落共同体的内部结构关系以及乡土社会的整体秩序。"

② 郑成军：《彝族志：血统与根——云南小凉山彝族的生活方式、社会结构与家支制度》，云南大学出版社，2006，第60页："小凉山村落家支结构大致可分为主姓和杂姓两种，主姓村落的特点是在一个村落内居住着两个或三四个以上的多个姓氏，但以一个姓氏宗族占主体，其他宗族姓氏居次要地位。"

展实地调研，并基于山区和平坝的地缘差别，对不同地缘单位的养老现状进行比较分析。

（二）小凉山彝族诺苏人传统文化中的养老理念

"家支"是彝族传统诺苏村落社会中的重要单位，是包含了"血缘、地缘和利益的全部社会组织"[①]，诺苏人在民主改革之前的社会历史发展进程中逐渐形成了"家支"文化系统，传统"家支观念"所引导的"家支组织"及其承担的社会功能与传统汉族社会中的"宗族"相仿，以"血缘亲族"和"地缘单位"为基础发挥的功能作用，影响着诺苏村落社会生活的方方面面。中华人民共和国成立后尤其是20世纪50年代民主改革之后，家支的组织结构、社会功能以及家支观念都随着社会的变革发展而产生了巨大变迁。家支文化存在的物质和精神基础一度被解构，其社会功能也被消解。20世纪80年代初实行改革开放以来，随着国家对农村社会经济体制的改革，家庭联产承包责任制的推行，农村生产资料再度回到单个的家庭中，传统诺苏村落社会在宽松的政治环境中重新迎回国家的系列民族政策，传统诺苏文化重拾尊严和地位，在特定历史时期，由延伸到诺苏社会中的国家意志所强行压制的隐蔽在诺苏人文化系统内部的传统文化观念和意识，又获得了新的"文化生境"。

诺苏社会是父系小家庭制社会，无论传统还是现代诺苏村落社会，"家庭都是诺苏人最基本的生产、生活和宗教单位"[②]，民主改革后，传统诺苏社会中的"一夫多妻"和"转房"婚俗已经完全消除，当代大小凉山彝族基本上都是严格按照现代《婚姻法》实行一夫一妻制，组建小家庭，并保留"幼子承家，余嗣分出"的父系继承制。小凉山彝族诺苏人的传统文化中拥有许多养老敬老习俗，这些习俗并非单独地反映于诺苏中青年人赡养老人的方法、方式层面上，而是体现在日常生活、时令节庆、道德礼仪等诸多方面。诺苏人的"婚姻、丧葬、祭祀的礼制是家支文化赖以存在的物质仪式基础，也最能体现出家支组织的内部功能特

① 郑成军：《彝族志：血统与根——云南小凉山彝族的生活方式、社会结构与家支制度》，云南大学出版社，2006，第364页。

② 郑成军：《彝族志：血统与根——云南小凉山彝族的生活方式、社会结构与家支制度》，云南大学出版社，2006，第154页。

征”。[1]这些经过历史和时代的打磨、不断变迁并传承至今的物质仪式依然蕴含着大量的敬老爱老元素，例如郑成军在20世纪90年代撰写的关于跑马坪乡阿鲁村的调研报告中就提到：

阿鲁村阿鲁家族的婚丧礼制规定：族内老人去世，房内成员户均出羊1只、荞1斗；房外成员户均出荞饼5双（合2升），4户出羊1只。族外姻亲死人，主吊丧户出牛1头（通常为岳父、岳母），其余各户，户均出5元，在职国家职工人均出10元，彝语谓之“送牛酒”（leshanre）。据介绍，此规定最初系由老二房制定，后各房均自行照此执行。族内男子结婚，户均出2升荞，礼钱无定数，但要求不低于10元。族内弟子考取大中专者，要求族内成员按户以资鼓励，规定户均不得少于20元，上不封顶。

当笔者于2015年再赴跑马坪乡跑马坪村、阿鲁村等地展开调研时，发现这些地区主姓或杂姓诺苏村落的大家支内部依然存在这些婚丧礼制规定，并且随着时代的发展与变迁，房族内外部成员出资的份额也提高了许多。小凉山彝族诺苏人敬老养老观念不但反映在物质仪式层面上，同时也反映在其朴素的宗教哲学观中。宗教是彝族传统文化的重要组成部分，和家支文化一样经历了深刻的历史变革，并在新的历史条件下得到一定程度的复兴。凉山彝族的传统宗教信仰体系包括图腾崇拜、自然崇拜、灵物崇拜、鬼魂崇拜和祖先崇拜。郑成军在田野报告中对凉山彝族的继嗣社会有这样的描述：凉山是个父系继嗣社会，具有强烈的共祖认同心理，以父系血缘为基础的父子连名系谱是共祖认同的联结纽带。今凉山彝族自言“邛补子孙”或“居木子孙”，又说古候和曲涅是凉山彝族的共同祖先，但祖先崇拜的现实核心则以祖孙的认同为本。换句话说，祖先崇拜以曾祖为限，即以己身为本位上溯三世至曾祖。曾祖以远则不在祭祀、供奉和祈求之列。小凉山彝族传统宗教信仰系统中的“祖先崇拜”宗教观直接形成于现实社会中的这种父系继嗣观。郑成军在调查报告中指出，基于这种祖先崇拜源于灵魂不灭的观念，认为生命结束，灵魂依然存续。当灵魂离开了生物躯体后首先面临着从善与从恶的质变，凉山彝人谓之“丘博”或“丘底”。这一过程也是灵魂继续流恋人世间，成为“七户关门，九户砸磨盘”的孤魂野鬼，或是追随已逝先祖的

---

① 郑成军：《云南小凉山彝族家支制度及其变迁》，《西南民族学院学报》（哲社版）2000年第8期。

灵魂而去，成为赐福子孙、恩泽后人神灵的分野。而能否使逝者之灵从善，这就取决于生者的劝谕与祭奠。故凉山彝人每逢父母去世，发丧时必请毕摩“绰丈”“某玛”，祭献亡灵，为其引路，劝喻亡灵随祖归宗。子女在哭灵时，极尽倾诉哀伤之余，总不忘规劝父母亡灵安心“随父幹毡去、随母织布去”。事后为人子者也必竭尽全力，倾其所有为父母亡灵举行盛大的“玛都毕”，超度亡灵。日常生活中，喝一斤酒，杀一牲必先供祖，而逢年过节则要举行专门的祭祖仪式，如火把节中的“松姆”，过年时的“阿普阿玛波基”等。从该段论述中不难看出，小凉山彝族诺苏人“祖先崇拜”这一朴素的原始宗教观，在现代诺苏村落社会中肩负着指引诺苏人崇老、敬老的社会道德和精神风尚的功能。

综上，笔者结合调研实例和相关个案研究，认为在小凉山彝族诺苏人的精神层面（包括传统家支文化系统、传统宗教观等）和物质层面（包括现代生产生活方式、传统物质仪式礼制等），都涵盖着传统诺苏社会的朴素养老敬老观。

二　当代小凉山彝族养老模式及问题分析

（一）跑马坪村老年人养老现状

1. 传统“家庭养老”依然是诺苏村落社会的主要养老模式

笔者在田野点所考察的诺苏家庭大多数为核心家庭[①]，在诺苏村落社会，家支是诺苏社会中最大的父系亲属群体，在一个家支系统中，人们可以把继嗣关系溯源到一个共同的祖先那里。曲伙家支系统[②]的内部裂变层级结构通常为“家支—宗族（亚家支系统）—宗支—房族”，在小凉山地区的诺苏单姓或主姓村落社会中，单姓或主姓大家族就是一个有同一始迁祖的宗支，而一个宗支下各个子嗣所繁衍出去

① 学界根据家庭成员和家庭结构，习惯上将诺苏家庭分为三种类型：1. 单身家庭“ba di”，包括未婚或已婚丧偶没有子女者。2. 残缺的核心家庭“mu chy mop”（丧夫）或“bat chy”（丧妇），即有子女的核心家庭的夫妇中一方死亡或离异。3. 完整的核心家庭“mu qo yuo qo”，一对夫妇及其未婚子女构成的核心家庭。20世纪90年代，郑成军根据实际调研情况，在三种类型的基础上，又将小凉山彝族家庭结构细分为5种更加精确的结构。后文将详述这五种家庭结构。

② 民主改革之前的传统诺苏社会具有严格的等级划分，“诺合”和“曲伙”是两种不同的等级，由于“曲伙”家支系统数量众多，在现代村落社会结构中家支特征较明显且具有代表性，故本文仅对“曲伙”家支系统的裂变方式进行简要论述，不对其他家支系统的裂变过程展开论述。

的家户就是一个房族，房族再往下裂变就是村落社会的最基本组成单元——家庭。“家庭是诺苏社会最基本的生产、生活和宗教单位”[①]，无论是在传统的还是现代的诺苏村落，一个普通诺苏家庭不论属于哪种结构类型，不管成员多寡，都是一个“共同生产生活、共同消费、共有财产的亲属群体单位。具有婚姻、经济、生育、赡养、教育、宗教等多种功能”。因为“人”是构成家庭的最核心要素，所以围绕“人”所展开的抚养和赡养功能也成为家庭的核心功能。

在当代小凉山地区的诺苏村落社会依然奉行“幼子承家，余嗣分出”赡养传统，在大小凉山彝族文化传统中，幼子“通常是指家中最小的儿子，最小的儿子从小就会受关注，受关爱，因为幼子将来要承担主要的养老责任”[②]。父母年迈之后，幼子无条件继承以祖宅房产为主的遗产，并承担老人起居生活的照顾责任，当然这并不意味着一对年迈夫妇的其他子嗣就可以对老人不闻不问，因为当幼子之外的其他儿子成婚后“搬离父母建立自己的小家庭时，父母通常会从家产中分给一部分土地、牲畜、农具和生活用具……儿子们的房屋通常就建立在同一院落中或父母房屋的周围”[③]。笔者在调研过程中发现，当代诺苏村落社会中，由于农村基层地区社会保障机制不健全，政府和社会针对老年人的保障和服务机构覆盖率较低，跑马坪村19个村民小组目前尚无任何公立或民办的敬老院、福利院，年老体弱或部分丧失劳动能力的老年人的生活经济资源、衣食住行和生活起居的主要提供者和保障者是他们的子女，包括每年需缴纳的新型农村合作医疗保险的基本费用也由承担主要赡养义务的子女代为缴纳。同时信息不对称的现象也很普遍，例如有的子女依然给已满60岁的父母缴纳养老保险，或为被列入农村居民最低生活保障对象的父母缴纳合作医疗保险[④]。一旦父母因为重大疾病住院治疗，住院费用中的个人支付部分，一般也由子女支付。此外，子女在日常生活中

① 郑成军：《彝族志：血统与根——云南小凉山彝族的生活方式、社会结构与家支制度》，云南大学出版社，2006，第154页。

② 莫洛依古莫，张大勇：《彝族“家支文化”与传统养老机制的现代价值》，《新西部》2015年第11期。

③ 郑成军：《彝族志：血统与根——云南小凉山彝族的生活方式、社会结构与家支制度》，云南大学出版社，2006，第164页。

④ 按照新农保制度，年满60岁，未享受城镇职工基本养老保险待遇的参保人，不用缴纳养老费就可以按月领取养老金。同时，享受农村最低生活保障的人员不需要缴农村合作医疗保险和养老保险。

还扮演着父母精神慰藉者的角色，这种精神抚慰多表现为日常作息起居中、田间地头共同从事简单生产劳作过程中、家居休闲过程中共饮畅谈时的言语关怀和细心照拂，传统诺苏家庭中已经分家或外出务工、在异地工作的其他子嗣也会定期不定期地回老家与健在的老人共叙天伦。诺苏村落社会家庭养老中“幼子承家”的风尚仍然具有典型意义，笔者在调研过程中遇上两个典型案例。

个案1：岚霭深处一个诺苏幼子的反哺情

受访家庭来自跑马坪行政村磨房沟村一组，寡居年迈的以火某某（以火为夫姓），现年65岁，彝族诺苏妇女，育有两子一女，丈夫曾是跑马坪乡林科站站长，并在二十世纪七八十年代担任过乡政府会计，在他们最小的儿子9岁那年，老人的丈夫突发脑溢血病故。靠国家的部分补助和亲友们的接济，以火老人独自一人把三个孩子拉扯大。现长子在丽江市卷烟厂工作，女儿在宁蒗县农业局就职，幼子在昆明念完大学工作过一段时间。因以火老人年事渐长，需要有人照顾，且老人长时间居住在磨房沟村，无法适应宁蒗或丽江的环境，故其幼子毅然辞去了昆明的工作，携妻女回家照顾老母亲并从事农业生产，大学生回家种地孝敬母亲成为当地美谈。

这位从磨房沟深山里走出的诺苏大学生，性格谦和持重中略带几分腼腆，回乡后与当地一位彝族诺苏姑娘结婚并育有两个女儿，长女两岁多一点，次女还在襁褓中，夫妻二人回到老家同心协力守着祖业照顾老人和孩子。这位年轻的幼子目前正在村内自家土地上尝试种植重楼、附子等中药材，希望能够通过自己的尝试带领全村的乡亲们一起探索一条致富路径。这位年轻人在大学里学习的是化工专业，在昆明一家企业里有一份不错的工作。谈到辞去工作回家照顾老母亲，这位年轻的幼子表现出强烈的责任和意识感，放弃昆明的城市工作，当然也是有经济上的压力，最主要是因为母亲年纪大了，很难再适应宁蒗或丽江的生活。哥哥姐姐工作都很忙，没有办法兼顾工作和照顾老人，他作为家中的幼子，读书最多，读书期间母亲和兄长为他付出了很多，他不忍心也不希望年迈的母亲一个人孤零零在这交通和饮水都不方便的老家生活，所以带着妻女回来陪伴老母亲，同时也探索一些中药材等经济作物的种植发展。他的妻子也出生在传统的诺苏家庭，特别能够理解他的选择，对年迈的婆婆也是悉心照料。

虽然生活在水利交通基础设施都很不便利的小村落里，但是对以火老人而言，这毕竟是一个生于斯、长于斯的“熟人社会”。如今幼子放弃城里的工作，“承家养老”，又有一对乖巧伶俐的孙女常伴左右，中年寡居历经艰辛的以火老人也算得以安享晚年，再艰苦的生活环境也遮盖不了她脸上祥和的笑容。

个案2：“黄金万两”不及报母深恩

新生村（自然村，属于跑马坪村委会），由新生一组、二组两个村民小组构成。二十世纪七八十年代以前，新生村名叫阿中村，村内居民80%以上属于阿中家族，是一个典型的主姓村落。20世纪80年代以后，阿中家族的新生代大多搬迁至新生村地界内跑马坪乡通往宁蒗的县道公路沿线居住。当前的阿中村，青壮年外出务工现象也较普遍，村内“空巢”老人较多，平均年龄60岁左右的“空巢”老人子女数众多，因子女外出务工，每一对老年夫妇至少带2～3名儿童或学龄期的孙辈，多的有带到5～6名儿童的。此外，这个年龄段的老年人通常还要负责照顾他们上一辈80岁左右的老年人。这两辈老年人通常只会讲诺苏本地方言，不能用汉语与外界进行流畅的交流，他们的孙辈的启蒙教育问题较为严峻。受访者阿中某某，男，35岁，彝族诺苏人，新生村一组（阿中村）村民，妻子也是彝族诺苏人，现在宁蒗打工。夫妻俩育有一女一子，长女13岁，在宁蒗县城就读初中二年级，幼子8岁，正在跑马坪中心小学读一年级。阿中某某有过外出务工经历，从19岁开始跟随家支的其他成员到沿海地区打工，从事过轻工业手工加工工作，结婚后还有几年是和妻子一起在昆明、成都等地打工，从事服务业。因是家中幼子，故放弃打工携妻回家照顾年迈的父母和入学的孩子。根据阿中的描述，以前在家种植脱毒马铃薯、白芸豆等经济作物时，年纯农业毛收入仅一两万元，外出务工时夫妻二人年纯收入就可达四至五万元，显然回家后收入是减半的，但是身为家中幼子，“父母在不远游”，加之考虑到孩子的教育问题，他们还是选择回到了老家。现在，这位年轻的幼子同时也是两位孩子的父亲，回来后意识到贫瘠的土地和传统农业种植所获得的收入已经不能再满足一大家人的基本生活需求，于是他选择经营客运，用打工挣到的积蓄买了一辆7座的长安之星商务用车（近4万余元），专门跑宁蒗县城以及附近的蝉战河、战河、新营盘、宁利几个乡镇，搭载有往返需求的人们。收入也不是十分稳定，首先因为竞争较大，跑马坪村处于县域交通要道上，该村委会下辖的很多自然村都分布在公路交通沿线，像菜子沟、农场村这些自然村里就有很多村民是从事"跑车"行业的，包括磨房沟村这样相对偏塞的自然村也有多户人家专门开车载客，仅新生村（阿中村）现在就有6户人家专门从事这一行业。其次，因为现在的诺苏村落社会依然是一个以家支和家支的姻亲关联织成关系网的熟人社会，面对同样的交通工具和驾驶技术，人们更倾向于选择家支内部成员或与他们的家支关联的人。这也源于成员对家支的绝对忠诚，家支成员之间的绝对信赖，家支成员之间的这种互济性最终目的是维护家支的集体利益。这位受访的阿中某某性格相对腼腆，还有几分年轻人的青涩与木讷，不善于表达，经常在车边安静地等着别人来搭乘他的车，而不像其他司机那样扯着嗓子四处招揽乘客搭车，显然还不是十分适应这个充满竞争的行业。在返乡后的一段时间里，面对锐减的收入和生活上的种种困难，他也有过一些困惑，但是从他铿锵的语气和坚决的眼神中，我看到了一位幼子赡养老人的坚定信念和担当意识。他用他的行动捍卫着诺苏人的传统养老文化观。

综上所述，跑马坪村诺苏老年人的养老资源主要的提供渠道依然是现代意义上的诺苏家庭，小凉山地区传统养老文化观引领的家庭养老模式依旧是当代诺苏社会的主流。

2. "家支"组织内部功能性的互助是养老的重要补充方式

家庭作为家支系统裂变层级的最末端，成为诺苏村落社会的基本组成单元，承担着"婚姻、经济、生育、赡养、教育、宗教等多种功能"。改革开放以来，全球性现代化在中国广大乡村长驱直入，传统少数民族村落渐次走向城乡二元融合的发展道路，但一些传统村落社区的组织资源、社会关系、产业结构还未能与社会整体发展水平相对称。例如在当前的跑马坪村，重新获得土地这一重要生产资料的单个家庭，依然被统合在一个高度聚合、村落社会资源相对匮乏、社会关系不尽发达、产业结构比较单一的诺苏村落社会中，单个诺苏家庭要利用手中的生产资料去获得更大的发展机会和更多的生产资源，甚或是获得相互帮衬的劳动力，都脱离不了血缘基础构建起来的亲属网络。此外，在漫长的社会历史变迁过程中，诺苏人的自然生活条件并未得到大改观，单个诺苏家庭往往还会面临来自自然或其他的不可抗力因素的威胁。在这种情况下，维持家庭生产、生活正常运作最直接的后盾往往就是血缘家庭亲属网。因而，曾经对传统诺苏村落社会具有重要规范作用的家支组织和家支文化便顺理成章地成为最直接和可靠的组织资源。“家支组织在一定程度上担负起生产协作、帮困济贫、沟通信息、聚集资金、拓宽发展门路的组织资源的功能。”[①]由于当代诺苏村落社会正在经历着劳动力规模输出所导致的传统生计方式变迁，诺苏家庭的“空巢化”现象日趋增多，从家支体系内部功能性互助的角度来讲，这些“空巢家庭”对老人的赡养功能在某种程度上又重拾了对家支系统的依赖性。

典型个案3：磨房沟村有个来自沙马家族的“万金油”

磨房沟自然村隶属跑马坪乡跑马坪村委会。属山地地形，位于跑马坪乡北部，距离跑马坪村委会5公里，距离跑马坪乡政府5公里。土地面积3.22平方公里，海拔2707米，年平均气温9.20℃，年降水量980.00毫米，适宜种植脱毒马铃薯、苦荞、燕麦、白芸豆等农作物。目前全村有耕地420亩，人均耕地1.62亩；有林地3147亩。全村共分3个村民小组，有农户68户，有乡村人口246人。该村属于贫困村，农民收入主要以种植业为主。虽然距跑马坪乡集镇中心和宁蒗县城的直线距离都不算太远，但恶劣的交通基础设施仍然是制约该村发展的主要因素。磨房沟村目前最困难的要数饮水安全问题，该村人畜生活饮用水主要来自流经村落的河流，旱季河水流量难以保证村民的正常用水量，且随着现代农村经济生活的发展，河流沿岸低降解垃圾日益增多，河流水质存在一定程度的污染，饮水安全问题日益严重。生活用水问题确实是困扰老百姓的一大难题，村中一直以来没有通自来水。近年来，村内青壮年劳动力外出务工数量逐渐增多，剩下年长的老人带着上学的孩子在村里生

① 郑成军：《云南小凉山彝族家支制度及其变迁》，《西南民族学院学报》（哲社版）2000年第8期。

活，“空巢化”家庭越来越多。村里70～80岁靠低保生活的老年人有10余位，健在的老年人岁数最大为84岁，因家里缺乏年轻劳动力，每逢干旱时节，这些年老体迈的老年人通常要走到数公里之外的地方取水，其过程十分艰辛，更别说到村外的集镇上采购物资。

沙马尼古，男，47岁，彝族诺苏人，现任磨房沟村民小组长。磨房沟村是一个杂姓诺苏村落，“沙马”是较大的姓氏，现在村内姓沙、姓马的彝族都属于沙马家族。磨房沟村有沙马姓氏10余户，此外阿鲁姓也较多（汉姓罗）有6户，金古（汉姓杨）、以火（汉姓李）、吉伙（汉姓杨）等姓氏也比较多。沙马尼古受过教育，有过外出务工经历，是村内仅有的5位党员中最年轻的一位，在村内有一定威信。沙马尼古从33岁开始自己买了一辆微型面包车经营客运，主要往返跑马坪乡和宁蒗县城，一天能跑4个来回，与在村里缺水且贫瘠的土地上种植农作物相比，跑车的收入显然可观得多。沙马尼古为人热情善良而且耿直大方，因为有过外出务工的经历，社会经验丰富，表达能力较强，被选为村民小组长后，经常帮助村中的弱势群体向跑马坪乡和跑马坪村委会争取一些扶助政策，加之思维活跃，能够开创一些致富门路，所以在磨房沟村有一定的影响力，算是传统村落社会中的经济和政治能人。

外出务工确实可以挣到种植传统农作物数十倍以上的经济收入，但随着外出务工人员的日趋增加，磨房沟村的“空巢老人”与“留守儿童”也越来越多。面对日趋“空巢化”的村落和老人、儿童日常生活照料面临的巨大困境，沙马尼古做出了与大多数中青年人相反的抉择，他决定要找到一项既能增加经济收入，又能就近为全村老少提供生活方便的生计方式，用面包车从事客运就是不错的选择。于是沙马尼古变成了全村的义务“搬运工”，小到日常劳动生产工具、日用百货，大到电器家具器材，沙马尼古每次开车往返县城和乡镇都会为全村老少们免费捎回满满一车东西，周末通常是载满往返村镇上学放学的孩子，此外，哪家老人孩子突发疾病，也是沙马尼古帮助接送到乡卫生院或县医院。久而久之，这位来自沙马家的村小组长就成了全村老少心中的“万金油”。他不但能够为全村百姓跑路子，要政策，提供生活方便，甚至“空巢老人”家简单的房屋修缮、搬柴运水他也能出力。关键他还能带动其他家族留在村中维持生计的中青年人和他一起为全村老少提供力所能及的帮助。提到沙马尼古，全村老年人说得最多的一句话就是"好人，远亲不如近邻"。

因为传统生计模式的变迁，诺苏村落家庭的"空巢化"是不可避免的，所带来的老年人赡养问题也成为主要的社会问题。家支成员相互之间的这种互济养老功能，在某种程度上超出"家支"这个以血缘为基础的族亲群体，其受益范围已经扩大到村落共同体内的全部成员之间。家庭养老功能的弱化和外移，让"家支"的传统功能发生了新的外延。

3. 传统生计变迁过程中"空巢老人"承担着"留守儿童"的照料任务

随着现代基层农村社会经济发展水平的迅速提升，以及信息全球化、交通便捷性的大大提升，加之诺苏青壮年接受教育程度的大大提高，诺苏社会自给自足的传统自然经济结构也发生了日新月异的变化，传统生计方式产生了巨大变迁。跑马坪村大大小小的自然村中，青壮年成群外出务工现象比比皆是，留下的基本是60岁以上年迈体衰的老人以及正在就读幼儿园、学前班和小学的孩童，甚至还有嗷嗷待哺的婴孩。笔者在调研走访中发现，位于山区半山区的村落"空心化"现象更为严重，例如上文中提到的磨房沟自然村，全村分3个村民小组，共68户，总人口246人，其中就有30余户青壮年劳动力外出务工，约有15户在宁蒗县城或跑马坪乡集镇上近距离打短工，另14～15户则在昆明、重庆、成都、广州等省内外城市和其他沿海地区长期务工。这30余户家庭中，有20余户存在"空巢老人"照料留守儿童的情况。这些"空巢家庭"的老人，年龄在70岁以上的有6户，年龄在55岁至70岁的有15户，每户基本都是两位老人带2～5名孩子，外出务工的子女会定期不定期给家中的父母和孩子寄回基本生活费用，金额通常为400元、500元至上千元不等①。

如上文所述，磨房沟村位于深山腹地，交通问题一直是困扰群众生活的难题。老人孩子一旦生病了就有较大的麻烦，虽然村落距离乡卫生院仅5公里左右，距离医疗条件相对较好的宁蒗县城也仅49公里，但是对老人孩子而言，恶劣

① 数据来源：笔者于2015年7～8月赴小凉山跑马坪地区调研访谈所得。

的交通条件是出村最大的障碍，因此“小病靠扛，大病才能想办法出村就医”的现象依旧突出。“空巢老人”对膝下孙辈“留守儿童”照顾不仅仅限于一日三餐的供给和起居照料，最重要的是还要照顾他们上学。2006年前，磨房沟村有一所校点，村里小孩可以在这里上到小学二年级。2007年“撤点并校”之后，磨房沟自然村所有学龄儿童必须到最近的跑马坪乡完小就读。这就意味着老人们为了孙辈的教育，必须到跑马坪完小附近也即跑马坪乡政府驻地租房陪读，跑马坪乡政府驻地集镇沿街铺面，很多就是用来出租给这些监护孙辈读书的“空巢老人”的。租金从一百元到数百元每月不等，这些出租房条件通常十分简陋，大多为木楞房和土木结构老房子，光线昏暗，安全隐患较大。

在跑马坪村委会下辖的19个自然村中，像磨房沟村这样处在深山腹地，交通不便，自然条件恶劣的村落，“空巢老人”照料留守儿童的例子比比皆是。大多外出务工的子女能够为老人和孩子提供基本的物质生活保障，尚有一点劳动能力的老人在照料孩子的同时，也会种上一两亩的洋芋或荞麦，以减轻子女的负担，同时也使土地不至于荒芜，但是在这恶劣的自然和交通条件下，一二位老人和六七个孙儿孙女朝夕相处，绝不是我们想象中的含饴弄孙、其乐融融的幸福图景。老人既要承受生产生活的劳累，又要照料不谙世事的孩童们，还要忍受精神上的落寞与孤独，物质世界的困顿和精神世界的匮乏是常人难以感同身受的。

（二）小凉山彝族诺苏村落养老面临的问题

1. “社会养老”模式在诺苏村落尚不存在实现基础

随着社会工业化、现代化的逐步推进，城乡二元融合的趋势以前所未有的速度向前发展，同时伴随着国家自上而下推行的一系列生育政策，中国的家庭呈现出小型化趋势，核心家庭不断增多。小凉山地区诺苏家庭规模也在不断缩小，加之更多的诺苏年轻人选择外出务工，使诺苏家庭传统的赡养功能弱化，而家支系统在同一地缘社会对养老问题的结构性互助功能毕竟是有限的，因此，老年人生活照料和精神抚慰需求也不能完全通过家支系统进行补偿。那么作为传统家庭养老模式重要辅助形式的“社会养老模式”能够在小凉山地区的诺苏村落社会迅速补位吗？至少在诺苏村落社会，还需要漫长的发展过程，这首先是由当地社会养老的经济和物质基础决定的。当前宁蒗彝族自治县仅有的一所公办养老院——宁蒗彝族自治县中心养老院，由县民政局管理，该公立养老院设立于宁蒗县城，仅有床位数50张，当前收住对象主要为生活尚能自理，达到入院标准的老年人，收费标准为500～1000元每人每月。目前全县的民办社会化养老机构数为零，由于县域经济发展水平较低，地方财政能力有限，县民政局还要兼顾双拥安置、救灾救济、社会福利、城乡低保、社会救助等等社会公共服务，导致无暇兼顾养老院的基础设施建设和相应资金配置，现有的敬老院基本处于运转困难、发展停滞阶段，现有资源数也完全不能满足全县适合入院老人的实际需求。在小凉山腹地的广大诺苏村落中则完全没有这样的敬老机构，例如上文提到的磨房沟村，目前有“五保”户4户，60岁以上不符合条件但又因名额限制未能享受低保待遇的有5人，全村70～80岁以上享受低保待遇的仅有10人[①]，这4户五保户实行分散供养，受自然村物质和经济条件限制，村里并没有场地和设施为这些老人提供集中供养。

此外，“社会养老”模式在小凉山彝族诺苏人的传统文化系统中尚缺乏文化根基，小凉山彝族诺苏地区至今还存留浓厚的传统家支文化观和一些民族习惯，“出于对保证财产不外流的深层原因，保证家支财产的巩固性，彝族习惯法实行男子继承制，男子在一个家支中发挥着重大作用”[②]。在诺苏人的传统继承赡养制度中“幼子承家，余嗣分出”的观念依旧十分浓厚，因此，现代诺苏村落社会普遍实行幼子承家，赡养父母的责任通常也落在幼子身上。此外，诺苏人的传统生育观在现代诺苏社会仍然具有一定的影响力。民主改革之前的小凉山诺苏社会具有严格的等级序列，作为上层等级的诺合阶层客观上控制着数量庞大的曲伙阶层，为了能够拥有“足够的势力既控制庞大的曲伙等级，又与上一阶层的兹莫等级形成竞争”，诺合阶层便形成了“诺合贵多子”的生育观。同时庞大的曲伙等级为进一步发挥自己的人口优势，也强调家支系统内的“多子”生育观，于是奴

① 数据来源：笔者于2015年5月赴宁蒗县跑马坪乡跑马坪村磨房沟自然村调研访谈获得。

② 徐学英：《凉山州彝族农村地区养老保障问题探析》，《人民论坛·学术前沿》2011年第8期。

隶社会中的诺苏人自“兹莫”等级以下，都十分强调家支内男丁人口的增殖，严格遵循“等级内和家支外的通婚规则”来繁衍自己的人口。民主改革之后，诺苏社会的这种阶级划分已经彻底消亡，但是传统家支观念仍然具有广泛的影响力，没有儿子不仅意味着在家支系统中通常没有地位和话语权，也意味着年迈之后没有子嗣为其送终。也因为如此，诺苏村落社会中“孤寡老人的养老一般都是由其家族内部成员来解决，当地政府对这种情况，更多的是采取尊重民族风俗习惯的做法，给予适当的补助，很少干涉彝族传统”[①]。在诺苏人的习惯法和家支文化系统中，一个家支内部年迈的孤残鳏寡老人被送入养老院或其他社会福利机构，是家支系统式微的体现，也是被诺苏人传统道德伦理体系所唾弃的大逆之举。

尽管当前家庭养老的功能日渐式微，社会养老已经成为一种必要的补充形式，在坚持家庭养老模式为主的前提下，“稳步实行家庭、社会养老双轨制，才是中国农村养老的现实选择”[②]。但是，不得不承认诸如小凉山诺苏村落这样的中国广大农村基层地区，“家庭养老方式既是农村老年人的自然选择，更是其精神选择”[③]。受地方经济社会整体发展水平的影响和民族传统文化观念的限制，社会养老模式的建设与发展，任重而道远。

2. “空巢”老人与留守儿童的家庭结构面临社会问题

笔者在调研过程中了解到，作为跑马坪乡最大的村委会，跑马坪村辖下19个村小组，除少部分几个村分布在山区和半山区，其余大多数村落都分布在河流公路交通沿线，区位优势较明显，其中外出务工人员最多的几个村分别为新生村、小坪子和农场村二组，这几个村的诺苏青壮年长期外出务工，每年只有火把节和彝族年时回家探望父母和子女，有的走的较远的年轻人甚至2～3年才能回来一次。他们年迈的父母通常在家中边从事简单的生产劳作边照料年幼的孙辈，一旦孩子到了学龄期，老人们便需带着孩子到跑马坪乡、宁蒗县城或丽江市等地租房子，照顾上学的孩子的日常生活起居。

---

① 徐学英：《凉山州彝族农村地区养老保障问题探析》，《人民论坛·学术前沿》2011年第3期。

② 张菲菲：《中国农村家庭养老问题研究综述》，《湖南农机》2007年第11期。

③ 张菲菲：《中国农村家庭养老问题研究综述》，《湖南农机》2007年第11期。

当前诺苏村落中这种“空巢老人”与留守儿童相依生存的局面面临着许多社会问题。首先是“空巢老人”情感依附的无着和精神世界的空虚与匮乏。诺苏老人们长时间在相对简单和封闭的地缘社会中从事传统的农业生产，在日常生活中通常表现出对子女的强烈依赖感，一旦子女外出务工，家庭生活突然空心化，老人们除了在熟悉的地缘社会中日出而作，日落而息，或者和同龄的老年人进行交流，再无更多的文化生活，来自子女的情感慰藉和父慈子孝的完整家庭的和乐氛围也被人去楼空、冰锅冷灶的落寞所取代。其次是“留守儿童”的教育问题。“空巢老人”们在熟悉的村落社会中照料若干孙辈的日常生活起居尚游刃有余，一旦孩子们到了学龄期，他们通常要到有学校的地方照顾孩子就近入学，这也就意味着这些乡土观念深厚的老年人将被放置到一个更加复杂多元化的陌生环境之中。由于社会历史原因，这些“空巢”诺苏老人文化水平普遍较低，大多只能使用本民族语言，与外界交流存在障碍，接触外界物质和经济社会生活的机会也较少，突然面临一个“失序”的空间，老年人自己尚不能够完全适应，更不用说在这样的环境中对孙辈们开展适宜的家庭教育，应该说，除了接受学校教育，这些被祖父母或外祖父母照料的孩子们，除了能够吃饱穿暖，那些“幼承庭训，叨陪鲤对”的家庭教育文化图景对这些“留守儿童”而言是一件奢侈的事，民族文化传统教育的断层也显而易见。最后，“空巢老人”与“留守儿童”的安全问题。上文中提及“空巢老人”带领“留守儿童”在学校附近租住的出租房存在较大的安全隐患，目不识丁的老年人带领年纪尚幼的一群孩子，在日常起居和饮食生活中，卫生和健康都存在很大的问题，一旦老人或孩子中某一个生病，将对这种老幼相生的隔代家庭带来巨大的挑战。

3. 传统养老文化观的现实基础面临解构

家庭养老是现代诺苏村落社会中老年人的自然选择和精神要求，而承载这种养老模式的要素就是组成家庭的人以及诺苏社会中的传统家支文化系统。诺苏村落社会也在全球化、工业化和城乡二元融合的浪潮中面临着巨大的变迁。家庭规模的逐渐缩小，家庭结构“空巢”化，都给家庭养老模式带来了巨大冲击。单个的诺苏家庭中，子女由于经济发展需求、工作、学习或其他原因，生活空间的转移和“去乡土化”也成为新的趋势，而老年诺苏人则依然安土重迁，对生于斯长于斯的一方水土无限眷恋。年轻人渴求更好的生存资源和更大的发展空间，老年人追求落叶归根的这种代际间的矛盾也逐渐凸显出来。这种与伦理道德和文化传统无关的现代矛盾，并不是都能像上文提到的两个案例，通过子女一方或老人一方做出牺牲来化解的，这一问题的根源在于人类求发展和求“孝悌之义”平衡的两难抉择，也是现代诺苏社会“家庭养老”功能式微的直接表现。

在诺苏人的传统文化逻辑中，“家庭养老”功能的弱化并外移到“社会养老”模式的中间，似乎还有一层保障，那就是来自家支系统对地缘和亲缘社会结构中养老问题的功能性互助，“家支最主要的功能是以家支群体为整体，为每个成员提供保护和便利，保证不让每一个成员挨饿或受难。在小型继嗣群体中，那些穷困、无子女、生活无靠的老年夫妇或孤寡老人多少会受到来自近亲家族的定期资助和照顾，即便那些有女儿没有儿子的老年人也不例外，在他们终老时，近亲族人也会尽力办理后事，使他们体面地离开人世”[①]。不得不承认，家支文化在特定的历史时期得到了复兴，但是现代诺苏村落社会中的家支组织及结构则随着国家权力向民族地区不断延伸，已经不复昔日的兴盛与权威。伴随着现代民族国家“多元一统”格局的发展大势，国家权力日趋在发展诺苏村落社会，家支组织及结构也将在社会主义现代民主法治发展进程中日趋解构，进而，它对单个诺苏家庭养老问题的结构性互助功能也将随之消解。

三　小凉山彝族传统养老文化观的现代价值

（一）彝族诺苏文化中的传统养老观念对现代农村养老问题的启示

家支文化指导下小凉山彝族诺苏人传统养老观念，在当前的诺苏村落社会仍然具有强大的整合和导向功能。家庭作为家支系统最小的一个裂变层级，承担着对老人的主要赡养功能。当家庭的养老功能弱化时，家支系统的其他成员便会不遗余力给予扶助，家支内部这种结构性的互助功能在一定程度上弥补了诺苏村落

① 郑成军：《彝族志：血统与根——云南小凉山彝族的生活方式、社会结构与家支制度》，云南大学出版社，2006，第366页。

社会养老及社会保障服务能力的不足。同时，我们还发现，家支内部针对养老问题的这种自发的并有不成文的制度约束力的互济功能，在诺苏村落社会已经逐渐演化为一种超越家支亲缘关系的地缘性互助，也就是说，这种互济功能已经发展到村落共同体内同一族群之间的互济，这与传统汉文化中“老吾老以及人之老，幼吾幼以及人之幼”异曲同工。

具体而言，彝族诺苏文化中的传统养老观念对当代农村养老问题给出了一些启示。其一是家支在养老互济问题上的强大整合功能带来的启发。家支对系统内部成员快速高效的动员能力源自成员对家支和家支文化的高度认同，因而可以迅速聚合足够的人力、物力、经验和智慧转化到现代诺苏村落社会生活实践的方方面面中。家支文化中的“家庭伦理道德”观念通过家支文化的代际传承，以从小耳濡目染的方式来建构家支成员的内心信念，并通过营造“百善孝为先”社会舆论氛围，为家庭养老和家支互济性养老提供有力的思想支撑和行为示范。当代中国农村基层养老普遍以家庭养老为主，引导和鼓励家庭做好下一代敬老养老信念的有效建构，强调传统养老伦理观的代际传承，是每一个家庭不容忽视的生活细节。其二是家支文化的导向功能带来的启示性意义。“家支文化的导向功能可以为彝族人的行动提供方向和可供选择的方式，从而知道自己的何种行为在家支文化系统下是适宜的、可以引起积极回应的，又由彝族习惯法保障强制执行，可以起到规范家支成员行为的作用，形成重人情、尊仁义、重德行的民族文化心理。”[①] 在我国广大农村基层村落社会中，即便不完全存在这种具有强大动员和组织约束能力的类似于家支的文化系统，村落共同体成员之间也会存在一些约定俗成而又各不相同的社会文化小传统，这些基于共同地域相同或不同族群成员长期共同生产和生活实践所形成的文化小传统，同样具有导向功能，只要对这些文化加以适当的整合与引导，充分发掘其中的养老道德和伦理传统，营造尊老、敬老、养老的社会文化氛围，同样能够发扬这些地方社会文化小传统在现代村落社会中的导向功能。

① 莫洛依古莫，张大勇：《彝族“家支文化”与传统养老机制的现代价值》，《新西部》2015年第11期。

（二）在探讨新型农村养老模式过程中吸收少数民族的优秀传统经验

21世纪以来，我国各民族人口迅速步入老龄化阶段，我国老龄事业的建设任重道远，“只有形成和建立中国各民族尊老爱幼、老少共融、代际和谐的新型人际关系，才能保证各族人民的家庭和睦与社会继承，才能保证我国政治稳定，经济发展，社会进步，才能促进中国社会主义建设更好地向前发展”①。在工业化、现代化和新型城镇化大力推进、城乡二元融合大势之下，广大农村基层地区的传统“家庭养老”模式的物质和精神基础正在悄然消解，传统一元的养老模式正在向“社会养老”模式和多元社会保障制度结合的方式转轨。探索农村养老有效模式，少数民族传统养老文化的优秀经验也有借鉴意义。

在新型养老模式的建设与探索过程中，养老产业化发展就是一种较积极的实践，“养老产业是一个新型的综合性产业，涉及老年人的衣、食、住、行等物质生活，还有娱乐、文化等精神生活的各个方面”②，在制度和技术操作层面上，它要求基层政府“在建立和完善社会保障制度的基础上，引导养老产业发展，鼓励社会资金进入，支持企业开发养老产业的系列产品，发展养老产业”③。针对宁蒗彝族自治县的实际情况，中商情报网研究人员根据实际调研成果，已于2013年9月出版的《2013～2020年宁蒗彝族自治县养老地产发展战略研究报告》一书对“宁蒗彝族自治县养老地产的发展现状及发展前景进行了深入的调查，主要分析了宁蒗彝族自治县发展养老地产的政策和社会环境、养老地产市场的发展现状、养老地产的运营及管理模式、养老地产目标客户群特点，以及养老地产的发展前景、发展机会及投融资策略等”④。以商业价值为目标的行业报告，提供了

① 李伟：《发扬民族优秀传统 建立和谐代际关系》，《中央民族大学学报》（哲社版）2002年第1期。

② 杨胜利，张宇辉：《四川彝族聚居区少数民族人口老龄化的因素分析及对策探讨》，《民族学刊》2013年第5期。

③ 杨胜利，张宇辉：《四川彝族聚居区少数民族人口老龄化的因素分析及对策探讨》，《民族学刊》2013年第5期。

④ 中商情报网是中商决策咨询集团下辖的一家服务网站，详见中商情报网，旨在为全球商业领袖提供决策咨询服务。自2013年起，该决策咨询集团研究专家已经针对全国近百个州、市、县做出过养老地产战略发展报告。《2013－2020年宁蒗彝族自治县养老地产发展战略研究报告》由郭凡礼，黎雪荣，李胜茂，马遥主编，电子版内容简介及报告目录详见中商情报网http://www.askci.com/report/2013/10/16/044653463296.shtml.

积极的决策咨询参考意义，也提供了农村新型养老模式的一种探索思路。在探索新型养老产业化发展道路的同时，深刻挖掘小凉山彝族诺苏人传统文化、宗教信仰中的“孝悌”观念，梳理民族文化中的孝道内涵，通过吸纳民族优秀精神文化来丰富地方养老产业的发展，以保证不断增多的老年人口在自己熟谙的文化氛围内能够“老有所依，老有所养”，在老年生活中实现物质和精神双丰收。

四　结语

人口老龄化是一个世界性的课题，我国人口老龄化问题尤为严重。“我国老龄人口高达1.85亿，是世界上唯一一个老年人口超过1亿的国家，且正以每年高于3%的速度快速增长。”[①]随着现代经济社会的不断发展，主要承担养老责任和义务的中青年一代面临与日俱增的生存竞争压力，同时，由于社会经济转型和国家长达数十年的计划生育政策所带来的家庭规模小型化，以及倒梯形的家庭结构，都给中青年带来极大的养老压力和负担。总体而言，我国传统家庭养老模式的功能正不断弱化和外移，这宏观上对国家专业化社会养老保障制度的供给需求更高，微观上对可操作的专业化社区服务以及各种新型的社会养老模式有着特殊的细分需求。同时，长期并存的城乡二元结构还使城市和农村家庭养老传统存在巨大差异。我们不能忽略中国疆域辽阔、民族众多、文化多元的国情，以及在中国不同的地域和地方社会文化内部仍然存在诸多因地、因人而异的传统养老文化观念的实际，比如小凉山彝族诺苏人传统家支文化中的养老观念，就显示出浓厚的“集体共产”和家庭保障、家支互济性。即便诺苏人的现代家庭结构随着传统社会文化的剧烈变迁已发生明显变化，家支文化的物质及精神基础已日趋消解，但是传统家庭养老和家支之间的互济性养老观念依旧深入人心。

笔者在小凉山地区诺苏村落的调研过程中发现，彝族家支文化中的养老观念在当地依然具有积极的指导意义和现实价值，并在当地的社会环境中具有持续性的实践意义。虽然在不断变迁的当代村落社会中家支对养老的结构性互助功能

① 马凤领，邹华：《我国地区养老模式分类研究》，《中国科技信息》2013年第3期。

不是万能的，但依然有其能动的补充作用。笔者认为，当前小凉山地区彝族诺苏村落社会养老事业的发展依然面临保障制度体系不健全、社会养老基础薄弱等问题，“家庭养老依然是当前主要选择”与“农村家庭功能弱化”二者之间的矛盾也日趋凸显，因此，在当地养老社会事业建设的过程中，要正确看待彝族家支文化对当代养老的积极贡献和实际价值。广泛意义上而言，各层级政府部门在应对农村基层养老问题，探索新型养老模式的过程中应当注重对民族传统养老观念的引导、保护和借鉴，并结合当地实际情况积极发展地方经济，完善养老保障体系的多元形式，尊重地方养老文化习惯和民族传统，积极倡导社会养老、发展社会养老保险，推动养老模式产业化发展，使农村基层地区养老事业持续、健康发展。

寻甸县草海子村老年人口生活及养老现状调查[①]

薛金玲

一 背景资料

寻甸回族彝族自治县（简称寻甸县），云南省昆明市辖县。地处云南省东北部，是滇东北之要冲，贵昆铁路，昆曲、嵩待高速公路从县内经过，境内乡乡通了柏油路，交通比较便捷。全县辖1个街道办事处、7个镇、6个乡。2011年末，辖区户籍人口541985人，男278812人，占51.4%，女263146人，占48.6%，性别比为115：100。其中60岁以上人口63582人。少数民族人口123423人，占总人口的22.77%。回族人口66241人，占总人口的12.22%；彝族人口49285人，占总人口的9.09%；苗族人口6439人，占总人口的1.19%。县内还居住着白族、哈尼族、壮族、傣族等20多个少数民族。

草海子村委会隶属金所乡，下辖8个自然村，902户，3218人，有耕地面积2730亩，林地17971.2亩。8个自然村分别是草海子、新龙、黑泥沟、清水沟、三家村、秧田冲、额秧、坡脚。除额秧村为彝族白彝支系村寨、坡脚村为彝族麦岔支系村寨外，其余6个村都是汉族村寨。8个自然村除清水沟不通自来水外，其余村寨都实现了通电、通路、通水、通电话。处于山区的两个少数民族村寨额秧、坡脚经济基础比较薄弱，居住条件差。“十三五”扶贫规划除支持经济林木、果

① 本调查报告数据资料来源于寻甸县民政局老年科、寻甸县社会福利院、金所乡民政科、金所乡社保科、金所乡草海子村委会提供的文字材料及统计表。部分来源于对草海子实地访谈资料，访谈对象包括村委会（2人）、男性老人（9人）、女性老人（8人）三个群体的访谈，入户访谈8户，访谈关键人物2人。

木栽种外，还计划支持这两个村寨的贫困农户建盖房屋，具体政策是政府无偿提供4万元，贴息贷款6万元，自己出1.5万元，建盖100平方米的房屋。

2015年底，草海子村民委员会有60岁及以上老年人口319人，男148人，女171人。其中，60岁至79岁259人，男126人，女133人；80岁至89岁59人，男21人，女38人；90岁至99岁1人（男）。全村299人享受低保，60岁以上的老人中有172人享受低保。有8个“五保”老人符合政府集中供养条件，但只有2人在福利院，其余6人还能劳动，在村里居住。

二　政府相关养老政策及社会保障措施

农村居民的养老主要涉及新型农村社会养老保险、高龄津贴和农村低保，这三个政策基本保障了农村60岁以上老人的基本生活。其他如老年优待证、60岁以上居民基本医疗救助、“五保”老人在福利院的集中供养及就地分散供养、百岁老人慰问金发放、困难家庭老年人补助金等措施，充分体现了政府对老龄工作的重视和对老年人的关心、关爱，体现了老年人“老有所医、老有所养、老有所乐”的方针政策。

（一）新型农村社会养老保险

新型农村社会养老保险（简称新农保）是以保障农村居民年老时的基本生活为目的，建立个人缴费、集体补助、政府补贴相结合的筹资模式，养老待遇由社会统筹与个人账户相结合，与家庭养老、土地保障、社会救助等其他社会保障政策措施相配套，由政府组织实施的一项社会养老保险制度，是国家社会保障体系的重要组成部分。

2011年7月，开始在全国范围内实施的农村基本养老保险制度，使当年年满60岁（1951年7月1日前出生的老人）的农村老人第一次领到了国家免费发放的养老保险金，这对于一直靠自己养老的农村养老制度具有重大意义。

具体缴费规定：①实施新农保时已经年满60周岁的城乡居民，不用缴费，可直接享受新农保，按月领取基础养老金至终老。②实施新农保时已经年满45周岁不到60周岁的，应按年缴费，按照缴费至60周岁的年限就是最低缴费年限。允许补缴，累计缴费年限不超过15年。补缴部分仍然可以享受相应的政府缴费补贴。③实施新农保时未满45周岁的，应按年缴费，最低缴费年限为15年，缴费满15年后继续按年缴费的，可以享受相应的政府补缴补贴。

参保人在参保期间未实现连续缴费的，可以从中断缴费的次年继续缴费，中断前后的缴费年限累计计算，中断期间可以补缴，但补缴不享受政府相应的缴费补贴。

2015年，寻甸县60岁以上的老年人可以领到85元/月的社会养老保险金。

参保人缴费享受各级财政补贴一览表

个人缴费	省财政给予的年度参保缴费补贴	省财政给予选择缴费档次补贴	市、县两级财政给予选择缴费档次补贴	合计
100元档次	30元/年			130元/年
200元档次	30元/年	5元/年	5元/年	240元/年
300元档次	30元/年	10元/年	10元/年	350元/年
400元档次	30元/年	15元/年	15元/年	460元/年
500元档次	30元/年	20元/年	20元/年	570元/年
600元档次	30元/年	25元/年	25元/年	680元/年
700元档次	30元/年	30元/年	30元/年	790元/年
800元档次	30元/年	35元/年	35元/年	900元/年
900元档次	30元/年	40元/年	40元/年	1010元/年
1000元档次	30元/年	45元/年	45元/年	1120元/年
1500元档次	30元/年	50元/年	50元/年	1630元/年
2000元档次	30元/年	50元/年	50元/年	2130元/年

（二）农村最低生活保障

最低生活保障是指国家对家庭人均收入低于当地政府公告的最低生活标准的贫困人口给予一定现金资助，以保证该家庭成员基本生活所需的社会保障制度。最低生活保障线也即低保线。对达到低保线的人口给予相应补助以保证其基本生活的做法，就是农村最低生活保障。严格来讲，享受低保的人员每年都需要进行审核，一旦享受人的生活水平越过最低生活标准线，就不能享受资助。

最低生活保障的具体资助金额根据不同城市不同地区的生活水平确定，而且随当地经济发展及社会生活水平的变化进行调整。2016年，寻甸县农村低保标准由原来的每人185元/月提高为每人215元/月。

（三）高龄津贴

高龄津贴是一种兼有社会救助和社会福利性质的社会保障措施。至2009年，中国80岁以上的高龄老人已达到1800多万，并正在以每年100万以上的速度增长。为了解决这部分老年人养老服务的资金保障问题，中国民政部提出，有条件的地区可建立困难老人、高龄老人津贴制度。2015年8月，全国19个省份建立了80周岁以上高龄老人津贴制度，23个省份建立了生活困难老人养老服务补贴制度，4个省份建立了失能老人护理补贴制度。

高龄津贴发放标准，原则上按照各地低保标准、补助水平和发放对象的年龄实行分类分档发放，并随当地经济社会发展、群众生活水平的提高和低保标准变动情况适时进行调整。同时将高龄补贴纳入年度老龄目标责任考核和人大执法检查机制。云南省昆明市的高龄津贴发放分为3个档次，2015年前的执行标准是：80岁至89岁45元/月，90岁至99岁80元/月，100岁以上280元/月。2015年后调整为：80岁至89岁50元/月，90岁至99岁100元/月，100岁以上300元/月。

（四）农村居家养老

随着家庭规模日益小型化，农村青壮年人员外出务工，农村老人的养老问题成为越来越多家庭面临的难题。特别是日趋增多的空巢老人，因为客观经济条件及传统观念影响而不愿意离家进养老院生活的农村老年人问题也越来越尖锐。“十二五”期间，政府大力提倡发展居家养老服务，提出整合社会和社区资源，加快建立县（区）、乡镇（街道）和社区（村）居家养老三级服务网络，建设居家养老服务信息系统，促进居家养老服务业标准化、规范化、集约化发展。培育发展居家养老服务中介组织，引导和支持社会力量开展居家养老服务。全国城市街道和社区统筹安排服务设施，实现居家养老服务、老年日间照料，卫生站和助餐网点基本覆盖，80%以上的乡镇和50%以上的农村建立包括养老服务在内的综合设施和站点。

“十二五”期间，寻甸县按云南省民政局老龄办《关于在全省开展居家养老服务试点工作意见》要求，着力推进全县居家养老，申报11个公办居家养老服务点，1个民办居家养老服务点，2015年完成了9个公办、1个民办居家养老服务中心的基础建设，目前还有两个公办居家养老服务中心正在建设中。

寻甸县“十二五”期间居家养老服务中心建设

序号	项目名称	建设地点	规模（m^2）	总投资（万元）	服务人数（人）	建设情况
1	甸沙乡海尾村居家养老服务中心	甸沙乡海尾村委会海尾村	400	60	565	已建成
2	仁德街道办团结村委会居家养老服务中心	团结村委会襄阳村	400	60	497	已建成
3	寻甸县居家养老服务中心	北观村委会下村	400	60	490	已建成
4	先锋镇富鲁社区居家养老服务中心	先锋镇富鲁社区	400	66	492	已建成
5	羊街镇多合村居家养老服务中心	羊街镇多合村	180	22.5	320	已建成
6	功山镇功山村委会居家养老服务中心	功山镇功山村委会秧田冲村	400	60	400	已建成
7	柯渡镇长箐居家养老服务中心	柯渡镇长箐村委会	400	60	165	已建成
8	寻甸县仁德街道办建设社区居委会中坝第十五组居民居家养老服务站	寻甸县仁德街道办建设社区中坝村	1200	219	546	已建成
9	甸沙乡苏撒坡村委会居家养老服务中心	苏撒坡村委会	400	60	240	已建成
10	仁德街道办东发居家养老服务中心	仁德街道办东发社区	400	60	1200	未开工
11	仁德街道办道院村居家养老服务中心	仁德街道办道院村居家养老服务中心	600	289	4000	未开工
12	洁惠居家养老服务中心（民办）	县城南磷小区内	360	50	240	已建成

在已建成的居家养老服务中心中，由于运作资金不到位，都没有正常开展居家养老服务，仅作为村社集体活动的场所使用。

2016年，寻甸县规划了21个老年人活动中心。

寻甸县“十三五”期间居家养老服务中心规划

序号	项目名称	建设地点	服务类别	规模（m^2）	总投资（万元）	建设时间（年）
1	功山镇三保村委会老年活动中心	三保村委会	老年人休闲、娱乐、健身	500	85	2016
2	甸沙乡甸沙村委会老年活动中心	甸沙村委会	老年人休闲、娱乐、健身	600	102	2016
3	六哨乡板桥村委会老年活动中心	板桥村委会	老年人休闲、娱乐、健身	400	68	2017
4	柯渡镇可朗村委会老年活动中心	柯朗村委会	老年人休闲、娱乐、健身	500	85	2017
5	金所园区天生村委会老年活动中心	天生村委会	老年人休闲、娱乐、健身	600	102	2017
6	七星镇江格村委会老年活动中心	江格村委会	老年人休闲、娱乐、健身	410	69	2018
7	羊街镇羊街村委会老年活动中心	羊街村委会	老年人休闲、娱乐、健身	600	102	2018
8	仁德街道办建设社区老年活动中心	建设社区	老年人休闲、娱乐、健身	550	93	2019
9	河口镇北大营村委会老年活动中心	北大营村委会	老年人休闲、娱乐、健身	600	102	2019
10	先锋镇小集镇广场侧面老年活动中心	小集镇广场侧面	老年人休闲、娱乐、健身	500	85	2019
11	鸡街镇极乐村委会老年活动中心	极乐村委会	老年人休闲、娱乐、健身	450	76	2020
12	羊街镇新街村委会老年活动中心	新街村委会	老年人休闲、娱乐、健身	400	48	2018
13	柯渡镇丹桂村委会老年活动中心	丹桂村委会	老年人休闲、娱乐、健身	400	48	2018

续表

序号	项目名称	建设地点	服务类别	规模（m^2）	总投资（万元）	建设时间（年）
14	七星镇必寨村委会老年活动中心	总必村	老年人休闲、娱乐、健身	200	30	2019
15	先锋镇白子村委会老年活动中心	白子村	老年人休闲、娱乐、健身	350	30	2019
16	甸沙乡麦地心村委会老年活动中心	麦地心村委会	老年人休闲、娱乐、健身	600	60	2019
17	六哨乡五星村委会老年活动中心	下洋洒拉村	老年人休闲、娱乐、健身	400	40	2020
18	仁德街道办易隆村委会老年活动中心	易隆村	老年人休闲、娱乐、健身	300	50	2020
19	功山镇纲纪村委会老年活动中心	蒲草塘村	老年人休闲、娱乐、健身	500	48	2020
20	河口镇营河村委会老年活动中心	营和村委会	老年人休闲、娱乐、健身	800	60	2020
21	鸡街镇泽和村委会老年活动中心	泽和村委会	老年人休闲、娱乐、健身	400	60	2020

（五）社会福利院

建立于1980年的寻甸县社会福利院，历经两次搬迁，2008年8月，县政府划拨仁德街道办大河桥原民兵训练基地31.63亩作为福利院建设用地，建成4200平方米（砖木结构2000平方米，框架结构2200平方米）的福利院。院内现有正式职工8名（含两名医务人员），分设儿童部、福利院、敬老院3个区域。2016年2月共收养老人182人（男性150人，女性32人），孤儿和弃婴8名。182名老人中，回族13人，彝族2人，汉族167人，有自理能力的人员不足三分之一。

为了满足院内老人和儿童的护理需求，除了上述8名正式职工外，还聘用了24名周边村寨50～60岁的村民担任护理员、卫生员。福利院临时工工作人员待遇偏低，目前月工资仅为800元，且养老、失业、医保等各类保险根本没有办法解决，不能留住责任心强、服务态度好的工作人员，影响了整个福利院规范化管理及今后的发展。

福利院现在还在使用几幢20世纪建盖的砖木结构的房屋，由于年久失修，房间粉刷层剥落，屋顶漏雨、潮湿，这些房屋需要拆除重建。院内新建的房屋还没有安装太阳能设备，老人的洗澡问题难以解决。全县10个乡镇中，共有1700多人属于福利院的对象，其中1300多人有入院的愿望，但目前福利院仅能容纳200人，因此福利院正在改扩建中。

福利院目前有一辆长安面包车，用于福利院采购生活物资、送老人看病。随着收养人员的增加，目前也不能满足需求。院内老人月平均费用1000元，包括600元的伙食费，30元的个人零用钱，其余为衣服被褥及医疗费用。

三　草海子村老年人的生活及养老现状

（一）基本情况

草海子村是寻甸回族彝族自治县金所乡草海子村委会下属的一个汉族自然村，离县城15公里、离金所乡10公里。村子周围有213国道、嵩待高速路、寻倘高速路，交通十分便利。2015年，全村有170户，589人；耕地面积201亩，林地958亩。2011年后，规划移居10万人的东川工业园区开始在村子征用土地，村里大部分良田都被征用。草海子村和黑泥沟村在2011年至2015年间总共被征用土地800多亩，征地价格为28823元/亩。

由于大部分耕地被征用，村内的年轻人或选择外出打工，或选择在工业园区的工厂上班。据2016年2月的统计数据，村内有边缘贫困户51户，156人，贫困户12户。村内60岁及以上老年人口59人，其中，60岁至79岁的51人，80岁至89岁的8人。在60岁至79岁老年人口中，男性27人，女性24人；在80岁至89岁老年人口中，男性2人，女性6人。全村享受低保人数49人。

（二）传统的养老方式

草海子是一个具有300多年历史的汉族村子，村内有三大家族，分别为文姓、刘姓、陈姓。自“文革”破“四旧”时期将村内的一个小土地庙拆除后，至今村内再也没有公共祭祀场所。村里除了保留清明上坟的习俗之外，再无其他公共及家户的祭祀行为。村里婚丧礼仪也随社会经济发展及政府提倡的殡葬制度改革而逐步与城市趋同。

对于老年人的养老，村里一直延续着传统的做法，即所有的儿子轮流供养父母或平摊父母的养老花销，出嫁的女儿不负担父母的养老支出。如果没有儿子，由上门招亲的女儿女婿负责为父母养老送终。在家庭财产分配上，女性不参与家产及土地的继承。通常情况下，老人会将家产及土地按儿子的数目外加自己的份额进行分割。待所有子女成家后，多数未满60岁的老人，还有能力自己下地劳作，会选择拿着自己的土地份额单过。这些老人除自己劳作解决生活之外，还会为儿子家带小孩。随着年龄增加、体力下降或身体健康出现问题，这种两个老人单过的养老方式就会发生改变，大致有几种方式：①不能下地劳动，但自己生活还能自理的老人，他们选择将自己的土地重新分配给儿子们，由儿子每家平均按商定的数额供给粮食、食用油、肉类。一般供养两个年纪在75岁以上的老人标准是，每年150公斤粮食、10公斤食用油、20公斤肉。②生活完全无法自理的老人，将自己的土地并给某个儿子，两个人都居住到儿子家养老，或是将土地分给两个儿子，夫妻俩分别居住到两个儿子家养老。③有的老人将土地平均分给所有的儿子，轮流到儿子家居住养老。

由于传统的农村养老观念是以家庭内部儿子为主，为了养老，每个家庭都追求多子，老人们在子女成家后就将自己一辈子的积蓄分配给儿子们，希望换来一个安稳的晚年生活。大多数老人不到60岁就将家产分配完毕，自己仅留少部分田产，有的甚至一无所有，要依靠儿子供养。随着身体条件越来越差，在家庭内部难免落下不做事情吃闲饭的名声。目前农村家庭内部重小轻老的观念越来越严重，多数家庭都是围着孩子转，加之老年人爱管闲事，老年人成了名副其实的弱势人群。

（三）村里老年人的养老现状

草海子村老年人多数选择独自居住，由儿子供给粮食、食用油、肉食的养老方式。由于赖以生存的土地资源都分配给了儿子们，普通农村老人自己也没有积蓄，因此老年人的生活完全依赖儿子。如果儿子们孝顺，那基本没有太大的问题，倘若遇到不孝顺的儿子，或者几个儿子对土地分配有不满情绪，又或者某个儿子认为父母偏心多帮某家做了事，互相之间闹起矛盾来，就会波及父母的养老问题。

案例一：WCL 家庭

WCL（男，80岁），CLH（女，82岁）夫妇。夫妻俩育有3个儿子，3个女儿，子女均已成婚，18年前与儿子分家单过。按村里的习俗，与儿子分家单过，丧失劳动力的高龄老人，由所有儿子共同供养。WCL家3个儿子每年每家为父母提供50公斤大米，3公斤食用油，20公斤肉。WCL 2015年享受170元/月的低保金和85元/月的养老保险金；CLH没有低保金，有50元/月的高龄补贴和85元/月的养老保险金。主要困难是，由于夫妻两人年事已高，身体多病，特别是CLH常年吃药，所以平时药品支出是家里经济支出的大头，不够时还要向儿女讨要或让儿子购买。如果遇到大病住院，个人承担部分则由3个儿子均摊，负担较重。不接受养老院，怕不自由。倾向于居家养老，但如果太贵也不接受。心理价位是每月100元/人，在养老中心吃三餐。

这是一个符合草海子村养老传统的案例。在这个案例中，3个儿子供养的粮、油、肉加起来有150公斤大米、9公斤食用油、60公斤肉食，这些东西足够两个老人一年的基本生活消费。而国家发放给夫妻俩的低保金、养老金和高龄补贴加起来每月有390元。这笔钱少部分用于购买日常用品，大部分用于购买药品。出嫁的3个女儿不需要供养父母，依自己的家庭情况或个人性情间或给老人购买一些衣物或食品。两个老人对现在的养老生活很满意，认为儿子孝顺、国家政策好，唯一的希望是逢年过节时村里能组织人员来家里慰问并送点物品。

案例二：CMH 家庭

CMH（女，76岁）育有4个儿子，目前与第三个儿子同住，三儿子一只眼睛失明，40多岁，至今未婚，经常外出不归家，有时还取老人的低保金用。老伴2016年应该年满84岁了，按理应该领取到国家的高龄补贴，但身份证和户口簿上的年龄却只有74岁（不知是具体经办证件的工作人员不小心将其年龄弄错还是CMH的丈夫确实只有74岁），所以没有领到高龄补贴。CMH一直讲结婚时自己还因为丈夫比自己大8岁而有点不乐意，结果现在弄得比自己还小2岁。两个老人要自己种地，养牲畜，居住在摇摇欲坠的土房内，房屋大部分地方漏雨，屋顶拉彩条布防漏。CMH的老伴享受170元/月的低保，两个老人都有85元/月的养老保险金。最大的困难是生病无法负担医药费，不敢住院。最大的希望是有钱治病，有人管有人看，不受气。

这是一个典型的因为分家导致儿子不为父母养老的案例。CMH生育4个儿子，按村里的传统，本应该像上述WCL的家庭一样过着有基本保障的养老生活，但因为分家问题，3个儿子虽然经济都好，但都不供养父母。唯一能依赖的三儿子却身带残疾，没有组织家庭，终日在外闲逛，无法尽到赡养父母的义务。家庭每月340元的收入仅够维持3人基本的日常生活，日常病痛购买药物及住院自我承担的部分对CMH家来说就是非常困难的事情。

案例三：CJM 家庭

CJM（男，80岁），WSM（女，69岁）夫妻育有一个儿子，与儿子分家18年，居住在已有80多年房龄的土屋内，儿子家已盖新房。因独子家庭经济困难，目前没有让儿子供养，两个老人自苦自吃。种1亩地，养2头猪、1只羊、5只鸡，夫妻两人都下地做活。2015年，在做农活的过程中，CJM老人的左脚脚踝被玉米茬子戳破感染，虽经住院治疗，依然无法康复，影响行走。其老伴做农活摔跤伤到腰部，一直没有好。目前两个老人都还坚持下地做活。夫妻俩没有享受低保，CJM老人实际年龄未满80岁，也没有高龄补贴，所以每人每月只有85元的养老金，生活比较艰难，但两个老人都比较乐观，没有任何抱怨。

这是草海子村一个老人自苦自吃的个案。两个老人自愿选择暂时不要儿子供养，有时还帮儿子带孩子，做一点家务。家庭月现金收入仅170元，妻子相对年轻一些，还可以正常下地干活。在2015年前，丈夫的身体也无大恙，依然可以从事正常的农事活动。现在的困难是，两个人都因为干农活受伤，未来的自我生活保障成问题。

上述三个案例从不同层面反映了草海子村的养老现状，即如果家庭关系正常，子女孝顺，老年人基本可以过正常的养老生活，一旦家庭关系出现问题，或者老年人身体健康出现问题，老年人的养老生活保障就面临着较大的危机。

四　农村养老存在的问题

（一）关于低保

低保在基层覆盖率低，对于贫困村来说，难免出现老年人与贫困户争低保名额的状况。低保的评审标准将子女拥有工作、房产、汽车等列入家庭财产，在农村，很少有老人能享受这些东西，但很多与子女分居的老人却因为这些条件失去享受低保的机会。

基层低保申报中存在不合理情况。尽管政府一直在清理不合理的低保名额，但在实际操作中，依然存在部分村干部将低保偏向自己的亲戚及朋友的情况，使一些确实需要救济的贫困户和贫困老人没有机会享受，这也是基层农村反映最强烈的问题。

（二）高龄津贴

传统上农村老人习惯使用农历记事，而且对年龄没有太强的记忆习惯，在办理户口册和身份证的时候，一方面是办证人员的疏忽，一方面也是当事人的不经意，经常会出现年龄差错。以前养老政策中不涉及高龄津贴，大家也都不计较，但现在涉及资金问题，就出现了争执。笔者在此次调研中就发现两个老人办理证件时年纪被弄错了，其中一个已经年满84岁了，但身份证和户口册上都还只有74

岁，导致老人目前一直没有领到国家的高龄津贴。另一个老人实际81岁，但身份证上的年龄却是79岁，也没有领到高龄补贴。

（三）医疗保险制度

老年人身体差，多病，平时需要服用的药物比年轻人多，如果不是大病住院，日常这笔药物的开销是无法在医疗保险报销的，儿女多数也只有在父母住院时才会负担个人承担的部分，平时生病没有住院的情况下，多数老年人只能使用低保金、高龄津贴或养老保险金购买药物，很大程度上降低了老人的生活质量。对于没有享受低保，年龄在80岁以下的老人，这部分药物的支出就只能靠85元/月的养老保险金，不仅老人的健康得不到保障，而且日常生活水平也受影响。

（四）老年人的健康观念

在调研中发现，村里不仅老年人，年轻人也非常缺乏基本的健康观念及医药知识。在没有农村合作医疗保险的时候，大家一般都不看病，小病拖成大病。现在实行农村合作医疗保险后，一般人都会把小病当成大病来医，过度医疗、滥用抗生素的情况比比皆是。在调研中遇到几个老年妇女常年将各种感冒药交叉用于治疗头痛，身体乏力，而且多数药品都出自小诊所，药品有效期得不到保障，还有的老人将保健品作为药品服用。

（五）老年人生活状况

1．居住状况。草海子多数老年人都居住在年久失修、漏风漏雨的老房子内，安全性和卫生都很差，而子女们都居住在新盖的房屋里，少数与子女生活的老人也大多居住在院中新房子旁边的旧屋内，这些小屋之前大多是厨房或堆放杂物的房间。究其原因，多数人都说是老年人自己不愿意与儿女一起住新房。而老年人自己也说住在老房子方便照管牲畜、生活习惯不一样（如饮食的软硬、甜辣、吃饭时间早晚）、儿女嫌弃老人的卫生习惯等。

2．饮食状况。由于农村生活诸多不便，肉食大多是过年杀年猪时腌制的腊肉，现在的年轻人经常在外面跑，交通工具也比较方便，经常可以吃到一些新鲜肉类和蔬菜。对于单独生活的老人来说，一年中要吃到新鲜肉类是非常不容易的事情，大多数家庭每年的菜谱是腌制储存的年猪肉、容易储存的蔬菜，如土豆、南瓜、晒干的豆类等。新鲜肉类、蔬菜、水果比较欠缺，只有在年节时候到子女家过节或子女送上门才能吃到。

（六）重男轻女的传统观念

由于传统重男轻女的观念，女儿没有家庭财产继承权，所以女儿可以不管父母的养老问题，而在儿子中进行家庭财产分配时出现的分配不公现象或者老人因为个人感情偏向某个儿子也会导致父母与儿子间的矛盾，继而影响老人的养老。如上述案例中的CMH家就是由于分户时家产分配不均，导致3个儿子不愿意供养老人。另外一个案例是ZSF家，大儿子借口老人没有帮忙带孩子，也不供养老人，由小儿子供养。在这些出现养老问题的案例中，嫁出去的女儿即便有经济能力，一般也不会插手老人的养老问题。

五　建议及措施

1. 完善医保、低保、养老保险与高龄补贴政策，提高保障水平。建议出台针对农村70岁以上老人日常医药费用的报销及补贴政策，以缓解老人日常用药经济困难的问题。进入老年的农村老人没有积蓄，没有退休金，是名副其实的弱势群体和贫困人群，因此最低生活保障应该将70岁以上老人自动纳入体系，保障老人的养老生活。养老保险的费用较低，应该逐年提高养老保险。从目前农村老年人的生活状况来看，很多老年人甚至都活不到领取高龄补贴的80岁门槛，因此建议将高龄补贴领取年龄的门槛从80岁降低到75岁。

2. 将居家养老中心的正常运作落到实处。从“十二五”规划开始，民政部门一直在村社建盖社区居家养老中心和老年人活动中心，但很多村社建盖好的养老中心一直闲置，有的变成公共社房，仅在年节进行集体活动时使用一下，有的变成了社区的仓库，没有起到为农村老年人养老服务的作用，极大地浪费了国家资源。从调研中发现，养老中心没有政府补贴的运作经费，仅仅依靠社会能力是无法正常运作的。草海子村老年人对居家养老中心一日三餐的最大承受能力是每人100元/月，以这个标准，如果没有政府的补贴，靠商业运作是没有办法实现的。因此建议民政部门下阶段要研究如何将社会力量与政府补贴结合起来尽快促进各地已建盖多年的居家养老中心的运作。

3. 加强农村人口特别是60岁以上老年人口的健康知识教育及健康管理。定期为老年人提供免费体检，普及日常健康保健知识，提高老年人自我保健和自我健康管理意识，而正规医院的体检有助于老年人掌握自己的身体状况，避免其将有限的养老资金用于无谓药品的购买。

4. 在农村进行广泛的社会性别平等观宣传，倡导男女平等，使女儿与儿子一样享有同等的财产继承权及承担对父母的赡养义务。

瑶族农村老年人生活状态调查

——云南省广南县那洪村的个案

黄贵权

养儿防老，子女有赡养老人的义务，是瑶族传统社会的道德标准和行为规范。一直以来，瑶族青壮年如果不善待自己的父母、祖父母、岳父母、外祖父母等应该由自己赡养的老人，就会被社会舆论谴责，被社会排斥，甚至唾弃。因此，可以说，尽管瑶族传统社会基本没有“法律”意义上的对赡养老人的成文或不成文规定，如村规民约等，但仅仅依靠社会道德的约束力，老人的养老，似乎从来就没有成为大的问题。正因为如此，虽然笔者自参加工作以来，一直未曾间断过在瑶族村寨开展民族学田野工作，但无意中忽视了瑶族农村的养老问题。

那么，在当今社会潮流下，瑶族农村老人的养老，是否会出现问题呢？带着这样的疑问，2016年2月，笔者回到了自己的故乡——那洪村，一个只有20户左右，位于河坝边的风景秀丽的蓝靛瑶小村进行考察。

一　那洪村概况

那洪村位于云南省广南县、丘北县和广西壮族自治区西林县3个县的交界地带，属广南县底圩乡同剪村民委员会管辖，东邻龙丈村民小组（壮族布依人，自称$pu^{42}jai^{42}$），西邻四家村民小组（壮族布傣人，自称$pu^{42}tai^{34}$），北邻鱼塘村闽南小组（汉族），西南邻坡来村民小组（蓝靛瑶）。

2016年2月，那洪村有26户108人，悉数为蓝靛瑶。其中，60岁以上的有6人。

那洪村辖地面积约9平方公里，四家河和无名河在村前交汇，那洪村的稻田集中分布在四家河和无名河两岸，约三分之二以上稻田用河水灌溉，有少量依靠溪水灌溉，为旱涝保收田，依靠雨水灌溉的稻田即当地所谓的“雷响田”，已经没有了。这是因为，目前，由于水稻产量的提高以及水稻生产既辛苦又不赚钱，村民每年只种植足以维持自家口粮的稻田，而种植足以维持自家口粮的稻田，基本都不需要种完那些使用河水或溪水灌溉的旱涝保收田。这样，即使是旱涝保收田，每年也都有不少的面积被放荒，过去那些“雷响田”就被改为种植玉米或茶叶了。

那洪村的家屋聚落有两个，即四家河南岸住着四户邓姓，其余农户分布在北岸。

那洪村境内河流属珠江水系，流向达良河、驮娘江、右江。气候属亚热带高原季风气候，1～5月为旱季，6～10月为雨季，干湿季节较明显，但旱季时旱象不突出，属于土山区，土地多为山地黄壤，自然林木为常绿阔叶和落叶阔叶混交林。

那洪村的粮农作物主要有水稻、旱稻（陆稻）、玉米、芦谷、荞子、山芋、薯类等。蔬菜瓜果类主要有苦菜、白菜、薤头、葱、蒜、芫荽、韭菜、姜、南瓜、黄瓜、丝瓜、茄子、西红柿、辣椒、花椒、魔芋、山药、李子、桃子、梨子、柿子、柚子、柑橘、甘蔗、石榴等。豆类主要有豌豆、蚕豆、黄豆、豇豆、饭豆等。经济林木主要有茶树、油茶树、杉树、八角树、油桐树等。家养禽畜主要有牛、鸡、鸭、鹅、猪等。

然而，自20世纪80年代以来，那洪村开始大规模种植茶叶，并种植数量较多的八角和数量较少的杉树，村民只保留少量肥力较好的山地，用来种植玉米、薯类等，以满足自己养猪、养鸡的需要，已不再种植旱稻、荞子、芦谷等农作物。进入21世纪以后，村民很快也不再养牛，原因主要有两个方面：一是20世纪90年代，那洪村就开始有少数人购买小型机械，以机耕代替传统的牛耕，至2010年前后，牛耕在该村已经完全绝迹。二是当地瑶族笃信瑶传道教，每位男性都必须接受度戒仪式而成为在家道士，而道士，不论是汉传道教的道士还是瑶传道教的道士，按教规都禁食牛肉、狗肉、乌鱼肉、大雁肉。

道教的道士和许多道教信徒之所以禁食牛肉等，是因为，牛代表“忠”，乌鱼代表“孝”，大雁代表“节”，狗代表“义”。而实际上，那洪村及其周边地区瑶族，除了禁食牛肉、狗肉、乌鱼肉、大雁肉外，还禁食羊肉、蛇肉、鼠肉（竹鼠除外）、猫肉、乌鸦肉等，也禁食病死的猪和鸡、鸭、鹅等家养的禽畜，不明原因死去的野外兽类（如野猪等）、鱼类等，也在禁食的范围。

那洪村与村公路隔无名河相望，从公路步行到村寨需要5～10分钟。与那洪村距离最近的集市位于底圩乡政府驻地，约4公里的公路里程，这条公路在20世纪90年代初通了班车。2015年底，从珠（珠街）西（西林）公路进入底圩乡政府驻地的柏油路已经铺通，而底圩乡到者兔乡的公路，亦即与那洪村隔着无名河相望的公路，多年前也铺成了弹石路。多年前，村民还自己凑钱，建成水泥桥梁，贯通了进村的公路。但是，这条大约只有2000米的村民自建公路，路况很差，轿车通行极为勉强。村民还自建多条通往山上茶叶地的可供摩托车通行的道路。因而，村中青壮年男性，甚至老年男性，几乎每人都有一辆摩托车，上山采茶或种地，都可以骑摩托车，到底圩乡等地赶集，甚至到广南县城赶集，也可以骑摩托车。此外，目前村中有一位认为摩托车不安全而拒绝骑摩托车的50多岁男性，十多年前购买了一辆微型面包车，2010年左右，他卖掉旧的微型面包车后，又购买了新的微型面包车。而目前村中一位30多岁的男性，多年前购买了一辆大货车，完全是用来挣钱养家的，主要是当地各个村寨建造新房时，用这车去帮人运输砂石、水泥、钢筋等建筑材料，多数时候是跑短途，只偶尔跑长途。

实际上，自20世纪80年代实行农村家庭联产承包责任制以后，那洪村就已基本进入了温饱的经济生活水平。20世纪90年代，茶叶价格比较高的时候，村民的收入进一步提高，当时，村中曾经有过3～4个家庭作坊式的小型茶叶加工厂。进入21世纪以后，由于茶叶价格暴跌，陆陆续续地，这些茶叶加工厂最终全部倒闭了。但茶叶生产收益的减少，对村民经济收入水平的影响似乎没有想象中那么巨大，原因是，茶叶生产的收益下降以后，村中的青壮年村民，甚至一些50岁以上的男性村民开始到外地打工，有效增加了新的收入来源。据20世纪80年代以来，长期担任同剪村村民委员会主任等职务，现任同剪村村民委员会党委书记的那洪村老干部说，从2015年的统计数据来看，那洪村的年人均纯收入是5000元，其中，茶叶产业的贡献率约50%，村民外出打工或搞运输、建筑等，其贡献率大致也是50%。

那洪村小流域主要是壮族居住，仅就同剪村村民委员会的范围而言，壮族自然村与瑶族自然村的数目比例是21∶2，并且，壮族自然村的户数基本都比瑶族自然村多一倍以上。在这种文化环境下，瑶族作为当地的少数民族就显得有些醒目。总体上看，自20世纪80年代以来，当地瑶族、壮族、汉族的经济产业结构已经越来越趋同，经济收入水平也越来越趋同。甚至各民族的经济生活方式也越来越趋同。

二　瑶族的“老人”和“养老”概念

（一）瑶族的“老人”概念

在城市里，机关、企事业单位的职工，按目前的政策，大多数都是女性55岁退休、男性60岁退休。而退了休，基本上就可以算作老人了。

就蓝靛瑶而言，一个人一旦有了孙子、孙女或外孙子、外孙女，基本上就被视为“老人”了，就连他们的称呼，都变成了老人特有的带有“爷”或“婆”含义的称呼了。

瑶族人出生后，父母在为其举办诞生礼的宗教礼仪时，就获得一个名字——小名（汉语也叫“乳名”），终其一生，这个小名是用于长辈对小辈的称呼，或同辈之间年长者对年少者的称呼（同辈之间，年少者对年长者的称呼，要在小名的前面加上语义为“哥”或“姐”的词语）。瑶族人结婚并有了孩子以后，就获得一个新的称呼，就是“长子或长女的小名+‘父’[fa^{34}]或‘母’[dzi^{42}]”的称呼，为父者被称为“某父”，为母者被称作“某母”。瑶族人有了孙子孙女或外孙子外孙女以后，再获得一个新的称呼，就是“长孙子或长孙女小名+含义为‘爷爷’或‘奶奶’”或者“长外孙子或长外孙女小名+含义为‘爷爷’或‘奶奶’”的称呼，为祖父或外祖父者，被称作“某爷”，为祖母或外祖母者，被称作“某婆”。

在瑶语日常用语及宗教用语（亦即方块瑶文的文献）中，“婆”[bu^{42}]字的含义比较复杂，在宗教领域，各家的女性祖先都被称为“婆”，在日常生活领域，“婆”既有“祖母”或“外祖母”之意，也有“婆婆”之意。瑶族女子在自己丈夫的母亲不在场的情况下，一般把自己丈夫的母亲叫作“母婆”[dzi^{42}bu^{42}]。

在瑶族宗教用语中，“爷”字（读[i^{11}]），只存在于一些特定的神灵的名字中，例如，盘姓当中的盘绿（或盘蓝）亚姓，其姓氏之神——“家神”，被简称为“四关”，但在祭祀等仪式中，要念全名“四关三界祖爷龙全道保仪爷”。蓝靛瑶在宗教领域中，各家的男性祖先被称为“公”。由于瑶族日常用语并非书面语，目前来看，“爷”字似乎并不存在。汉语“爷爷”的词语，与瑶族日常用语中的“[klaau^{42}]”一词比较接近。不过，在瑶语日常用语中，女子在自己丈夫的父亲不在现场的时候，一般把自己丈夫的父亲称作“[fa^{34}klaau^{42}]”，这个含义就不是汉语“爷爷”的含义。

在瑶族的传统社会里，男女青年一般都是20岁左右结婚。20世纪80年代以后，由于瑶族传统社会文化对婚姻已经彻底失去了控制力，人们的结婚年龄普遍提早到十六七岁。由此就可以计算出，瑶族当爷爷、奶奶的年龄大致是40岁或更小。这就意味着，在瑶族的社会文化体系里，很多人40岁都不到，就成为“老人”了。

此外，瑶族人一般也把自己的父母以及公婆、岳父母乃至祖父母、外祖父母等，都叫作“老人”。

（二）瑶族的“养老”概念

在汉语里，“养老”一词可能有多个意思，如“赡养老人”“休闲着，颐养天年”等。在瑶语里“养老人”[jiuŋ^{42}mun^{22}ku^{33}]的词语，是“赡养老人”的意思。

三　那洪村经济文化巨变中的老人们

由于各种原因，笔者已三年没回到那洪村了。这次回到那洪村，看到那洪村在短短3年时间里所发生的巨大变化，真的让笔者在内心深处感到震撼！当笔者到达村寨对面的公路上时，看到3年前绝大多数民房还是传统的木结构青瓦房的这个村寨，映入眼帘的已经是一幢幢金碧辉煌的别墅式砖混结构房屋。进入村寨以后，才发现还有一些老房子还没被拆掉，只因村民新建起来的平房都是两层楼或三层楼，从远处看，这些老瓦房就被新房和高大的村社保护林给遮蔽了。了解后得知，这些老瓦房之所以得到保留，有的是因为一些农户的老人对老瓦房的留恋，舍不得拆除，而有的是因为需要保留老瓦房的地基，以便将来可以在老瓦房的地基上盖新房子。

（一）老人们的居住

这些老瓦房，多数已经变成空房，主要用于堆放农具，还有一些老瓦房晚上还有人住宿。晚上在老瓦房住宿的，几乎都是那些被认为有些固执的留恋老屋的老人。老人晚上独自在老屋住宿，若是夫妻同宿，那可能没什么太大问题，但若是一个老人独宿，则可能会出现问题。2013年，一个58岁的男性老人，身体本来就不怎么好，一天晚上，他饮酒后仍坚持到老屋住宿，而他的妻子则住在新房。结果，第二天早上，人们发现这位独宿老屋的老人不行了，来不及送医院抢救就去世了。实际上，在村寨里，老人独宿老屋的问题，是这件令人遗憾的悲剧事件发生之后，才被村民真正地重视起来。目前，在村寨里，除了夫妻都健在的老人还会继续在老屋夜宿之外，丧偶老人几乎都不会独宿老屋了。

总之，目前那洪村的老人们，全部都与自己的子女共同居住、共同吃饭，绝大多数也与自己的子女同住新房。虽然许多青壮年甚至50多岁的人都需要外出打工，但每个家庭都会留人在家，因此，并未出现空巢老人的情况。

（二）老人们的生活状态与劳动状况

笔者回到那洪村的当晚，笔者的亲属特意摆了四桌丰盛的宴席，为笔者洗尘。让笔者感动的是，在那洪村60岁以上的6位老人中，除了那位83岁的老奶奶因各种原因没能来赴宴之外，其余5位老人都赴宴了。而让笔者感到意外的是，这些老人已经与本村年轻人一样，全部都放弃了穿戴本民族服饰。而在3年前，这些老人以及比他们年轻一些的妇女，都还穿戴本民族服饰呢。其实，这5位60岁以上的老人都是笔者的同辈，都是笔者的大哥、大嫂，要么沾亲，要么带故。其中3位大嫂虽丧偶多年，但看起来她们的精神状态都很好，有说有笑的。这5位60岁以上的老人，脸色也都比较滋润，由此，感觉他们的经济生活并不困顿。笔者特意带着放寒假而跟随笔者回故乡的儿子去见他们，他们都很高兴。随后，笔者跟他们坐在一起闲聊。他们说，目前本村6位60岁以上老人中，除了那位83岁的老奶奶仅能承担简单的家务劳动外，其余5位仍能做采茶、种田地等各种劳动，与青壮年人相比，并不遑多让。甚至，笔者回到昆明后20多天，就听到消息说，目前那洪村60岁以上老人中唯一的男性，在2016年的选举中，仍旧被选为同剪村村民委员会的党委书记。说明这些老人仍旧为家庭、国家辛勤地劳动着，仍旧为家庭、国家做着重要的贡献。老人们还说，现在的农事劳动以及家务劳动，都已经没有从前那么繁重了。种田地方面，因为种的较少了，子女也孝顺，自己并不需要怎么操劳。家务方面，因为近几年以来，经常都是烧燃气罐，而自来水管在10多年前已经建好，做饭也在10多年前就开始普遍使用电饭煲，洗衣也使用洗衣机，所以，比较轻松了。但老人们说，别看采茶的劳动看似轻松，其实很劳累，采茶时，需要一整天都站着、走着，一天下来，手脚常常都有些麻了，还要经常头顶烈日或被风吹雨淋。他们说，村里的年轻人，半数左右过了春节之后就外出打工了，而每家每户的茶叶都不少，到了采茶的季节，光靠留在家里的人，是无论如何都采不完的，只能眼睁睁地看着大量的茶叶在茶地里老掉，很是可惜。

当笔者向老人们问起国家发给他们的养老金时，他们说，国家每个月发给他们60岁以上老人75元钱。他们说，钱虽然真的很少，在当地基本只够买一家人两三顿饭需要的猪肉，但已经很不错了，很感谢国家。

四　结论

从那洪村60岁以上老人的生活状态来看，瑶族农村老人的赡养，仍旧依靠“养儿防老”的传统机制，仰仗瑶族传统的孝悌文化来支撑。根据我国的国情，在未来很长的时期里，国家对农村养老的投入，很难有暴涨式的增加。这也就意味着，在未来很长的时期里，瑶族农村老人的赡养仍旧依靠以往的模式。而以往瑶族农村的养老模式，未来能够存续与否，直接与瑶族传统优秀文化是否能够存续紧密相关。因而，当这个世界处于物欲横流状态的时候，在庆幸瑶族农村的优秀民族文化还一息尚存的同时，更需要认真关注瑶族优秀传统文化的传承与保护。

新昆明建设视角下的顺城社区回族养老模式变迁

李红春

养老既是一个传统的文化现象，又是一个极为现实的社会问题。伴随着现代化进程中的城市更新，许多传统社区纷纷被瓦解。在此背景下的传统社区的社会关系网络不复存在，养老失去了传统文化和社会基础的维护，即内生动力的退化。作为昆明市主城区回族聚居的顺城社区，在日益快速的新昆明建设过程中，社区实体支离破碎，回族传统文化亦面临严重冲击。顺城回族成为城市少数民族应对现代化的一个鲜活案例。生计发展、文化变迁、宗教传承等成为城市穆斯林探讨社会适应的重要话题。持续的城市化使社会问题涌现和聚焦，其中养老模式的传统与新创变得异常显眼。在此案例里，时代性、族群性、文化性及主体性是探索顺城回族社区养老模式的几个关键要素，也是多学科视野对回族养老的一个认识起点。在此对象观察中，笔者试图做出定性的分析，而非强调统计数据的运算和分析。因为在复杂多变的时代背景下，城市少数民族群体的传统与现代都变得极为复杂和分散。现今，顺城回族实现了多元并存的养老模式，围绕养老所完成的文化变迁、传统调适、宗教实践，彰显了城市化下顺城回族群体的文化调适与生存策略。

一　城市更新中的顺城社区

（一）昆明市顺城社区的基本状况

顺城社区位于昆明市核心商务区，辖区面积0.33平方公里，4095户、10597

人，暂住人口1851人，是一个多民族聚居社区，有汉、回、白、彝、壮等15个民族，其中以回族为主的少数民族占40%。辖区内有历史悠久的顺城清真寺，有昆明首家5A级写字楼顺城双塔，有王府井百货、明德民族中学等13家公共户单位。长期以来，顺城社区认真贯彻党和国家的民族宗教政策，把“民族团结、共同进步”作为社区工作的主线，以“平等、团结、进步、繁荣”为工作主题，积极开展民族团结和谐社区创建工作，促进了社区社会稳定、经济发展、民族团结、和谐繁荣。顺城社区先后荣获全国“标准服务标准化示范社区”“昆明市五好党建社区”“云南省文明社区”“云南省民族团结示范社区”“云南省科普示范社区”“昆明市优秀妇女之家”①的称号。

顺城街是顺城社区回族聚集的街道，位于昆明市中部偏南，处于闹市中心，东起三市街，西至五一路，长692米、宽12米，原来隶属于五华区崇仁办事处，是五华区回族人民的主要聚居地，2001年，与附近的7个居委会合并成立顺城社区，由顺城社区居民委员会管辖。在这条市中心的老街上居住着回、汉、白、彝等民族，其中回族占总人口的62%，2207人。在顺城街敦仁巷内有始建于明代的清真寺一座。

1990年以后，顺城街开始了缓慢的改造，街道东段和中段的一些住房已被拆迁，兴建了新纪元大厦、五华大厦、医药大厦和顺城豪庭等建筑，不少居民被迁到昆明市内的丰宁小区、正和小区、刘家营小区等小区。2007年6月，剩余的顺城街老旧街道被列入昆明市旧城改造范围，采取政府主导、企业实施的方式进行。最终由赛伦房地产公司中标，开始了5年的改造重建工作。拆迁工程涉及拆迁户1700多户。2009年底，改造工程完工，新顺城街初具规模，展现给昆明市民的是“顶尖商务写字楼、都市豪宅以及城市中心复合式商业街区。是一个集购物休闲、旅游观光、餐饮娱乐、高尚公寓于一体的梦想之城”②。高档写字楼顺城双塔、商业百货卖场、王府井百货等矗立在顺城街西段，同时在顺城街西面靠近云南省博物馆和五华大厦的位置新建了两幢回迁房新月花园，安置回迁人口近

① http://www.kmwh.gov.cn/CMS/Content.gen?Id=51099。

② 王俊星：《昆明顺城街成功拆迁启示录，百年老街重焕迷人魅力》，载云南网 http://finance.yunnan.cn/html/2009-03/27/content_303851_6.htm。

100户。原有的清真寺被保留，在清真寺和回迁住宅区之间形成了一条回族特色饮食街，但比起昔日虽破旧但人气极旺的顺城街来，显然萧条了很多。另外的100多户回族被安置到昆明市南二环外的金顺苑小区。[①]

今天，顺城街作为昆明市中心的一个回族世居社区，尽管已经失去昔日浓郁的回族文化特色，但顺城街回族社区社会文化的历时性变迁，对于我们思考当前中国西部省区省会城市里少数民族社区在都市化进程中的文化调适机制，具有某种典型个案的实证意义。

（二）城市更新中的顺城社区

城市改造是社会进步的时代要求，传统城市少数民族社区面临结构瓦解的压力。如何重构传统少数民族社区，加强社会管理是众多城市改造必须加以深入研究的现实问题。城市少数民族社区，一般是指存在于中国城市中的少数民族聚居村落或街道，亦即少数民族相对集中的居住区域。这些社区主要是新中国建立以前因历史上经济、政治、文化活动等因素，少数民族聚居在某条街道形成的。回族社区就是其中较为典型的一种。回族社区在长期的历史发展过程中，不断受到城市主流文化的冲击和影响，社会结构的各个层面发生着持续的变迁。特别是近半个世纪以来，随着中国城市化进程的不断加快，各个城市为了发展经济和改善城市环境，对城市进行改建和扩建，给回族居民的居住格局、经济形态、传统文化、心理素质等带来了不同程度的影响，社区居民面临着文化适应和文化重建的问题。有鉴于此，本文对昆明市五华区顺城街回族社区——这个位于中国西南边陲城市中心的、虽历经多次变革，但依然保留着民族特色的唯一一个世居少数民族社区，进行一项人类学的个案考察研究，展示昆明市城市发展过程中，尤其是改革开放以来，顺城街回族社区在经济活动、婚姻家庭、宗教生活等方面的文化变迁，以及在各种变迁过程中，回族社区的养老现实是如何回应变迁，不断予以调和重构的。

---

① 马寿荣：《变迁与重构——中国西南边陲昆明市回族社区的历史人类学研究》，《伊斯兰教与中国西南社会议论文集》（香港）（内部资料），2015年1月，第2~3页。

二　养老研究的理论视角

（一）养老模式的类型

在世界各国纷纷进入老龄化社会后，对老人问题和养老现象的关注日益加强。国内外学者对老年人的养老方式进行了大量研究，总结出了许多养老模式，并分析出一些可行性的养老创新方法供各国借鉴。众多的养老研究大多是在对传统的家庭养老和机构养老方式进行研究的基础上，探索更方便、经济、适宜目前老年人生活需求的其他养老方式。

论其养老模式的划分，已有的研究成果将养老模式划分为家庭养老、社会养老、自我养老、居家养老、机构养老、设施养老、集中养老、分散养老等不同的分类。许多研究者根据自己的理解提出了不尽相同的观点。关于养老的主要内容是经济供养、生活照料及精神慰藉，这是为大多学者所认同的。[①] 从养老责任承担主体划分来看，可以分为家庭、社会、社区、自我、综合等类型的养老模式；从养老的实质而言分为经济养老、精神养老和综合养老三种类型；从地域和老人身份来看可划分为农村养老和城市养老两种类型；从养老的时期特性和变迁过程来划分为传统养老和现代养老两大类型；从老年人的流动性划分为定居养老和流动养老两种类型。不同的养老模式划分，表明了不同理论对于养老问题存在着较多的分歧。

（二）多维视野的养老解读

养老是一个人口和社会现象，与政治、经济、文化有着密不可分的关系。从不同的学科视角来看，养老有着不同的内容。

1. 人口学的养老解释

老年人在人口学看来是人口生产过程的一个环节，是人口自然增长的一个参数。养老对于人口学而言更反映出一个时期内特定社会的人口增长状况，成为

① 陈赛权：《中国养老模式研究综述》，《人口学刊》2000年第3期，第31页。

衡量人口发展、人口再生产、人口生产力、人口质量等要素的重要指标。在现代人口学看来，人口转变也成为现代发达国家现代化的一个前提，“低出生、低死亡、低增长”的人口转变是较为理想的人口发展模式。人口转变是指由生产力革命引起的人口再生产类型由低级到高级的发展，即由传统的人口再生产类型向现代化的人口再生产类型的转变。老龄化人口格局的调整，人口转变的实现①，养老的完善始终成为现代社会人口研究的关键性内容。人口学视野下的养老理解和解释呈现出一种自然状态的生命发展规律，强调了生物活体对生存的本能需求。

2. 社会学的养老解释

在自然经济状态下的传统社会里，老年人的养老更多是个人家庭与家族的私人领域，关联更多的是伦理道德、文化和经济。在市场经济日趋影响的现代社会，老龄化和养老成为一个突出的社会现象和社会问题。“老年人”在人们的印象中往往是弱势与依附相关的社会群体。②作为社会学分支的老年社会学关注老年社会群体的存在与发展过程的社会方面，以及老年群体的各种社会特征与活动规律，研究内容将老年人与社会结构、社区组织、家庭关系、福利保障和心理安慰等紧密关联，同时还将研究视角拓展至老年人就业、犯罪、自杀等社会问题。总体而言，社会学视野下的老年人及养老呈现出传统的一面，即探索养老的社会文化环境、尊重养老的社会伦理传统、养老模式的社会变革、养老与家庭及社会组织间的代沟问题等。另一方面，养老的社会学视角更多是现代社会化的产物，这样的认识是社会整体观的解释。即是说，养老问题的分析和解决是为社会秩序合理化发展、社会稳定及维护社会公平服务的。在此理论作用下，养老强调社会功能和主导作用，隐化主体意愿和传统文化的作用，并显现出一种“超有机体”非人格化的社会事实与社会存在。

3. 人类学的养老解释

文化是人特有的，养老是人类社会所固有的文化现象。无论是原始的部落，还是文明的民族，尊老养老成为一种习俗被推崇。人类学倡导倾听“他者”声

① 吴忠观：《人口科学词典》，西南财经大学出版社，1997，第37页。载高发元主编《跨世纪的思考——民族调查专题研究》，云南大学出版社，2001，第111～112页。

② 陈昀：《城市老年人精神养老研究》，《武汉大学学报》（哲社版）2014年第4期，第129页。

音，尊重异文化的多元主义，从而使个体的文化诉求和表述得以显现。在人类学的视野里，老年人的养老不单纯是喂养长者的过程，更多体现出族群特性和文化力量。养老将不再满足于吃饱穿暖，而是希望其精神需求也能够得到满足。对城市老年人而言，其精神需求问题较为突出，有必要为该群体提供相关的精神服务（施鸣骞，2013：20）。因此，为老年人提供“精神赡养”具有突出的重要性，必须充分重视老年人的自尊、期待与亲情方面的需求（穆光宗，2004：125）。而老年人精神需求与满足问题，有逐步向老年人精神生活、精神保障问题转化的趋势（周绍斌，2007：129～130）[①]。

人类学基于对个体文化、精神、意愿等主体性的探索，不同国家和族群的养老历史和文化汇集成为斑斓多姿的养老文化。出于对文化的秉承和关注，人类学对于养老的认识更多关注历史与现状，传统与更新，社会与人，文化与道德，个人与家庭的关系，并做出“他者关怀”的整合理解。养老的经济条件、家庭力量、社会支持、道德舆论、宗教关怀等成为综合分析的基础内容。基于主体性的考量，人类学的养老解释更多是强调个体和群体的文化作用力，同时将比较研究运用于变迁观察。在人类学看来，养老是文化主导的家庭和社会实践，个人的意愿则确立了这一实践的发展方向。人类学的视野更加有助于形态各异的养老模式的理解，也有利于利用文化，尊重主体意愿，真正有效地促成养老的高效、持久和健康发展。

养老是一个多学科共同关注的研究领域，各种学科对养老的理论解释说明了养老具有的生物性、社会性、主体性和文化性。

三　顺城社区回族养老模式的变迁

在激荡的社会转型变革过程中，养老在回族社会中是一个极其受到重视的社会问题。在农村回族社会受到传统民族宗教文化影响，养老理念相对牢固，显现出群体关怀和家庭负责的统一特性。相比之下，在城市回族社区里，回族养老模

① 陈昀：《城市老年人精神养老研究》，《武汉大学学报》（哲社版）2014年第4期，第129页。

式更多与主流社会相一致，同时传承显现着族群的文化特性，表现为社会养老的多元模式与家庭养老并存的特性。此文以昆明市五华区顺城社区为调查点，对辖区内回族养老的历史与现状进行了访谈调查，探索其社会变迁过程中的养老文化流变。通过运用多学科视角理论分析，回望了顺城社区回族养老的历史、传统、地方性知识、困惑、生存压力。从主体性的关注中观察出养老社群的社会分层、精神诉求、社会支持等多元社会角色的养老意识与社会实践。总体而言，当前顺城社区回族养老的时代特征诠释了都市回族文化变迁，以及现代化冲击的回民社群呈现出的文化适应与传统调适。

据2010年昆明市第六次全国人口普查主要数据公报统计，昆明全市常住人口中，0～14岁人口为996859人，占15.50%；15～59岁人口为4657265人，占72.41%；60岁及以上人口为778088人，占12.09%，其中65岁及以上人口为538231人，占8.37%。同2000年第五次全国人口普查相比，0～14岁人口的比重下降3.57个百分点，15～59岁人口的比重上升1.26个百分点，60岁及以上人口的比重上升2.31个百分点，65岁及以上人口的比重上升1.81个百分点。老年人口数量逐年增多，人口老龄化的趋势更加明显。[①]作为昆明市老城区改造重点的顺城街，持续进行的城市更新，回族传统聚居格局逐一被打破，回族文化传承面临极大的瓦解危机，老年问题同样成为顺城社区回族民众的一个社会问题，且日益突显出严峻性。

（一）顺城回族养老特征

1. 养老模式的一般性

基于养老的社会性与经济性特征，顺城社区回族养老所具有的一般特性是目前我国城市养老所呈现出的时代性和经济性。顺城社区回族常住人口中以工人、机关人员、私营业主为多，在实际的养老过程中以个人自我养老和居家养老为主。同时，作为城市居民，享受城市社会福利。其中部分城市“五保户”、离退休回族老人依靠离退休金和社会保障生活为养老经济来源，实际采

① 《昆明市第六次全国人口普查主要数据公报》，《昆明日报》A08版。

用社会养老方式；一部分无业、无固定收入、私营业主、病患的回族老人社区居民仅享受城镇居民医疗保险及养老保险，享受社区医疗服务，[①]其养老经济来源主要依靠家庭成员供养，实际采用家庭养老方式进行养老。伴随着城市经济的发展，城市社会保障制度进一步强化了城市老年人的生活保障[②]，顺城社区回族养老的现实中，经济养老问题已经基本解决，更多存在着生活照料和精神慰藉问题。总体而言，顺城社区回族养老显现出由经济照顾到生活照顾为主的发展趋势，养老模式以居家自我养老为主，机构养老和社会养老为辅的模式。

2. **养老模式的特殊性**

养老不仅仅是社会问题和经济问题的反映，还明显地表现出文化属性与个体意愿。回族社会的养老一方面受到自身民族宗教文化的影响，表现出独具特色的养老文化习俗和传统，另一方面，对养老的关注点更多是对个体生活和精神方面的个体照顾。顺城社区回族养老现实中体现了回族养老文化的特征，从宗教教义、家庭教育、文化习俗、群体保障等蕴藏的养老观、养老行为到老年人精神、老年人健康、社会家庭关系等方面诠释了回族养老独具特色的文化实践。

养老观念　在回族社会里，尊老孝老是一个重要的社会伦理道德。在伊斯兰教教义中蕴藏着重要的孝道文化内容，推崇孝道成为回族社会爱老、敬老和孝老的重要依据。在伊斯兰教的经、训中关于孝亲的教诲比比皆是。尊老成为伊斯兰教人道主义伦理规范的一个重要内容。

回族秉承中华伦理传统“百善孝为先”“父母在，不远行”的优良品德。在回族社会中，孝敬父母被当作起码的道德行为予以重视，受到舆论的严格监督，敬孝长辈成为回族的一种美德。同时回族秉承伊斯兰教人伦思想，把敬老视为主命（真主之命令），认为违抗主命主能饶，忤逆父母主不容。从教义角度，

① 五华区民宗局：《五华区关于少数民族聚居社区的调研报告》，2014年6月。

② 按昆明市相关规定，自2012年始，凡具有本地区常住户口（不含未移交到的地方的部队离退休人员和云南省委组织部等六部门联合发的《关于调整我省离休干部护理费标准的通知》规定已享受了高龄补贴的离休干部）且年满80周岁以上的老年人，80～89周岁的老年人每年每人可以领取补助金420元，90～99周岁的老人每年每人可以领取720元。

清真寺阿訇、家族长者在日常宣讲教义和家庭教育中常常提到尊老敬老，强调对父母双亲的孝敬。另外一些经文还明示对“双亲”祝福祈祷、尊重父母意愿、力行善待父母。《圣训》中同样也把孝敬父母、报答父母养育之恩看作一种圣行，孝顺双亲是宗教善功的一种。同时，把“孝亲”“顺主”与“顺君”相提并论，把善待和孝敬双亲视为人生三大正事之一。如进门先向长辈敬道“赛俩目”（问安）。饮食起居同样长辈为先。值得一提的是，回族的孝道还表现在“厚养薄葬”上，强调父母在世时尽力照顾起居饮食和心理安慰，满足父母的一切生活和心理需求；父母去世，则按回族习俗薄葬、速葬。不论穷，不论富，都是三丈六尺布，三天之内必入葬，亡人入土为安，反对丧事大操大办。另外，面对群体中的弱势群体、无儿女子嗣者，回族社会都会组织地方群体力量，照顾鳏寡孤独者的生活所需，即使是身无分文的无亲属老人去世后都会被及时安葬，死亡时多由清真寺负责丧葬之事。较之中国传统社会追求的“风光大葬”，而忽视父母生前赡养和慰藉的养老观念，回族社会的养老理念体现出务实、节约、简易的文化特点，同时推崇人本位，彰显体恤弱势群体、注重和谐等社会功能。

养老行为　在养老理念的作用下，回族社会的养老是全方位和具体化的。赡养是最基础的，同时还尊重老人意愿，给予精神慰藉和情感交流。尊老的内容，不仅表现在老人的膳食、衣着、医疗等生活方面，而且表现在尊重老人的人格方面，诸如一日三餐，子女尽量满足老人的饮食喜好，老人不动筷，小辈不能先动手，小辈要不厌其烦地听从老人的训导指拨，遇有婚丧大事、修建宅院、购置家产、儿女外出等大事，一定要取得老人的同意，得到他们的“口唤”，等等，有的儿女礼拜、祈祷，还为双亲祷告。

顺城回族老人中，大多都保持着较好的宗教习俗。通常情况下，社区回族老人不承担家庭劳动，老年人离退休后或年迈之际都更多强化自我的宗教功修。如老年妇女到清真寺参加老年学经班学习，男子则参加每天的五番拜功。很多社区的回族老人利用自己的闲暇时间投身于清真寺的各类公益服务工作，有的参加清真寺管理委员会，负责日常清真寺的财务、教务、节庆、宣传等工作，有的则参加各类清真寺组织的念经班、诗歌文艺、科普宣传、健康义诊、社会援助、婚姻介绍等文化生活。[①]围绕清真寺宗教功修和社会活动，顺城老年人实现了社区自我角色转化，其养老行为超越了单纯的生命保障，更多的是自我生活的情趣追求和精神满足。

养老效果 从顺城社区回族养老的现状来看，其养老成效是十分显著的。不仅仅对于个体的生命健康有益，还强化了民族认同与社会关怀，缓和家庭矛盾，促进社区和谐。从个体角度看，养老理念和宗教文化实践及社会保障的加强，顺城回族老年人老有所养、老有所依，身体普遍健康，高寿老年人比较多。宗教生活和文化生活使得老年人心情愉悦，精神饱满。从群体和社会来看，老年人身体健康，心情愉悦，不仅实现了缓解家庭代际紧张关系，促使家庭关系和谐，还形成了老年人劳动力再利用、传统文化传承、社会矛盾化解等新兴的社会功能。

养老是家庭关系的晴雨表，是影响家庭社会关系的一个重要因素。即使在衣、食、住等有保障的情况下，穆斯林老人凡能从事力所能及的劳动，都不愿坐享其成。在访谈的20户家庭里，几乎没有不协助家人进行劳动的老人，有3户的老人经常参与手工业、商业等劳动；6户的老人有时参与，有时不参与；有12户的老人经常从事家务劳动，6户的老人有时参与，有时不参与。这种勤劳美德，既为家庭增加了财富，又增进了老人的身心健康。“我们帮帮他们（子女），他们也照顾我们”，老人与子女间的相互体谅和理解使大部分回族家庭的代际关系较为和谐，协调了家庭关系。

顺城回族老人还肩负着民族传统文化传承的重任。作为城市穆斯林，顺城回族居住集中，回族文化保存较好，清真寺是重要的回族伊斯兰教文化传承平台。伴随着城市改造，回族社区的瓦解，家庭教育的传统文化传承作用日益凸显，其作用不可小觑。一般有老人的家庭，无论对人生礼仪、社会公德以及对宗教的遵行，都保持了合乎中华民族和穆斯林优良传统的家风。其次，老人成为教育后人的楷模。顺城回族老人在生活中不嗜烟酒，不赌博，勤俭持家；在待人上克己忍

① 顺城社区内的回族老人承担了周围顺城、南城、金牛街、崇德、永宁五座清真寺的日常事务，参加各类清真寺开展的学习活动。如近期参加“庆祝抗日战争胜利七十周年昆明市伊斯兰教界文艺汇演”。

让，疼爱子女，公道宽厚，施舍济贫，与人为善；在宗教信仰上早起晚睡，勤于一日五次的礼拜，老人无言的身教，成为子女学习社会、学会生活、学人做人的榜样。

（二）养老模式变迁

随着工业化进程的加快，社会结构的不断变迁，家庭的类型、规模、结构也发生了变化，家庭养老的传统养老模式受到挑战，而机构养老也日渐进入老年人养老的选择视野。[①]中国的人口及社会学专家认为，在家庭养老功能不断弱化的形势下，应大力发展机构养老。在倡导政府主导的机构养老的同时，作为养老的主体如何整合传统，如何发挥社会力量，如何重构养老方式是亟待恢复的。

经济的快速发展，城市改造的持续推进，文化和媒体的传播使顺城社区回族的养老在传统传承中进行了调适与变迁。原先顺城回族通常采用老年人与儿女一起生活的养老方式。受家庭经济、身体健康、宗教意识等因素的影响，传统的核心家庭居家养老演变出夫妻居家养老、租房养老、伙食养老、家庭保姆自我养老、清真寺养老、养老院养老等新的养老方式。这些养老方式的出现并不是对传统居家养老的替代，而是出现新的养老观念与养老行为，使养老模式具有新的内容和文化意义。

夫妻养老　夫妻养老是夫妇二人相互依靠、相互照顾的养老方式。这一方式主要是因为家中多为独生子女，子女工作或居住条件受限而不能与父母同住。另外，老年夫妻身体相对健康，生活能够独立自主。子女多采用支付生活费的方式对父母进行供养。这样的夫妻养老在顺城回族中占一定比例，并逐渐成为主要的养老方式。

租房养老　顺城街拆迁改造，很多原住户选择了回迁，在新月花园回迁房中有住房。但是，很多回迁房面积较小，而且处于市商业中心，出租利润极大。所以，一部分回迁住户选择将自己的回迁房出租，收取租金，在清真寺附近的复兴

① 毕素华，陈如勇：《发展民办养老机构的若干思考》，《苏州大学学报》（哲社版）2005年第5期，第125～128页。

村、沿河路、崇仁街、国防路等街巷老住宅小区租房居住，一方面居住面积可以增加，离清真寺也近，另一方面租房相对便宜，可以获得部分盈余收入，还节约了物管和生活等开支。采用此种方式者多为老年人，儿女都有自己的住房，老人只是需要离清真寺近，就医方便，对居住条件要求不高。

拼伙养老　无论是在新月花园，还是顺城附近老小区居住的部分顺城街回族老人，有部分老人负责几个子女、孙子的日常伙食，大家缴纳伙食费用，一起开伙。通过拼伙食，几个子女、几代人与老人天天进行接触，既解决了儿孙辈自身吃饭难题，又可以共同负担老人的生活和情感安慰，实为一种较好的养老方式。这样的养老方式，灵活方便，老人与儿孙有自己的独立空间，儿女之间对父母的养老能够达成一致，且都能够有所表示，代际家庭关系极为和谐。采用此种养老方式的家庭多为儿女与父母居住于同一小区或距离近，儿女与父母，孙子与祖辈的空间活动形成了以父母为核心，儿女、孙子的工作学习围绕父母居所较近的特点。

保姆养老　在一些儿女工作繁忙，老人独立生活能力相对弱且为独身老人的条件下，一部分家庭采用聘请保姆的方式对老人进行养老。在传统观念里，聘请保姆是被社会所唾弃的，因为穆斯林认为人人都是平等的。与其他群体不同的是，顺城回族聘请保姆多只是从事洗衣做饭工作，如遇重大疾病，照料老人通常还是由儿女自己负责。这样的养老方式在顺城回族中极为少见，传统观念还难以接受这样的养老方式。

清真寺养老　宗教团体为社会提供养老服务是宗教公益慈善事业的重要组成部分，适应社会发展的需要，有利于促进社会和谐。宗教界参与养老服务的价值可以理解为宗教组织在提供养老服务和兴办养老公益事业中的有用性，具体表现为宗教界参与养老服务具有其他社会力量难以比拟的优势。[①]清真寺作为回族群众主要的宗教场所，还发挥着社会慈善及弱势群体关怀的重要作用。针对一些鳏寡孤独弱势群体，各级民政部门帮扶及体恤金仅能够帮助困难群众解决基本的生活困难。清真寺开展慈善捐赠、组织丧葬活动、提供老年社会服务

---

① 李沫：《对宗教界参与养老服务的思考》，《中国宗教》2015年，第61页。

等在实际生活中关怀老年弱势者，对其进行实际的养老服务。在顺城回族中这样的特殊家庭极少，在清真寺养老更多的是精神层面的安慰和情感交流，是地方性历史传统的传承。

养老院养老 受现代市民文化影响，顺城回族养老模式中出现了进入养老院集中养老的新养老方式。2008年，昆明市伊斯兰教协会在南城清真寺穆斯林大厦兴办昆明穆斯林养老院，为昆明市辖区内回族老人养老提供用餐、住宿、医疗等服务。养老院每月收费800元，有专门的医护、保洁、家政工作人员进行服务。一些原先居住于顺城街的回族老人部分进入养老院集中养老，既经济又方便礼拜、封斋，为老人们提供交流平台。

在顺城回族养老的多元模式现实中，养老责任主体、服务主体、享受主体、参与主体、行为主体的差异是形成众多养老方式并存的一个重要依据。养老不单单是国家、社会和家庭的责任，其参与者也不仅是老人和亲属，经济状况、文化背景、个人意愿、城市化这些因素越来越左右顺城回族养老未来的变迁方向。众多新兴养老方式出现的主要原因在于，一方面受到传统回族养老观影响，另一方面考虑到实际问题，老人生活自理能力有限，日常生活和疾病照顾必须依赖儿女，还有的家庭是儿女没有房屋居住，只能与老人同住。一部分老人有独立生活自理能力，身体健康，生活大多没有什么顾虑，大部分老人都有一定的经济来源（退休工资、经营收入），或者仅需要儿女提供部分经济支持、心理交流和精神安慰。这些老人则采用与儿女分离独自居住的养老方式。还有部分老人没有了儿女，城市更新顺城拆迁后没有回迁或者将回迁房转租，利用回迁房收入另租房屋，或者选择了社会养老院的自我养老方式。

四 结论

在不可逆转的城市化影响下，都市穆斯林的传统文化面临着重大的文化抉择和生存挑战。顺城回族围绕养老这一传统话题而展开的文化变迁、传统调适、宗教干预，显现了城市化下回族群体的文化调适与生存策略。多元养老模式的出现，有效地弥合了传统与现代、经济与文化之间的鸿沟。采用灵活多样的养老行为来积极应对文化变迁的冲击力，在尊重传统理念的前提下进行文化传袭和宗教实践，强化养老的主体意愿，最大限度地实现养老的经济化、人性化及理想化。通过多元养老模式的途径，一改养老负面社会印象，不仅缓解了社会矛盾和家庭经济压力，而且能够使老年人的社会角色和功能进行再利用。在这一养老模式的传承与重构过程中，民族性与时代性的交叉影响促成了顺城回族独具特色的养老方式和内容，使“个人隐私、家庭关系、社会问题”等养老议题的讨论变得鲜活而具社会意义。在此，顺城回族养老所诠释的文化实践和文化理性对于探讨都市少数民族社会适应问题有着重要的启示意义。

参考文献

1. 曼素尔编，陈克礼译：《圣训经》，清真书报社，1954。

2. 马坚译：《古兰经》，中国社会科学出版社，1981。

3. 马寿荣：《都市化过程中民族社区经济活动的变迁——昆明市顺城街回族社区的个案研究》，《云南民族大学学报》2003年第6期。

4. 李士梅：《中国养老模式的多元化发展》，《人口学刊》2007年第5期。

5. 苏雪：《民俗与养老——借鉴回族养老习俗解决同心县养老问题的思考》，《合肥学院学报》（哲社版）2010年第4期。

6. 陈昫：《城市老年人精神养老研究》《武汉大学学报》（哲社版）2014年第4期。

松华坝水库一级保护区老年移民群体生存状况调查报告[①]

陈春艳

昆明市曾一度被列为“全国14个严重缺水的城市之一”[②]。近年来，为了强化生态建设、治理水环境、保障水资源质量和促进水资源的可持续利用，昆明市逐步在全市范围内推行将一、二级水源保护区内的农业人口“转户”为城镇居民的计划。松华坝水源保护区一直是昆明地区的主要供水源之一，其涵盖范围包括松华坝水库和松华坝水库汇水面积中嵩明县的大哨乡、白邑乡、阿子营乡，官渡区的双哨乡、小河乡、双龙乡的麦地塘办事处和乌龙、庄房办事处的11个村，龙泉镇上坝办事处和中坝办事处在松华坝水库以上的山地。[③]松华坝水源保护区占地面积为629.8km^2，一共被划分为三级保护区域，其中一级保护区的占地面积为27.02km^2，二级保护区的占地面积为259.24km^2，三级保护区的占地面积为343.54km^2。自2012年起，昆明市便开始在松华坝水源保护区内贯彻执行将农业人口转移进城的计划，计划在2015年以前逐步地将保护区内的原农业人口迁移至昆明市主城四区（除呈贡外）、三个国家级开发（度假）区，以及周边城镇。[④]2012年3月25日，松华坝水库一级保护区移民搬迁安置工作正式启动，该

① 本文是云南省社会科学院2015年院级一般项目“昆明城区少数民族工程移民的城市适应问题调查”的阶段性成果。

② 李自良：《昆明着力解决城市供水问题记实》，昆明新华社，2001-10-30. http://www.people.com.cn/GB/huanbao/20011030/593633.html。

③ 昆明市滇池保护委员会办公室：《昆明市松华坝水源保护区管理规定》，1989年12月29日，昆政发（1989）274号。

④ 昆明市农村工作领导小组办公室、昆明市统筹城乡建设工作委员会办公室：《昆明市关于促进松华坝一级保护区农业人口转移进城的实施意见》，2012-8-20。

区的移民搬迁主要涉及龙泉、双龙、松华街道和托管的滇源、阿子营街道，共15个村民小组，需搬迁1292户共3080人，移民搬迁采取城市化集中安置方式，按照昆明市委、市政府的统一安排，在位于盘龙区茨坝街道办事处的蒜村附近建盖起了建筑面积总共为10.3万平方米、拥有1670套房屋的德惠小区作为移民安置房，按移民人均30平方米分配到户，截止至2012年10月底，已有1197户移民签订了财产补贴协议，其中有1160户移民已搬迁至德惠小区居住。[①]在2015年8月至2016年3月期间，笔者一直在关注德惠小区移民搬迁户的生活状况，在对来自三潮水、三丘田、前石洞、后石洞、老白龙5个村民小组的数十户汉、苗移民进行入户走访调查之后，笔者发现虽然上述移民搬迁户入住德惠小区已长达4年之久，但是其中的老年移民群体[②]依旧难以适应搬迁后的城市生活，这主要表现在如下几个方面。

一 儿女们正在经历一场中年危机

在搬迁至德惠小区以前，原居住于三潮水、三丘田、前石洞、后石洞、老白龙5个村民小组的移民搬迁户多半以种地和养殖为生，很少有人会选择外出打工。自2012年搬迁至德惠小区以后，他们由农业人口“转户”成为城镇居民，每人每月能领取到500元的生活补助金，可持续领取20年，如领取时间不足20年便去世，可由其家属代为领取。在此基础上，市人社部门还会定期组织移民搬迁户参加一些技能培训或创业培训，对自谋职业者给予一次性1000元的补贴，为创业者提供贴息贷款，5年内减免各种税费，同时，还鼓励搬迁户外出租地就业，对在水源保护区以外租地进行种养殖的按每年每亩500元给予扶持，补助年限最长为5年，对“4050人员”“零就业家庭”成员以及残疾人等提供公益性岗位安置和就业援助帮扶，安排50%以上的就业困难人员进入公益性岗位就业。[③]但是，

① 刘晓，莫衍，邹腊：《千户松华坝村民喜迁新居》，昆明日报，2012-10-25.http://news.163.com/12/1025/02/8EKK27GK00014AED.html.

② 主要指年龄大于60周岁的人员。

③ 昆明市农村工作领导小组办公室、昆明市统筹城乡建设工作委员会办公室：《昆明市关于促进松华坝一级保护区农业人口转移进城的实施意见》，2012-8-20。

仅有少数受过初高中教育，且适应能力较强的年轻人能够真正享受到上述政策所带来的实惠和福利。其中，一些人通过人社部门组织的就业培训和招聘会，在昆明市区找到了一份较为体面和固定的工作（如月嫂、星级酒店的服务员等等）。一些人在相关政策的鼓励下开始外出租地进行养殖，几年下来，收入非常可观。因为收入相对固定，所以相较于一般人而言，他们通常能够更快地适应新的城市生活。

对于年龄超过40岁，而又不足60岁的群体而言，只能靠打零工为生。其中，一些人会选择在家附近的烟厂打工，女的可以做些贴商标、清洁的工作，男的可以搬运货物，他们的工资一般按日结算，每日的收入为50～100元，工作时间是周一至周五的9：00至17：00。一些人会外出找些建筑、修路和绿化的工作做，工资也是按日结算，每日的收入有40～50元。如果暂时找不到上述一些工作，有些有私家车的人家也偶尔会接一些拉人或者拉货的活，以补贴家用。

案例一①

家庭信息：户主，ZYH，男，42岁，自由职业者；ZSX，女，ZYH的妻子，41岁，自由职业者。ZYH与ZSX育有一儿一女，女儿ZXM现年17岁，在昆明某职业技术学校念中专二年级，儿子ZXJ现年7岁，在ZG附小上小学一年级。

家庭收支情况：如有空闲，ZYH夫妻俩会外出打零工，去年ZYH当过建筑工人，偶尔也会接一些绿化的活，今年因为儿子开始上一年级，早晚要接送孩子，所以ZYH没有外出工作，ZYH家早在2012年就买了一辆面包车，有时ZYH会接一些拉人或者拉货的活，以此补贴家用。最近几年，ZSX一直在家附近的烟厂做保洁，工作时间是周一至周六，基本工资是60元/天，加上路费和住宿补助，每天的收入可以达到80～90元。尽管如此，ZYH夫妇仍表示他们夫妻俩的收入加起来依然无法支付孩子们所需的教育费用和家庭的日常开支。其中，儿女的教育支出情况如下：女儿学费第一年为7600元，第二年为6000元，每周的生活费是140～160元，儿子尚在义务教育阶段，不需要支付学费，但是每月必须向学

① 调查时间：2015年11月7日，调查地点：德惠小区。

校缴纳中餐费180元。家庭日常支出情况如下：水电费，约130元/月；煤气费，每次花160元买100立方米，可以用2～3月。

ZYH："在城里生活压力实在是太大了，做什么都需要出钱，自从搬进城里以后，我们夫妻两个一直没有闲着，但还是觉得赚的钱不够用。在城里，像我儿子那么大的小孩子，只要家里经济条件允许，一般都会在周末和假期送去补习，或者送去兴趣班学一些特长，我们家经济负担重，大女儿还在读书，我们也没有什么闲钱，所以我儿子没有像其他小孩子那样去参加补习班或者兴趣班，有时候他也会回来哭闹，问我们为什么他不能像其他同学那样去学画画，学跆拳道，我们听着心里不是滋味，但是也没有办法，都怪自己没本事。"

在德惠小区，和ZYH情况相似的家庭不在少数，相较于年轻人来说，他们面临的生活压力更大。在调查过程中，有很多受访者曾不止一次向笔者反映过一个问题，即在居住于德惠小区的移民搬迁户中，即将迈入老年阶段的群体正在经历着一场中年危机，一方面，他们无法获得一份稳定的工作，经常入不敷出；另一方面，他们上有老、下有小，要承担着照顾妻儿、老小的责任。

WHH："以前在老家的时候老人活到八九十岁都很正常，自从搬来以后，死了很多人了，仅去年就死了七八个人，他们去世的年龄都不大，有的人40多、50多岁就去世了。"①

ZML："最奇怪的是我家大爹家的3个儿子在去年全死了，中间只间隔一两个月，他们年龄都不大，最小的那个48岁，大的也才53岁，留下我大爹、大妈两个人孤零零的，实在太可怜了。"②

有时候，大家会聚在一起分析同乡们早逝的原因，觉得主要有三个方面的原因：一是食品安全问题。二是收入不稳定，经济压力大。三是不适应城里的环境，孤独、抑郁所致。③

ZYH："老家的菜好吃，是纯天然的，城里的菜有农药，吃了对身体不

① 调查时间：2015年11月7日。调查地点：德惠小区。调查对象：WHH，女，56岁。
② 调查时间：2015年11月7日。调查地点：德惠小区。调查对象：ZML，男，29岁。
③ 调查时间：2015年11月7日。调查地点：德惠小区。调查对象：ZYH、GMJ、CDP、YLM。

好，我们在老家，泉水是可以直接就捧着喝的，这里的水就不行，水管里放出来的水我们都不敢喝，只有天天喝矿泉水，如果家里人多的话，顶多一两天一桶水就喝完了。”

GMJ：“年轻一点的人还好，不管是什么新鲜的东西学习起来都比较快，只要不懒，一般都能找到一些好一点的工作，赚的钱也多一点，上了40岁的，特别是那种50多岁的，大半辈子都生活在山上，没见过什么世面，什么都不会，只能做一些出卖体力的活计，又苦又累不说，关键是还赚不了多少钱，家里老的老、小的小，全等着他赚钱养活，那种人的经济压力就特别大，身累、心也累，一不小心身体就垮掉了，万一哪天生了什么重病，没有几年就走了，很快整个家也就跟着垮了。”

CDP：“在老家可以到处串串门，到亲戚朋友家里坐坐，现在谁家都小，不方便去，以前在老家的时候就算不去串门，也可以到处去走走，现在搬来这里以后老人们都不敢出门，怕出去了就找不回来！”

YLM：“有的人到现在都不习惯，想念在老家的生活，每天的心情都不好，时间长了肯定是会生病的吧。”

一些收入暂时比较稳定，且年龄在50岁左右的受访者在讲述同年龄段的同乡们所面临的上述问题时，表示压力非常大。

ZBM，男，58岁，德惠小区保安，收入为1600元/月。“搬进城里以后，年轻一点的还好，可以找到一份固定的工作，收入也比较稳定，老一点的，像40多岁、50多岁的那些，只能打点零工，赚不到什么钱，连家也养不了，有的人在山上的时候身体还好好的，说来也奇怪，来了城里没有几年，年纪轻轻的就得病死了，你说留下一家老小，怎么办？我也是50多岁的人了，眼看马上就60岁了，我最近两年也开始急了，别看我现在每个月是可以领着1600元的工资，暂时还可以帮着儿女们一点，但是等我到了60岁，如果人家嫌我年纪大，不让我当保安了，这点收入就没有了，人家不要我了我也没办法。”[①]

为了减轻儿女们的负担，很多身体状况良好且年过60周岁的老人并没有闲下

① 调查时间：2015年11月7日。调查地点：德惠小区。

来，他们一直在以自己的方式去努力地赚取微薄的收入，以补贴家用。

案例二[①]

家庭信息：LMH，户主，男，63岁；ZLP，女，LMH的妻子，61岁；LMH与ZLP育有两儿一女，儿女已全部成家，目前LMH与ZLP和大儿子一起居住。一般情况下，LMH与ZLP会视两个儿子的作息时间来灵活安排自己的时间，如果儿子、儿媳们都外出打工，他们就留守在家中负责照看孙儿、孙女和料理家务，到了儿子、儿媳们休假的时候，他们又会趁机外出找些修路、种树、绿化、保洁的兼职去做，每日的收入有40～50元不等，到了老家山上产菌子的季节，或者是板栗、水果成熟的季节，他们又会返回老家拾菌子、板栗，采摘水果到小区门口卖。

LMH："在城市里生活跟在农村不一样，孩子们在城里生活压力大，他们嘴上不说，但是我们看得出来的，能帮一点是一点，再说我们也还不算老嘛，现在就闲下来的话自己都说不过去，在我们老家，比我们大的老人，有很多七八十岁的人都还要挖地、浇水、种菜，我们现在就闲下来的话有点说不过去。"

ZLP："天天闲着也还是无聊的，像我们村有些年轻人，三四十岁那种，觉得自己家里拿了十多万的拆迁款，觉得钱多了，也不想着出去找活做，天天打麻将、赌钱，迟早会坐吃山空的，看他老了怎么办，到老了，没钱了才知道急了，起什么作用？我们家的儿女都很争气，他们只要能找到事情做都不会闲着，一个月在外面打工也能挣下好几千了，儿女都这么懂事，我们做老的肯定要帮衬着点才行嘛，再说动动也好，就当是锻炼身体了，多动动对身体好，要是一直到老了都健健康康的，真算是一种福气，自己不受罪，也不拖累儿女。"

案例三[②]

家庭信息：HRD，户主，男，74岁；ZDP，女，HRD的妻子，69岁；HRD与ZDP育有3儿2女，儿女已全部成家，全家一共在德惠小区分到6套住房，除

① 调查时间：2016年3月15日。调查地点：德惠小区。

② 调查时间：2016年3月21日。调查地点：德惠小区。

一个女儿生活在澄江以外，其余儿女全部居住在德惠小区。虽然年事已高，但HRD与ZDP并没有选择和任何儿女们居住在一起。

HRD："我们老两口年纪都不小了，但是我们身体都好好的，没病没痛的，自己能照顾好自己，儿女们都各有各的事，有时候他们连自己都管不过来，哪里有那么多精力来管我们。就拿我们家第二个儿子来说，他才50多岁，他媳妇去年检查出癌症了，他们有两个娃娃，大儿子还没有娶媳妇，小女儿还在上大学，你想想，他们生活负担有多重？我们老两口商量了一下，也帮不了他们什么，只有把我每个月的500元生活补贴拿去支持他们了，只要我们老两口不生病的话，也用不了多少钱，省着点，够花了。"

ZDP："我年轻的时候针线活就做得好，现在眼睛不好了，但是也能做点简单的针线活，有一次我坐在小区的凉亭绣鞋垫，小区里的老人看到了，就叫我帮他们绣，绣一双，有20～25元，身体好的时候，我一个月可以绣8～10双，算起来，也能赚不少钱呢，可以拿去买点米，买点油，也算能自食其力，等年纪再大一点，等眼睛看不见的时候，我就不知道该怎么办了！"

二　难以重建新的社会网络

在"转户"为城镇居民以前，老人们主要生活在农村地区，农村是一个熟人社会，邻里之间彼此都互相熟悉和了解。进入城市以后，因为地域的区隔，他们曾经在农村所建立起来的由熟人所组成的社会网络发生了断裂，要想适应城市生活，亟需重建起新的社会网络，但是，对于年迈体弱的老人们而言，是一件非常困难的事，可以从如下三个方面来分析其中的原因。

第一，老人们的人际关系单一，平时接触的人群仅限于家人和邻里。

LSZ，男，65岁："以前我们在山上的时候，村长、乡长会经常组织我们开会，现在遇到事情了也不知道去哪里找人，不知道可以找谁。现在有什么事情就是在小区门口贴个通知，通知大家自己去办，像我们这种老人一般都不识字，看不懂那上面写的是什么，很多事情认都认不得就过去了，等知道了就来不及了。”[1]

CLF，女，71岁：“以前遇到什么事情可以找村长，现在哪里还有什么村长，有事情找哪个都不知道，去找以前的村长，他说现在不归他管，他也没告诉我们该找哪个，我们有时候也会去找居委会，居委会也分着上下班时间，下班以后人家提着包就走了，周末还连着两天都不上班，真遇到事情了能去哪里找人？”[2]

ZXH，女，61岁：“前两天天气冷，我在家做晚饭，洗着洗着菜就发现水越来越小，最后停了，问邻居，邻居家说有水的，说有可能是楼下的水表被冻裂了，刚好我儿子他们又不在家，我跑下楼去看水表，不得了，水表真的是被冻裂了，那个水喷得有2米多高，我不知道该去找谁，去找物管、居委会，他们都已经下班了，一个人都找不到，过了半天那个物管的人才过来看，他们帮着打了自来水公司的电话，在水表修好以前，那个水白白地淌了2个多小时，这个不是浪费吗？”[3]

第二，老人们对环境的认知和适应能力不强，活动范围仅限于小区周边。

ZDP，男，73岁：“在农村，只要有钱，我们想盖什么样的房子就盖什么样的房子，城里不一样，为了好看，家家的房子都一样，刚搬来的时候，我和老伴吃完饭出去散个步都不敢走远，只敢围着自己家附近那栋楼转圈圈，转的圈数多了，头都会发晕，我哪里敢走远，走远了就找不回来了。记得有一次我一个人去小区超市买东西，回来的时候我就记不清我家是在几楼了，连个手机都没有带，不知道怎么办，我就在楼下等着，后来我儿子看我半天不回去，就下来找我，你说说，丢不丢人，家都找不着了。现在嘛，在这里住的时间长了，哪里是哪里基本还是知道的，像一些年纪再大一点的，住了几年都是一样，到现在了连东南西北都分不清，没有儿女陪着就不敢下来瞎转。”[4]

JXH，女，66岁：“前两天有个老头去蒜村那边买东西，过马路的时候

---

① 调查时间：2016年1月31日。调查地点：德惠小区。

② 调查时间：2016年1月31日。调查地点：德惠小区。

③ 调查时间：2016年1月31日。调查地点：德惠小区。

④ 调查时间：2016年3月15日。调查地点：德惠小区。

被车撞了，到现在都还躺在医院昏迷不醒，把我们这些老人家吓得不轻，大家就商量说以后没重要的事情就不要出去外面晃啦，就在小区里面走走就行了，需要什么打电话给儿女让他们买回来就是了，要不然实在没办法的话几个人约着一起去也行，就是不要自己一个人单独出门，年纪大了，出了什么事自己受罪不说还要去拖累儿女，儿女在外面赚点钱也不容易，他们压力也大。”①

第三，部分老人的儿女英年早逝，他们在情感和生活上失去了依靠。

ZXM，女，66岁：“我老伴在7年前就去了，眼看着我们搬了新家，住进了城里，想着好日子要来了，但是没想到啊，前年我儿子得病死了，去年我孙女也得病死了，现在就只剩下我和儿媳妇两个人相依为命了。儿子和孙女都死在了我前头，想不通啊，我天天气，天天哭，最后也把自己折腾病了，得了肺气肿，每天要大把大把的吃药。我儿媳妇人很好，都是她一直在照顾我，像女儿一样，她还年轻，才40多岁，我常劝她‘你还年轻，别把自己耽误了，遇到合适的，就嫁了，身边要有个男人才行’，但是她说她这辈子就只想守着我过了，半年前，她从老家讨了一个娃娃回来养，现在我和我儿媳妇就指望着这个娃娃过日子了。”②

ZXL，男，65岁：“我们老两口有两个儿子、两个女儿，大儿子前年脑梗死掉了，小女儿身体也不好，有心脏病。原来我们老两口是和大儿子一起住的，大儿子死了以后我们就单独出来住啦，我们在小区里也有一套一室一厅的房子，本来一直都是租出去的，一个月还有1000多元的房租，都是大儿子管着，后来大儿子不在了，儿媳妇要管孙子、孙女，家里事情也多，我们不想再让她多操一份心，也不想让其他儿女受累，他们大了，各家都有各家的事，所以我们就把房子收回来，单独搬出去住。我们年纪还不算太大，可以自己照顾自己。以前和大儿子儿媳住在一起的时候还互相有个照应，现在虽然其他儿女、孙辈们都还在德惠小区住着，但是他们白天上班的上班，上学的上学，早出晚归的，晚上回来了

① 调查时间：2016年3月15日。调查地点：德惠小区。

② 调查时间：2016年3月21日。调查地点：德惠小区。

也都累了，没有时间和精力管我们，一年也难得见上几回，平时遇到什么事都是我们自己解决，实在解决不了的，才会打电话去找他们。以前我们一直都是和大儿子一起过的，我们那套房子的房租一直是大儿子在收，如果大儿子还活着的话，他肯定是要给我们养老送终的，大儿子死了以后，其他儿女一直都没找我们商量养老送终的事。算了，过一天算一天了，如果哪天我们老两口真死掉了，我不信儿女们会不管我们的身后事，现在哪里还敢去和他们计较来不来看我们这种小事，只要他们都好好的、千万别再出什么乱子就好了，我们老两口互相做个伴得了，儿女们都不容易，大儿子已经不在了，我们只想着剩下的三个儿女都健健康康的就行了，不想再遇到白发人送黑发人的事啦，这种事经历过一回就够了。”[①]

三　依旧留恋原居住地的生活

老人们对原居住地的生活有着一种难以割舍的留恋之情，每当空闲时，他们总会聚在一起回忆原居住地的生活。

LH，男，62岁：“还是老家好，有山有水的，一年四季都有新鲜的瓜果蔬菜吃，能玩的地方也多，天高地阔、无拘无束的，现在嘛，老家是回不去了，只能每天和要好点的老乡凑在一起讲讲以前在老家的那些事，只能练练嘴皮子，在嘴上过过瘾了。我们平时最喜欢去的地方就是小区的凉亭，还有就是社区居委会那边的那块空地上，只要想家了，去那两个地方总能找到一些老乡说说话，说说以前在山上的生活，有时候大家讲着讲着，就会觉得心里很苦，眼泪就会不自觉地掉下来。”[②]

2016年1月31日上午，笔者前往德惠小区做调查，偶见一群老人在小区里升起了一堆火，有一群老人围着火堆坐成一圈，男的伸着双手取暖，女的不停地往火堆扔着干辣椒，等辣椒被烤成黑色，又用旁边的木棍将辣椒从火堆中刨

① 调查时间：2016年3月21日。调查地点：德惠小区。
② 调查时间：2015年11月7日。调查地点：德惠小区。

出，趁热捡了放进事先准备好的塑料袋里，不一会儿就烤好了半袋子。其中一个老太太告诉笔者："我们几个就爱吃这种辣子，不得吃心里怪难受，我们几个过一段时间就来这里升堆火烧辣子，烧一口袋就够吃个把星期了，有的时候被物管看见了，就强行地把我们的火灭了，说是小区里不让生火，我们和他们已经吵过好几次架了。现在嘛，我们想烧就烧，他们也懒得管我们了，你说我们能怎么办嘛。以前在老家的时候，想在哪里烧就在哪里烧，想什么时候烧就什么时候烧，来了这里还要看人脸色，又不是我们愿意搬来这里的，让我们搬过来又不准我们做我们喜欢做的事，这讲不通嘛！冬天冷，我们在这里生堆火，大家可以过来烤烤火、说说话，回忆回忆以前的生活，我们顺便还能烧点辣椒，多热闹啊，你看这样子大家多高兴啊，我们以前在山上的时候还不就是这样子的。"①

如果条件允许，有些老人会定期回乡看看。

XLP，女，68岁："儿女们也都大了，他们各自都有自己的家，以前我和老伴是自己单独出来住的，没有和儿女们住在一起，两个人的话还能互相做个伴，自从去年老伴去世了，我一个人很孤单，有的时候会非常想家，想老家的山山水水、花草树木，我大半辈子都是在山里度过的。去年，我自己一个人去车站坐车回老家了，我在老家的山上栽了几棵椿树，过一段时间我就会回去看看椿树长多高了，顺便浇浇水，像我这个年纪的人，如果现在还生活在山上的话，是不会像现在这样完全闲下来的，每天还要挑水浇地、种菜，做农活，在这里闲着我闲不住。"②

与此同时，定期返乡采购食品，逐渐成为一些老人的日常生活习惯。

XT，男，64岁："我们自己家里有车，想家的时候，趁着儿女们有空，就让他们送我和老伴回去走走、看看，很方便，现在到我们老家的路很好走，很快就到了，回来的时候我们会顺便买一些吃的东西带回来，我们就爱吃老家的东

① 调查地点：德惠小区。调查对象：BLF，女，67岁。

② 调查时间：2016年3月15日。调查地点：德惠小区。

西，以前吃了几十年都吃习惯了，时间长了吃不到心里就会难受。老家那边的亲戚朋友结婚、老人死了，都要请客的，只要有时间，我们是一定要回老家做客的，一年单是做客就要回去好几回，每次走的时候亲戚朋友都会拿很多东西让我们带回去吃，有米、肉、菜，每次都会把后备厢装得满满的，我们那些亲戚朋友老是说'城里是好，是什么都能买到，但是没有我们山上的东西好吃，难得回来一次，多带点回去慢慢吃'。现在，我家冰箱里还装着很多猪排骨和牛肉，都是前两天回老家吃杀猪饭的时候亲戚给的。没有几天就要过年了，等过两天我儿子休假了，我们还要回老家一趟的，买些东西回来准备过年，你还真别说，城里的东西还就是没有老家的好吃，吃着一点香味也没有，我们还就爱吃老家的东西，无论如何，每到过年过节前我们肯定是要回去一趟的。很多老乡都和我们一样，只要是条件稍微好一点的人家，逢年过节前都要赶回老家买些吃的进城，年轻一些的人可能会认为我们这些老的太麻烦了，去哪里买不都是一样，但是我们老一点的人就会觉得只有吃着从老家买来的东西，才有过节的感觉。"①

四　始终无法找到归属感

长期以来，老人们始终无法在城市生活中找到归属感，他们一直觉得自己仅仅是从农村进入城市的搬迁户，他们丝毫不认为自己就是"城里人"，不仅在生活方式上显得与当地居民格格不入，有时还会与当地居民发生剧烈冲突。

ZZM，男，61岁："我们搬来已经4年多了，但是没有感觉到自己是城里人，觉得自己还是农民，只能打零工，做些脏、累的活。虽然我们这些人是从山里搬来的，但是有时候买卖东西差个一二十元的，只要说清楚了，都可以不要的。"②

WML，女，63岁："我们小区门口是隔壁村的地盘，每天会有人过来收摊位费，收多少由他们定，有时候我们在门口卖菌，就几两菌，他们都要收5元、

① 调查时间：2016年1月31日。调查地点：德惠小区。

② 调查时间：2016年3月15日。调查地点：德惠小区。

10元摊位费，我们去山上捡菌子也是有成本的嘛，每天早出晚归的，在山上辛辛苦苦地跑一天才能捡到几两菌，单来回的路费就要二三十元，再交个5元、10元摊位费，几乎赚不到什么钱了，所以我们的人经常为摊位费和他们发生争执，甚至还动手打过架。他们有时还会叫小区的物管来赶我们走，说我们影响市容，可是我们走了，他们的人也还在那里摆摊卖水果、蔬菜，他们就不影响市容吗？这不公平！”①

久而久之，很多老人就萌生出了一种受骗上当的感觉，他们认为自己当初的搬迁行为是错误的，如果继续留在农村生活的话肯定会比现在幸福得多。

ZXD，男，62岁：“昆明有很多小区，但是没有一个小区的环境会像我们这里差，这个小区太像是没有完工就交房的了，每一层的楼道到现在连瓷砖都没有贴，还是坑坑洼洼的，不平，还没有我们农村住的那种老房子的地平坦，平时走路都要担心会不会摔倒，我们这个小区的老人还是多的，万一哪天真有老人摔伤了，算谁的。电梯也存在安全隐患，有一次我坐电梯就从10楼掉到了7楼，那次真把我吓死了，但是我看一直没有人修。再看看小区的绿化，绿化带里的草都快死光了，也没有人管，小区里的车平时都乱停乱放的，有的车还停进了绿化带。你说把我们安排在这么一个地方，我们会觉得自己是城里人吗？相比之下，我们的居住条件要比昆明的其他小区差远了，我们在没搬以前总觉得城市生活还是很美好的，没想到是这样的！要是早知道情况会像今天这个这样，还不如当初就留在山上自由自在的好！”②

GMH，男，60岁：“搬迁以前，曾经承诺说要为每个搬迁户提供一个固定岗位，我们总以为真的是可以捧上铁饭碗啦，可是搬迁以后才发现所谓的‘固定岗位’就是月嫂、保安之类的工作，这类工作跟我们自己出去打零工并没有什么区别，年轻一点的出去打工还要好一点，像我们这种上了60岁的就难找工作了，只有撒谎，跟人家说自己50出头人家才要，要是说真实年纪的话人家肯

① 调查时间：2016年3月21日。调查地点：德惠小区。

② 调查时间：2015年11月7日。调查地点：德惠小区。

定不敢要。”①

XYR，女，67岁：“以前我们在山上的时候，一星期兜里不装一分钱也可以很好地生活，一年四季都有吃不完的腊肉、鸡，自家都种有水果、蔬菜、板栗什么的，想吃多少就吃多少，搬进城里以后什么都要花钱，上厕所都要出钱，菜贵，肉也贵，反正是出门就要花钱，我平时都是把洗米、洗碗、洗脸、洗脚的水攒着冲厕所，我家孩子老说我，他们不习惯，如果是在农村的话，哪里用得着像这样。”②

五　结语

一直以来，相关部门针对德惠小区的移民搬迁户所实施的养老方案是：“为60岁以上的老年人购买居民养老保险，纳入城市居民最低生活保障和老年人生活补助，每人每月不低于400元；60岁以上随子女转户进城的老年人，按年龄分五档享受100元至180元老年人生活补助，符合享受高龄保健补助的80周岁及以上的老年人继续执行高龄保健补贴政策；60岁以上的老年人，根据意愿，可由市民政部门协调转入地安置到老年公寓、敬老院集中供养或在水源区腾出的民房内就近集中供养。”③该方案旨在为老年移民群体提供经济保障，却忽略了对老年移民群体的日常生活照料和精神慰藉，这是导致老年移民群体始终难以适应城市生活的一个重要原因。应该尽快建立起以家庭和社区为依托的老年移民精神支持网络，以帮助他们更好地适应异地的老年生活。在具体措施上，首先，相关部门要充分认识到移民不同于一般的农民群体，由于土地缺失、与家庭成员分散等因素，他们比一般的农民群体具有更大的养老风险，他们更容易因为收入不足而承受更大的经济压力，而较大的经济压力会引发一些健康问题，最终因病致贫，应及时对生活困难的移民进行救助，让其早日走出困境。

① 调查时间：2016年3月15日。调查地点：德惠小区。

② 调查时间：2016年3月21日。调查地点：德惠小区。

③ 昆明市农村工作领导小组办公室、昆明市统筹城乡建设工作委员会办公室：《昆明市关于促进松华坝一级保护区农业人口转移进城的实施意见》，2012-8-20。

其次，相关部门应该尽快制订出一套为老年移民群体提供精神慰藉的方案，并使之成为正式社会保障制度的有力补充。再次，社区居委会应该定期组织人员进行家访，鼓励移民子女多陪伴父母，因为子女提供的亲情温暖是任何人都不能替代的。最后，应该对无子女老人的精神健康问题给予足够的关注和重视，由社区支持无子女老人参加各种老年活动，扩大他们的交际范围，使他们得到足够的精神支持，安享晚年。

昆明市“全域城镇化”背景下涉农社区少数民族养老问题研究①

和红灿

随着城镇化建设力度的不断加大，更多的农村社区劳动力离开了土地从事非农行业，过去那种以家庭成员间相互合作为基础的经济生产关系完全被打破，每个年轻的家庭成员（劳动力）都成为独立的经济个体，老人们不再扮演生产的组织者和产品分配者的角色。文化上，老年人不再成为当今农村社会的文化权威，正如美国人类学家玛格丽特·米德所言的“同塑型”或“后塑型”社会已经在当今中国农村社区产生。经济和文化关系的变化，使得农村社区的家庭结构发生了重大改变，在这样的背景下，养老问题成为一个需要关注和探讨的问题。

一　调查点基本情况

本次调查点为昆明市西山区团结街道办事处白眉社区。西山区团结街道办事处，1958年成立团结人民公社，因辖区内有世居民族彝族、白族、汉族、苗族等，希望实现民族团结，故取“团结”二字。2005年，由团结彝族白族乡和谷律彝族白族乡合并建立了团结镇，随着城镇化进程的不断加快，又于2009年7月撤销团结镇成立了街道办事处。团结街道办事处位于昆明市西郊，平均海拔2195米，年平均气温13.2摄氏度，总面积424.66平方公里，占西山区总面积的48.3%，

① 本研究为云南省社会科学院2015年度院级课题“昆明市全域城镇化进程中主城区少数民族生活方式变研究”阶段性成果。

耕地面积3.2万亩，共辖16个社区居委会，119个居民小组，136个自然村，居住有彝、白、汉、苗4个世居民族，总人口31737人。其中，彝族16015人，白族5647人，汉族9013人，苗族945人，其他民族117人，少数民族人口比例占到总人口的72%。白眉社区位于团结街道办事处东南面，东临马街街道办事处，西接棋台社区，北临和平社区，南接大兴社区，辖区总面积16平方公里，人口2800余人。2009年，随着城镇化的推进，由村委会改为翻牌社区。白眉社区有4个村民小组，为章白小组、妥睦小组、白眉小组、十里箐小组。其中章白小组有375户，人口1301人，妥睦小组有125户，497人，白眉小组有280户，人口1007人，十里箐小组有9户，人口29人。章白、妥睦、白眉小组基本上是彝族，而十里箐是纯苗族小组。

白眉社区2014年人均收入8800元，总收入9580万元。社区耕地面积2570亩，过去以种植业为主，大春以水稻、玉米为主，小春以小麦、蚕豆为主，也种一些蔬菜。水稻亩产287公斤左右，玉米亩产480公斤左右。现在社区耕地大多出租，像白眉小组，基本上全部出租给外地老板，用以种植花卉、苗木及蔬菜，租金年平均价格在1500元/亩。社区林地面积23260亩，在林权改革的过程中，考虑到人均林地面积较少，林权证只发到村小组集体这一级。如今，3000亩的林地对外进行了出租，租金年平均在80元/亩左右。社区居民的收入除了收取土地租金外，打工所得是另一个重要的来源。大中专毕业的年轻人，大多是在外地打工，打工地点以昆明市区为主，而四五十岁的中年人基本都是在社区内打工，有的就在外地老板承包的苗圃、大棚内干点零活，有的在采砂厂打工。团结街道办事处盛产石英砂，过去由集体开采，近年来多承包给私人老板。出于环境的保护，政府对开采石英砂管控越来越严格，整个办事处从原来的三四十家采砂厂缩小到现在的十多家。社区内章白小组境内现有一家采砂厂，职工有三四十人，多为本地人。过去有不少社区居民用大货车跑运输，后来由于成本增加和运输需求量减少，现在基本没人再跑了。白眉小组境内有一家玻璃厂，生产加工啤酒瓶，有职工六七十人，一半以上为当地人。另外还有一家绣花厂，是当地人开办的，有职工二十来人，职工也以当地妇女为主。

二　白眉社区老年人的生活情况调查

白眉社区55岁以上女性和60岁以上男性总人数是350人，占到总人口2834人的12.3%。传统上，老人一般是由子女赡养。彝族实行父系制，血缘、财产、子女的姓氏等都从父系，婚姻方面实行嫁娶制，嫁出去的姑娘一般不能再继承娘家的财产。因而，家中的老人是由儿子家庭进行赡养。如果家中有两个儿子，儿子分家以后，每个家庭负责赡养一位老人。但是，随着社会经济文化的不断变迁，养老方式也出现了新的变化。下面就从四个较具代表性的具体案例对白眉社区老年人的家庭和生活方式进行描述。

一号家庭　家里的两个老人由两个儿子分别赡养。老人身体基本健康，在家中做点力所能及的事情，如做饭、照顾孙儿、种点菜，再加上男性老人LJ有点手艺活儿、性格开朗，儿子的经济条件在村小组中也算不错，当老人生病时由儿子负责看护和承担费用，因而基本做到了老有所养、老有所乐。

LJ生于1951年，66岁，彝族，白眉社区A村民小组人，家里有老伴和两个儿子、两个儿媳妇、两个孙子、两个孙女。两个儿子有各自的家庭，分家时商议过，老伴跟大儿子过，LJ跟小儿子过。两个儿子在村里各自盖了一栋三层的洋楼，两栋楼相距不远。大儿子42岁，有两个儿子。小儿子40岁，有两个女儿。分家前有6亩地，分家时每个儿子各分了3亩，现在基本全租出去了，租金是每年1300元/亩，由两个儿子各自收取。两个儿子都是开大车拉砂的，有五六年了。大儿子没有车，是替别人开的车，小儿子有辆车，自己跑。大儿子媳妇在村里打工，给别人洗砂。小儿子媳妇务农，在自留地里干点农活。现在家里还有五分左右的自留地，种点苞谷和蔬菜。苞谷主要是用来喂猪，家里养有两头猪，蔬菜一部分自己吃，一部分用来卖，蔬菜卖到马街一带，一个月只有几十元的收入。LJ会做彝族传统的毡帽和婴儿背背，一年有500元左右的收入，外加每月80元的养老补贴，一年有1500元左右的收入。另外，A村小组有一集体采砂厂，每年小组都有分红，2014年，人均分到了3500元。LJ 2014年总收入有5000

元左右。

LJ一个月用于吃饭的花销在100元左右，不喝酒，也就抽点便宜的烟。衣服是儿媳妇给买的，或者是穿儿子的旧衣服，干农活的时候可以穿。两个儿子平时也会给LJ一些零用钱。LJ去年生病住院，花了3000元，报销了1000元。住院的3000元钱都是小儿子承担的。

LJ平日里干点自留地里的农活，给小儿子一家做饭，带两个孙女。和儿子相处，他认为要相互体谅，相互挂念。LJ懂一点乐器，参加了村里的文艺队。文艺队叫"××彝人文艺队"，主要是花灯歌舞表演。男的9人，女的15人，共24人，每个月要去海源寺游玩一趟，车费都是自己出。适逢村里有新居落成的时候，受到主人家邀请情况下文艺队要在主人家里免费表演，唱唱跳跳，图个热闹。据说这个文艺队在村里很受欢迎。

二号家庭 该家庭位于白眉社区B村民小组，访谈的老人BG69岁，2013年丧偶。老人有两个儿子，一个女儿。大儿子46岁，离过两次婚，育有一男一女。小儿子37岁，也育有一男一女。女儿今年42岁，嫁到隔壁的某某社区后，离了婚，带着12岁的儿子回来，老人便在自家门口搭了一间房让他们居住。老人的3个子女现都已脱离了农业生产，在昆明或社区附近打工。

老人家中有田地3亩，全都租出去了，据说是用来种树和种花。由于土地没有连片，3亩地租金各不相同，每年每亩有700元、800元、1000元、1500元不等，租期也各不相同，有几年的，也有几十年的。一年下来，土地的租金总收入有3000元左右。老人身体基本健康，在家养点猪、鸡等，一来卖出去补贴家用，二来也是在逢年过节的时候家里自己吃。在修建绕城高速的时候，老人有五分地被征收，当时征地的价格是一亩7万元。白眉村小组由于没有集体资产，因而社区居民没有集体分红。

由于子女都在打工，也只有在周末或节假日才能回家，而孙子孙女就在社区内的学校读书，照顾孙辈的任务就落在老人身上。老人平日里做家务，给孙辈们做饭，照看他们的起居。

根据调查，老人一个月主要伙食开支包括：米50公斤，275元；油10公斤，

108元；猪油1公斤，25元；菜一部分自己种，一部分自己买，200元；肉要100元。一个月下来将近700多元。当然，子女们每月也会交两三百元的生活费给老人。尽管老人不抽烟不喝酒，平日也过得比较节俭，但是村里的人情往来，诸如婚丧嫁娶、乔迁之喜等的随礼钱也是一笔大开支，粗略算下来每年有3000元左右。

老人有一院房产，是典型的“一颗印”建筑。两个儿子都没有建盖新房，所以两个儿子家庭都住在老人的房子里。听老人叙述，老大经常不回家，一年当中也就回来一两次，老三倒是每个星期都回一次家。“老大和老三都还没有分家分财产，这个家是我管理着的，守着家业。我不知道他们具体的收入，但老三每个月会给我200元的生活费。”除了管理家产外，土地的租金也由老人管理，因此，老人在家里有一定的支配权力。

老人最担心的就是生病，“现在最担心的是生病，每生一次病就要花掉上万元钱。到大医院住院报销不到55%，我前年做过搭桥手术，第一次花了6万多，第二次复查花了3万多，是在工人医院做的，两次只报了55%左右，西山区人民医院可以报70%，但到了大医院，报的比例就低了。我每个月单买药要2000元，报不了，原来说可以报慢性病，但到了医保中心，说办不了。到了每年的11月12月，又报不了账，说是医保中心结账。我还有儿子，病了还有儿子管，没儿子管的，连看病的钱都没了。”

老人描述了自己的日常生活：早上7点半起床，给孙子孙女煮早点，由于学校离得近，吃完饭让他们自己去上学，老人要喂猪，然后到村子里走一走，不打麻将也不打牌。中午11点半给孙子孙女做午饭，下午去散散步，晚上5点半做晚饭，吃完饭看看新闻，到9点钟带着孙子孙女睡觉。

老人认为，现阶段养老还是要靠子女和家庭，“生病的时候，所有的钱都是儿子给的，现在养老主要还是靠子女，子女孝顺，老人就幸福一点，子女不孝顺，老人是要淌眼泪的”。对于城镇化的问题，老人说：“以前我们村的日子是好过的，2013年路修好（绕城高速）后，什么政策都没有。我们村连个高速的下口都没有，地也被占了，国家又不许开采砂矿，可以说白眉村是被困死了。现在养老最大的问题是我们没有居民待遇。”

三号家庭 该家庭位于白眉社区C村民小组。这个家庭受访的老人是汉族，从昆明的其他地方上门到C小组，老伴是当地的彝族。老两口没有生育，收养了一个女儿。女儿长大后，又招婿上门。但是，老两口和子女的关系比较紧张，虽然和女儿住在一起，但是各开各的火，老人生病住院也无人照看，其费用也由自己承担。

"我今年75岁，家里有6口人，老伴67岁，是本村的彝族。有一个女儿，是过继来的，是侄女，找了个姑爷上门，是XC社区的汉族。有两个孙子，大的26岁，小的24岁。两个孙子在昆明打工，一个是电焊工，一个是漆工，一年回来四五次，每次回家最多呆半个多月。女儿50岁了，在家种田，家里有田地6亩左右，去年租了3亩左右，每亩租金收入每年有1200元左右，主要是种蔬菜、种大棚，老板是呈贡人，签了20年。租金都是姑娘掌管，今年我老伴跟他们吵了几次，分给我们七分地的租金，每年有1000元左右。姑爷也在昆明打工，焊工，有时一两个月回来一次，农忙的时候倒是会回来帮忙的。田里种苞谷（两亩）、蔬菜（一亩），蔬菜是露天的。我每个月有80元的高龄补贴，村小组去年每人有1000元的分红（砂厂承包给外面的人）。"

尽管老两口和女儿住在一起，但经常和女儿吵架，因此与女儿女婿分开开火已经有两三年了，一来老人的牙齿不好，口味也淡，二来也减少了摩擦的机会。2012年，老人因患前列腺炎住院3个月，女儿女婿没怎么管过，是老伴送去医院的。当时医院做手术要病人亲属签字，女儿才匆匆来了一趟。老人说住院3个月，女儿才来了两次，姑爷也才来了一次，孙子也只来了一两次，都是老伴在陪着他。住院费花了4万元，能报销的只有30%左右。这些钱都是他们自己出的，女儿女婿没有出过一分。老两口当时借了3万元，现在还差着1万元。老人就是希望医保、低保的报销比例能多一些。

老两口一个月的伙食费要1000元左右：米25公斤，150元；油一桶，70元；肉不是天天吃，三五天吃一顿，150元左右。老伴在家里主要是做做饭。他们养了八九只纯土鸡，鸡都是自己吃。

受访老人早上8点左右起床，还做着护林员的工作，9点上班，下午5点下班，一个月有800元的收入。老人入党差不多也50年了，以前在村子里当过副组长，也在大队办的林场管理过养猪的工作。

老人平时打打纸牌，晚上看看电视，几个月去趟昆明走走，找亲戚找朋友，当天去当天回。

四号家庭　该家庭位于白眉社区D村民小组，受访老人有过老年丧子的经历，其中的一个儿子又有残疾。如今身体不太好，与子女相处也不融洽。

老人今年70岁，男，彝族，出生于木匠世家，其父亲、爷爷都是有名的木匠。老人自小学习木匠手艺，后来盖过不少房子，也是远近闻名的木匠师傅。如今身体不是太好，2015年，家里一院祖上留下的有70来年的老房子失火被毁，老人备受打击，身体一下就垮了。

老人家里共有11口人，原有4个儿子（小儿子因吸毒去世），没有一个儿子继承他的手艺。他觉得是因为儿子们看不起这门手艺所以没人去学。现在村子里掌握木匠手艺的也就四五个人了。儿子现在在村子里打工。

该家庭原先有三栋院子：最老的院子是老人祖上留下来的，也就是被烧毁的房子，另外一栋是1983年按照传统的“一颗印”形式建盖的砖混房，还有一栋是六七年前建盖的院子。现在该家庭分为三个户口，老两口和患有小儿麻痹的儿子一个户口，其他两个儿子各家一个户口。分家时，祖上留下的房子原本打算老两口居住，剩下的房子两个儿子各住一栋。发生火灾后，老两口和残疾儿子搬回了1983年建盖的房子里。

老房子烧毁后，刚开始是两个老人各住一边，由两个儿子各负责一位老人的生活（老伴和患小儿麻痹症的儿子与另一儿子一家住1983年建的砖混房），受访老人与分出去住的儿子一家住六七年前建的新房子。由于分出去住的儿子家两个孩子上学负担重，受访老人只好又回来与老伴居住在一起。现实的情况是：两个儿子现在已经分了家，各住一院房子，老人吃的粮食要购买，又由于上了年纪经常生病需要花钱买药吃，老人自身又没有什么收入，于是儿子不想留老人住，都觉得老人没有给过钱。现在老人唯一还可以支配的就是几分田地，老人打算哪个儿子愿意给老人养老送终，田地就归谁。但是，老人也认为，这几分田地对儿子没有什么吸引力，现在的时代不再是以往靠土地吃饭的时代了。老人说他生病去医院，两个儿子挂号费都不给，每月80元的养老保险都被子女拿走了。老人曾经在村里当过几十年的队长，但老了一分钱的补助也没有。

三 发现的问题

通过对社区老人的访谈，特别是对4个家庭的入户调查，我们发现老年人比较关心的首先是医疗卫生保障的问题，因为对他们来说，这是一笔较大的花销。

4个受访老人，在最近几年内都有过生病住院的经历，有的老人则因为患有慢性疾病，需要长期用药。国家实行城镇居民医疗保险制度以来，极大地解决了城镇居民，尤其是老年人看不起病的问题，但是，由于当前医药治疗等费用价格过高，老年人一旦生病或住院，需要其自身承担的部分对于没有固定收入或低收入的他们来说，是一笔较为沉重的负担。其次，如果生病住院，想要获得更好的治疗条件，比如转到更好的医院，能够报销的比例就更低。还有，在办理医保的过程中，条条框框复杂，比如有的老人办理慢性疾病保险一直都没能办下来，有的则因为是在年底住院，费用没有得到报销。最后，也是最为关键的就是生了病以后谁来照看的问题。如果老人和子女相处融洽，一般是在老人生病期间由子女来照看，并由子女承担生病治疗期间的费用，如果与子女关系不好，老人平时又没有积蓄，其医疗就得不到应有的保障了。

通过对4个家庭的入户调查我们可以发现，农村社区中，土地已经不再成为农村家庭主要的生产资料，农村社区的居民也不再从土地中获得粮食和蔬菜。年轻人外出打工的收入成为农村家庭最主要的经济来源。过去农村中自给自足的小农经济基本上终结，由此，老年人的养老问题也出现了新的变化。

在打工经济成为主流的今天，老年人成为没有收入的一代人。又由于原有的土地租金及国家对老年人的补助不能满足老年人的基本开支（衣食、健康医疗），因而，老年人的养老必须依靠家庭、依靠下一代。从这层意义上说，老年人的养老质量不仅仅要看下一代的经济收入，更主要看老年人和下一代的关系是否融洽。除了经济来源外，老年人的精神生活也是值得关注的一个重要方面。本次调查发现，4个家庭中的老年人，除了一号家庭李姓老人参加了村小组的文艺队外，其他老人基本上是在家照顾孙辈、做家务，或者在家看电视，没有什么更多的娱乐活动。随着城镇化建设的深入，以前的村民委员会改成了社区居民委员会，从组织者变为了服务者。应该说，这种改变是适应了新形势的一种变化。尽管这种转变也包含了针对老年人的养老服务，比如白眉社区推出的居家养老服务，但响应的老年人寥寥无几，社区新建的房屋基本上只是作为老年人健康体检时的临时休息室。

城镇化建设，包含着从过去的家庭养老迈向社会养老的目标，比如，中国城乡居民基本养老保险和基本医疗保险总体实现了全覆盖，以养老、医疗、低保为重点的社会保障体系框架基本建成。但是，要完全实现家庭养老向社会养老的过渡，依然需要不断探索，社会的基本保障并不能完全满足老年人养老的需求。

四　分析

养老问题，看上去只是单纯的解决老有所养的问题，实际上它受特定社会经济文化的影响，也会反过来影响社会的正常运转，因而它是社会体系的一个重要组成部分。在传统农业社会，它是从文化和经济两个方面对养老进行了支撑，在保证养老不出现大问题的同时也保证整个社会不出现问题。

从文化上来说，老人往往是一个社会传统知识的传承者，而传统知识正是年轻人与他人、社会、世界联系的中介。在传统社会，老年人尽管体力上不如年轻人，但他们所掌握的传统知识和社会经验正是年轻人所缺乏的，正如民间所说："不听老人言，吃亏在眼前""家有一老，如有一宝"。在现实的社会中，是离不开老年人的智慧的。美国人类学家玛格丽特·米德在其著作《文化与承诺：一项有关代沟问题的研究》（Cultureand Commitment：A Study of the Generation Gap）中，将人类文化分为前塑型文化、同塑型文化和后塑型文化，认为这三种文化类型的区分是人类所生活的历史阶段的真实反映。前塑型文化是晚辈向长辈学习；同塑型文化是晚辈和长辈的学习都发生在同辈人之间；后塑型文化，是长辈反过来向晚辈学习。米德认为，前塑型文化是一切传统社会的基本特征．在这类生产力水平低下与发展缓慢的社会里，人们的生活道路年复一年、一代又一代地按照既定的轨道延伸着，古往今来变化甚微，年长者对于他们生活于其中的社会文化了解得最深，他们自然也就成为年轻一代和整个社会的行为楷模，包括基本生存技能、简单的是非观念以及生活方式等，都是由他们原模原样地传递给下一代的。在这样的文化中，尊敬长辈并接受他们所教诲的一切，自然成为年轻一代的美德。①

从经济上说，传统社会家庭中的支配权掌握在户主手中，而户主往往就是家庭中的男性长者，在家庭中他们拥有房屋、土地、工具等生产资料的支配权，诸如劳动分工、劳动过程及劳动产品的分配都是由他们来决定的。所以，在传统社会，家庭的经济权力是掌握在老年人手中的，老年人其实就是大家庭的核心，也是大家庭凝聚力的体现。由于传统社会老年人在文化上有权威，在经济上有支配权，社会对老年人的尊重与依赖是毋庸置疑的。

但是，随着传统社会向现代社会的转变，当年轻人的知识不再依赖老人，家庭经济也不再依靠土地的时候，过去的那种“老有所养、老有所为、老有所乐”的养老方式发生了变迁。

从文化上来说，正如米德所认为的现代社会是一种“同塑型”甚至是“后塑型”的社会，老一辈人已经无法再向年轻人提供符合时代要求的崭新典范，年轻一代就不得不根据自己亲身实践的摸索，并以新形势下捷足先登的同辈人作为学习的典范，或者，主要由年轻一代把知识文化传递给他们尚在人世的长辈，由此，两代人之间的隔阂和对立也就愈演愈烈了。②

从经济上来说，传统社会向现代社会的过渡，大家庭也朝着小家庭或者核心家庭过渡。当然，王天夫等认为，中国传统大家庭向小家庭的转型并不是由西方

---

① 和少英：《社会文化人类学初探》（修订版），云南民族出版社，2003，第95～97页。

② 和少英：《社会文化人类学初探》（修订版），云南民族出版社，2003，第96～97页。

传统意义的工业化促成的，而是当中国实行了农业集体化后，家庭不再作为一个独立的生产单位，户主失去了控制土地等生产资料的权力，进而失去了安排家庭成员劳动和为家庭成员分配劳动产品的权力，由此改变了父权制度下的代际关系与结构，从而启动了家庭结构转型的历史进程。①但是无论怎样，大家庭向小家庭转变已是不争的事实。特别是自中国加大实行城镇化建设的力度以来，广大农村劳动力走出了农村，离开了农民千百年来赖以生存的土地，走向城市寻找出路、创造财富。在这样的趋势下，原来的户主更是已经完全失去经济支配权，因为家庭经济活动已经完全脱离了家庭的土地资源和劳动资料，由此，家庭的支配权由家中最长者变为外出打工的年轻一代。经济支配权的丧失，再加上如上所述的"同塑型"和"后塑型"社会的到来，老人们不再是传统社会的权威。

本次调查的4个家庭中，4个家庭都不再是实质上的传统大家庭。老人的子女、孙辈都已经离开了土地在外打工，家庭经济收入也不再依靠土地上的农作物或者租金。这意味着老年人积累了一辈子的传统知识（传统的农业或者手工业技能）对于下一代或者再下一代没有多少价值。比如一号家庭和四号家庭的老人掌握的带有农业传统文化的手工艺擀毡和木匠手艺，子女们都无一继承。又由于子女们在外打工，接触到的世界基本上与农业生产无关，年轻人不关注老年人的生活，老年人也不明白年轻人的世界。因此，老年人与下一代长时间的分离不仅是物理空间上的，也是心理空间上的。

综上所述，在以城镇化为背景的今天，养老方式从过去完全依靠家庭迈开了向社会化的步伐，老年人获得了基本的养老保障。同时，农民的土地被征收、传统农业向现代农业转变，老年人的子女纷纷脱离土地涌向城市打工，代际之间出现了微妙的对立关系，即过去遵从老年人到现在遵从年轻人。这足以表明，当前的农村社区，养老问题依旧需要不断调适，才能找到一种比较理想的养老模式。

① 王天夫、王飞、唐有财等：《土地集体化与农村 传统大家庭的结构转型》，《中国社会科学》2015年第2期。

城镇化对回回营社区老年人生活带来的影响

毕　云

按联合国对老龄化的定义，当一个国家或地区60岁及以上人口占总人口的比重超过10%，或65岁及以上人口占总人口的比重超过7%时，通常认为这个国家进入老龄化。据统计数字显示，截至2014年底，我国60岁以上老年人口已经达到2.12亿，占总人口的15.5%，云南省65周岁以上老龄人口为553.3万人，占人口的11.73%，已进入老龄社会。回回营社区位于呈贡区的东南部，隶属呈贡区雨花街道办事处，面积1.68平方公里，距呈贡老城区4.5公里，距新的昆明市行政中心2公里，是一个有着600多年历史的回族聚居区。据社区最新统计资料显示，截至2015年底，回回营在册户籍人口1901人，60岁及以上人口249人，其中，男性103人，女性146人。60岁及以上人口中，60～69岁143人（男64人，女79人），70～79岁54人（男22人，女32人），80～89岁46人（男16人，女30人），90岁以上6人（男2人，女4人），老年人占总人口的13%。

2003年，云南省委、省政府提出了建设新昆明的战略部署，呈贡区回回营社区作为新昆明建设、呈贡新区核心区域，一直与城镇化进程相伴而行，见证和历经了城镇化的过程，在这个历史变革中，城镇化进程的影响和变化改变着回回营的方方面面。10多年过去了，回回营老年群众因城镇化的推进，生活有什么改变，生活现状如何以及他们最关注哪些问题，笔者对此进行了走访调查。

一　失地对老年人生活的影响日益显现

随着我国城镇化和现代化进程的加快，农村集体土地被大量征用在所难免，据预测，到2020年我国失地农民总数将达1亿人以上。失地人群作为一个特殊群体，在经济、生活等方面的保障问题没有因失地而得到很好的解决时，他们便成为一个弱势群体和被边缘化的群体，容易产生新的社会矛盾，成为社会各界关注的社会问题。在所有失地人群当中，老年人由于自身条件的限制，面对转型中出现的重大变化很难适应，受到的冲击也相对较大。

据回回营社区负责人介绍，为了配合新昆明建设和呈贡新区建设的需要，从2003年至2015年，回回营所有的1200多亩耕地中，共有880亩被征用，占回回营全部耕地的三分之二多。征地前，回回营的人均耕地在整个呈贡区就不算多，约0.8亩，征地后，人均耕地面积下降到不足0.3亩，成为典型的失地人群。另外，据社区群众反映，回回营社区所剩400多亩土地，也因城市道路管网、公路等基础设施建设，农田灌溉设施遭到改变和损坏，现有土地因缺水无法耕种，也就是说，回回营社区的土地等于完全丧失了耕种条件。土地对农民来说，既是必不可少的生产资料，又是生产的基本和必要条件，土地不仅是农民物质生活的来源，同时土地还赋予农民许多精神情感的寄托。所以，土地对农民的重要性不言而喻，可以这么说，在整个城镇化过程中，对生活影响最大的就是农民失去土地，出现的许多问题也因失地而引起。

城镇化是一个长期的过程，政府征用土地是按照规划来进行的。有的地方适合一次性征用、收储，有的地方是分批次进行的，回回营社区的土地就是分多次被征用的。因此，对老年群众生活的影响也是循序渐进的。

二　征地周期长，时间跨度大

回回营土地被征用不是一次完成的，是从2003年建设新昆明开始一直延续到2015年，分几次完成，时间长达10多年，征地最多的一年发生在2011年，共

200多亩。随着时光流逝，土地逐步减少的同时，失地人员在不断增加，老年人作为失地人群的一分子，对其生活的影响也在一步步加深。土地补偿方面，由于回回营是呈贡区唯一一个回族聚居区，享受两孩政策，人多地少，补偿时是以土地面积为标准，补偿款收入与呈贡区其他人少地多的社区相比有不小的差距。土地补偿款的使用方面，早期回回营土地被征用的并不算太多，当时回回营整体经济情况不错，对到手的补偿款老人们使用起来比较随意，支出缺乏计划性，只是到了征地中后期，才发现失地后的生活需要用钱的地方太多，不算多的土地补偿款除了应付日常生活开支外，更多的用于缴纳养老保险和看病就医，生活压力陡然增加。

三　对失地造成的影响认识不足

改革开放以来，在党的政策指引下，回回营人凭着敢想敢干的精神和经营天赋，经过不懈努力，回回营曾出现过一段经济高速发展的时期。无论是20世纪80年代的农业生产和果蔬种植，还是90年代后的乡镇企业和多种经营都搞得有声有色，各项经济指标在当时的呈贡县名列前茅。这种状况一直延续到新昆明建设前后。因此，早期的征地并没有对老人的生活造成太大影响。另外，当时的社区老年群众对如火如荼的新昆明、呈贡新区建设抱有很高的期望，相信“大昆明”建设一定会给回回营带来很多机遇，今后的生活会越来越好。

四　城镇化的过程并未给老年群众生活带来多少实惠

回回营长期以来的生活一直不错，随着城镇化的推进，产业结构的调整，土地的减少和失地人群的增加，回回营的经济出现了重大转变，个人收入骤降，影响老年群众生活的情况随之凸显。城镇化的根本目的在于提高和改善人民群众的生产和生活条件，缩小城乡差别，促进全社会的共同发展。然而，回回营社区的老年群众反映，他们在城镇化进程中并未受惠太多，新昆明、呈贡新区的建设发展并不像老人们想象的那样，他们期待繁荣的“大昆明”景象没有出现，城市就在眼前，但城市生活与他们无关，因城镇化获得的一些待遇，也是以牺牲土地换来的，与失去土地相比，这些待遇微不足道。从目前的情况看，这种状况和影响还在继续，如果任其发展，得不到有关方面的关注、支持和帮助，老年人今后的生活会更加困难。

五　居民身份现尴尬，老年群众普遍不予认同

2012年6月13日，对呈贡回回营的村民来说，他们子孙几代延续的农民身份，在这一天得到改变。为了适应国家城镇化发展和转移农村人口落户城镇的大政方针，也为了新昆明建设的需要，从这一天开始，回回营的全体村民通过政府征地的方式实现了“农转非”，身份由过去的“农业家庭户口”统一变更为“居民”，用他们自己的话说就是“一夜城市化，一夜市民化”，比2014年7月24日国务院印发的《国务院关于进一步推进户籍制度改革的意见》中关于取消农业户口与非农业户口性质区分，建立城乡统一的户口登记制度还早了差不多两年时间。

我国的城乡差别长期存在，自1955年颁布《中华人民共和国户口管理条例》起，就将全国人口截然分成了市民和农民，城乡差别、城乡二元结构逐渐形成。户籍成为决定城乡居民身份、地位和福利的标准，这直接导致了城乡居民在权益多方面的本质差异，时至今日，这种状况还在延续。改革开放以来，我国城市和农村发生了翻天覆地的变化，而城乡差别并未随着经济的发展、社会的进步发生根本的改变，有些方面还在不断扩大。在最能反映城乡差别的人均收入上，据国家统计局公布的数字显示，2015年中国城镇居民人均可支配收入31195元，而农村居民人均可支配收入是11422元，城乡居民人均收入相差两倍多。由此可见，要彻底消除现存的城乡差别还有相当长的路要走。

在回回营社区，当你面对60岁以上的老人时，无论是谈到他们社区还是他们本人，他们中的绝大部分人总是习惯用“我们村”“我们农民”来定义他们的社

区和他们自己。在他们心目中，始终认定自己还是农民，居民对他们来说不过是换了一种称呼而已。一位老人是这样说的："城镇居民这个身份对我们回回营老人来说很可笑，我们现在都不知道自己是什么，说我们是农民，我们没有土地，说我们是城市人，我们无法和城市人比。城市老人退休有退休金，看病有好的医保，还有福利分房，这些我们都没有。居民身份对我们来说就好比脱了T恤换衬衫，没有太多差别。"老人的话虽然有些片面，但也说明居民身份给他们带来的困惑。老人们认为，既然已经改为居民，就是"城市人"了，在失去土地的同时也失去农民身份，理所当然地就应该获得市民待遇，像城里大多数老人一样，有固定的退休金、较好的医保等城市老年人的待遇。其实，回回营的老人"农转非"以后，同样享受到了与城镇居民老年人同等的待遇，按月领取基础养老金。他们之所以对居民身份不认同，除了认识上的误区外，更多的是他们对传统意义上"城市人"的理解。

然而，我们并不能因此否定社区老年群众对居民身份的质疑。在老年人的观念里，城乡差别一直存在，相比较而言，城市比农村好也是客观事实，为什么当他们融入城市生活时，并未感到城市生活带给他们多少好处。现实生活中，一般人对社保、医保的具体规定都不一定搞得清楚，更不要说对这些才转变为新居民的老年群众。由于老年人对不同规定认识上存在问题，他们看问题比较感性、直观和现实。在他们眼中，城里的老年人大部分是靠退休金生活、看病住院报销比例高、子女就业和上学相对有保障等，跟他们现有的"居民"身份相比差别太大。

六　收入来源减少、生活水平下降明显

在影响老年群众生活水平下降诸多因素中，收入来源单一是主要的原因之一。老年人由于年事已高，长期从事农业生产，技能单一，加之受教育程度有限，文化程度普遍不高，一旦与土地分离后老年人失去了最重要的收入来源，也丧失了自给自足的条件，面对巨大的社会转型在许多方面明显处于劣势，无论物

质和精神方面都很难适应新的生活。

在谈到回回营社区当下的生活水平与城镇化前有什么变化时，社区一位65岁的老人这样告诉笔者："实事求是地讲，现在的生活比过去那是好得多，但跟征地之前相比的确下降了不少，我们回族是聪明能干的民族，改革开放以来，我们村不管是种地种菜，还是办厂做生意，在当时的呈贡县都是有名的，虽然很辛苦，但有事做，收入也好……以前我们家有两亩多地，靠种菜一年下来差不多也有两三万元的收入。有地好多东西不用买，比如蔬菜、水果，现在不行了，地没有了，我们现在唯一的收入就是每个月400多块的养老钱，你看看现在的物价，这点钱能干啥？我们现在都在吃老本，老本吃完怎么办，我们真不知道。"老人这番话所讲的情况，与笔者在社区不同场合听老人们反映的情况基本一致，代表了大多数社区老人的心声，具有客观性和普遍性。

有对比才知道差距，回回营社区群众都认为，他们生活最好过的时期是改革开放后一直到2003年新昆明建设前后这一时期。据原呈贡县回回营党支部、村委会编撰的《呈贡县回回营简史》一书记载和现任回回营社区领导的介绍，党的十一届三中全会以来，随着家庭联产承包责任制的落实，调动了农民的生产积极性，农业生产快速发展，1984年粮食总产量达到创纪录的470吨，并在此基础上适时调整产业结构，扩大蔬菜、花卉和果树种植面积，农副产品迅速发展壮大。这一时期，回回营的乡镇企业、多种经营开展得红红火火，到1992年底，全村集体、私营企业多达49家，经过多年的艰苦创业，当时的回回营村已经形成了以农业为基础，工业为主导的农村经济体系，工农业生产总值、上缴国家税收和个人收入稳步增长，逐年提高。村民一边务农，一边在集体企业上班，从事经营活动，个人和家庭都有一定的积蓄，人均收入也从1992年的999元增长到2002年的6580元。

然而，受2008年国际金融危机的影响，随着国家经济增长方式的转变，产业结构的调整，经济出现了不同程度的下滑，有的停滞不前，甚至倒闭，个人收入也随之下降。同时，城镇化过程中因征地出现的很多问题也给老百姓的生活带来不小的影响，社区群众的个人收入从过去的多元转变为现在的较为单一。

现在，回回营社区年满60周岁老人稳定的收入来源主要由城镇居民基础养老金和失地农民基本养老金两部分组成。前者人人都有，不用缴费，按月领取，每月85元；后者通过政府补贴、集体补助、个人缴费的方式参加失地农民基本养老保险。为此，昆明市政府制定了《昆明市被征地人员基本养老保险办法》，2008年5月1日起正式实施，当时的标准是每月190元，现在提高到每月380元，两项合计465元。从调查的情况看，回回营社区只有70%左右的老年群众参保，未参保的原因，一是对失地人员养老保险制度认识不足，二是部分老年群众感到参保缴费过高，无力承担。

社区60岁及以上的老年人，基本都是伴随回回营的高速发展一路走过来的，充分感受了改革开放带给他们的实惠，与过去多元不菲的收入相比，现在的收入不仅下降明显，而且来源单一，又面临着物价不断上涨、生活成本提高和健康养老支出较大等问题，收入压力随之凸显。而现有收入的大部分是以失去土地为代价换来的，不足以弥补因失去土地而带来的经济损失，更不足以解决失地人群的长远生计，在老人们看来，与失去土地相比，现有的收入就显得微不足道，只能应付眼下最基本的生活。有老人直言："现在的物价太高，一斤牛肉就要70多块钱，其他生活开支也大，如果这种情况继续下去，我们老年人今后的生活会更加艰难。"

七　看病就医成为老年群众最关注的问题

在回回营社区农贸市场对面的道路旁，正常情况下，每天早上九点以后，回回营社区的老人们都会不约而同聚集在这里谈天说地，涉及内容广泛，但笔者观察到，在他们所聊话题中，看病就医成为老年群众最热衷的话题。"看病难、看病贵"是一个全民性话题，作为一种社会现象，长期以来一直广受社会各界关注，也因此成为改革的重点和难点问题。虽然历届政府从来没有放松医改的步伐，但时至今日，改革的效果并未得到大多数老百姓的认可，看病就医支出费用仍居高不下，已经成为普通老百姓特别是老年人的一块心病。

客观地说，在回回营社区，老年人看病难基本不是太大问题。新昆明和呈贡新区建设的推进，很多公共服务设施都在不断发展和完善。目前，省属市属医院先后在呈贡成立分院或新建了医院，新建的昆明市中医院就紧邻回回营社区，可以说家门口就是医院。新医院设施完备，环境优雅，关键问题是老人们觉得看病太贵，特别是住院。因为住院费用太高，回回营的老年群众不到万不得已一般不会轻易住院，久而久之，形成了“小病靠拖，大病靠扛”，而一旦住院病情一般都比较严重，治疗的费用也相对较高，从实际调查情况来看，老年人一年内只要住院一次，个人承担住院的费用远远超出一个老人全年的总收入，不够部分有积蓄的靠积蓄补给，没有积蓄的只能靠亲戚朋友筹措，这种状况在回回营老年群众当中相当普遍。值得一提的是，大多数老年人的子女们在经济上并不能给父母太多的补贴，他们也和他们的父母一样，在城镇化进程中失去了土地，而且上有老下有小，不大不小的年龄、技能单一、工作难找和就业无门，一大堆生活重担压在他们身上，当父母家人经济上出现问题需要帮助时更多的也是爱莫能助。

面对城镇化转型过程中的变化，回回营的老年群众看病就医发生了怎样的变化呢？在同老年群众的交谈中，有老人是这样说的：“生活水平下降、生活艰难都可以想办法克服，大不了少吃点肉，有病你得看吧，但现在是真看不起，一个伤风感冒去医院输液两三天就要1000多块，国家降低药费已经好多次了，同样的药价格不但没降反而提高了。再说住院，过去我们用新农合都觉得贵，现在用城镇医保更贵，虽然城镇医保在报销比例上是增加了，但实际的住院支出个人支付的反而更多。”在我国，全民基本医疗保险可分为三种情况：职工基本医疗保险、城镇居民基本医疗保险和新型农村合作医疗保险（新农合），这三种由于统筹的路径不同、针对的人群不同和地区差别，在缴纳和报销比例上也是各不相同的，一般百姓不是十分熟悉它们之间的差别和执行标准。对回回营的老年群众来讲，他们并不关心他们执行的是城镇居民医保还是新农合，他们关心的是他们看病住院个人最终支付了多少，社区老年群众对城镇居民医保住院为什么比新农合还贵非常不理解，有老人用亲身经历告诉笔者，因时间前后不同，同样的病、住同样的医院、做同样的检查项目，新农合与城市医保费用差别太大，前者是8000多元，城镇医保是19000多元，高出了一倍多，虽然城镇居民医保报销比例比新农合高，但总费用大增，老百姓个人的实际支出是增加的。造成城镇居民医保与新农合在执行中出现不同的标准，既有历史形成的原因，也有制度设计的问题，应该承认，由于我国特有的医疗制度，政府对医疗行业的投入相对不高，人民群众难以承担高额医疗开销的现象是客观存在的，好在国家有关部门已经看到了这个问题，已经开始着手解决。2016年1月12日，国务院发布了《关于整合城乡居民基本医疗保险制度的意见》，其目的就是实现城乡居民公平享有基本医疗保险权益、促进社会公平正义、增进人民福祉，并要求于2016年12月底前出台具体实施方案，相信随着对《意见》的贯彻执行，医疗中的不公平现象有望在不远的将来得以改变。

八　结语

2016年2月，习近平总书记分别对深入推进新型城镇化建设和加强老龄工作做出重要指示，为城镇化建设和老龄工作指明了方向，强调了新型城镇化建设一定要“以人的城镇化为核心”的理念。新型城镇化的关键是以“人”的发展为核心，以提高“人”的生活质量为前提，这深刻体现了党中央以人民为中心的发展思想，力求避免“摊大饼”式扩张和新“城市病”的出现。城镇化进程中的老年群众，由于自身条件的限制，在融入城镇生活的过程中难免会遇到不少问题和困难，这就要求各级政府部门始终要以“人”的发展为核心。根据老年群众的特点，制定有针对性的措施和办法，把帮扶困难老年群众作为发展老龄事业的重点，倾听老年群众的诉求，帮助他们解决普遍关心的衣食住行、生老病死和医疗保障等问题，提高生活质量和水平，使他们的晚年生活在融入城镇化过程中获得感、幸福感得到明显提升。

昆明市西山区海口办事处里仁社区居民养老现状调查报告[①]

和 渊

一 里仁社区概况[②]

里仁社区位于昆明市西山区海口办事处中滩街西侧，距离昆明市区41公里，有高速公路连接，从昆明市区出发1小时内便可到达。里仁村落形成的历史最早可以追溯到元代初期，至元十三年（1276年）赛典赤命张立道带领回族士兵开挖滇池出水口海口河，部分回族士兵便留在此处屯垦逐渐发展成为里仁。[③]目前里仁社区总人口3415人，其中，回族2612人，占总人口的76.5%，是一个典型的单一少数民族聚居型社区。里仁社区60岁及以上老年人有502人，其中80～90岁的有50人，90岁以上的有12人。

里仁社区下辖里仁大村、里仁小村和山冲村3个自然村，辖区面积17.4平方公里，目前耕地面积2499亩，林地8000余亩。海口自20世纪中叶逐步发展成为昆明的工业区。里仁社区被众多工厂包围，周边形成人口数量巨大的以城镇居民为主的企业职工社区，有部分里仁社区居民陆续被招工进入周围厂矿成为工人。早在1988年，海口城镇化率已达71.61%。[④] 2010年里仁“村改居”

---

① 本文为云南省社会科学院院级科研项目“昆明市‘全域城镇化’进程中主城区少数民族生活方式变迁究”的阶段性成果。

② 西山区《海口镇志》编纂办公室编：《海口镇志》，云新出（2001）准印字175号，第26页。

③ 昆明市地方志编纂委员会编：《昆明市志》（第一册），人民出版社，2003，第412页。

④ 中共昆明市西山区委政策研究室、中共昆明市西山区委党校编撰《西山区专家咨询委员会课题研究成果汇编》，云南科技出版社，2015。

后，虽然户口已变成“城镇居民”，但里仁社区大部分居民还是依靠土地生活。据社区副书记介绍，目前里仁社区大约30%的人口全部依靠土地生活；40%的人口一半依靠土地，一半依靠打工和做生意；还有30%的人口脱离土地，从事第二、三产业，有的是自己做生意，有的是两口子出去打工。2014年，里仁社区经济总收入17818万元，其中，第一产业占12.3%，第二产业占66.4%，第三产业占21.3%。

二 清真寺与老年人的生活

由于回族居民的日常生活与清真寺联系紧密，回族人口相对集中的社区都会建有清真寺，里仁社区的回族居民在历史上形成了围绕清真寺聚居的坊寺格局。通过对清真寺礼拜人数的观察与统计，我们可以看到里仁大村清真寺平时礼拜的人数有50～60人，远多于复兴社区的永宁清真寺10～20人。这说明里仁社区由于地处昆明远郊，虽然已经村改居，但是相比位于昆明中心城区的纯社区复兴社区，其人口流动性相对较小。里仁不仅是单一少数民族聚居型社区，同时也是少数民族宗教活动聚居型社区，辖区内有3个伊斯兰教活动场所，均为格底目（老教）。它们分别是里仁大村清真寺、里仁小村清真寺和山冲村礼拜点（挂靠里仁大村清真寺）。

里仁社区三个清真寺（礼拜点）礼拜情况统计表

清真寺	平时	主麻日	开斋节	圣节
里仁大村清真寺	50～60人，其中本村20～30人	200多人	1500～1600人	7000人左右
里仁小村清真寺	10多人	30来人	100人左右	3000来人
山冲村礼拜点	10来人，往常礼不起来	30～40人，本村的有10来人	100来人	

注：附近厂矿回族职工和社区内的会泽籍回族流动人口也在社区内清真寺礼拜。

今年72岁的大村五组原会计告诉我们，自己2001年4月18日戒烟，4月20日就开始进清真寺礼拜一直到现在。他说社区内一部分居民年轻时候生活奔波没有时间把斋礼拜，到一定年纪就进清真寺寻找精神寄托，所以平时和主麻日在清真寺礼拜的老年人很多，清真寺也就成为社区信教老年群众礼拜和日常活动的场所。另外，清真寺目前仍在开办的阿文班是一个每天下午开课的老年班（目前有学员40～50人，以老年妇女为主）。老人认为前几年社区群众中有玩麻将的不良风气，这几年社区群众进清真寺礼拜的人多了，老年人玩麻将的少了。通过老年阿文班的学习，社区里社会风气改善很大。里仁社区现在每年有2～3位老人到麦加朝觐，他们都是家庭经济状况较好的老人。参加朝觐需要提前2～3年向昆明市伊协提交申请，审核健康、经济状况等，成为朝觐团成员后还要统一学习。

清真寺不仅是社区举行日常宗教活动和节庆的场所，还是社区回族群众举行丧葬仪式的重要场所。现在里仁社区有老人去世都由清真寺提供殡葬服务，死者家属仅需一次性交给清真寺一笔丧葬费用，金额按照逝者家庭的经济条件可多可少（目前300元左右较普遍）。无论交给清真寺丧葬费用多寡，清真寺均负责出面为死者家属操办一整套丧葬事务。如果遇到特别困难的家庭，办完丧事之后清真寺还会将死者家属交来的钱退还（目前每年都会碰到三五个这样的困难家庭）。

三　家庭与养老

从我们访谈到的几个个案可以看出，新中国成立初期直到20世纪70年代，里仁社区居民的家庭结构基本上以1～2位老人、夫妇二人和3～6个子女的主干家庭为主（也有部分兄弟结婚后没有分家的联合家庭与分家单过无老人的核心家庭）。20世纪80年代开始实施的计划生育政策、社区居民生计方式的变迁以及社区部分居民居住空间的变化都对里仁社区居民的家庭结构和人口规模产生影响。目前社区家庭结构基本以老人1～2人、夫妇2人和1～2个子女的主干家庭为主，但是在人口规模较小的主干家庭为主流的格局下，部分家庭具有朝人口规模更小的核心家庭演变的趋势。而在这个趋势下，出现了较为复杂的“明分暗不分”或者“明不分暗分”等几种情况。所以目前定义一个家庭的标准很难像过去那样以共同的生产单位来划分，不仅要看是否共同居住，还要看是否共同设灶开火，以及家庭日常生活是否共同消费。由于家庭结构与人口规模的变化与本文讨论的养老问题有紧密的联系，下面我们将调查中访谈到的几种典型的家庭形态及其老年人赡养的现状做简要的描述。

1．联合家庭　为数不多却仍然存在于里仁社区，例如今年74岁的YZX老人，其家庭由老两口、大儿子一家三口和小儿子一家四口共九口人组成，生活在同一个院子，共同开火。家里的田地全部出租，老人平时忙于清真寺宗教事务，妻子忙家务和自留地种菜两头。三个孙子还在上学，两个儿子和儿媳均在本地打工。出现这样的情况是由于小家庭虽有各自的生计方式但在经济上不能完全独立，日常生活方面仍然需要依靠大家庭和父母的支持。老人觉得自己家的情况是老人倒过来养儿子孙子。

2．主干家庭　里仁社区大多数老人与子女住在一起，所以主干家庭是里仁社区目前家庭结构的主流。今年47岁的MYF的家庭就是社区中一个比较标准的主干家庭。MYF家里现有五口人，父亲、妻子、儿子、女儿和他本人。家里有两辆大货车和两辆挖掘机，家庭收入主要依靠MYF和儿子跑运输和做工程，2014年这方面收入为10万元，家里房屋出租、果园和苞谷收入共计3万元/年，还有七八分自留地种蔬菜自己吃。MYF的母亲两年前去世，70多岁的父亲跟他生活在一起。

3．核心家庭　在主干家庭基础上，目前社区里部分家庭向人口规模更小的核心家庭演化，具体表现为以下几种形式。

（1）标准的核心家庭。例如YCD老人的小女儿的家庭，2007年，YCD的小女儿嫁到隔壁邻居家，目前为夫妻两人加上一子一女共四口人，为在生产与消费方面完全独立核算的小家庭，小家庭内部目前虽无老人共同生活，但小女儿时常关照住在隔壁的父母。

（2）一个主干家庭演变为两个核心家庭，“明不分暗分”的情况。虽然旦仁社区大多数老人和子女居住在一起，但有三分之一的老人与子女分灶开火做饭，这种情况被称为“明不分暗分”。例如今年61岁的YCD老人和妻子（夫妻同岁）在计算家庭人口数时回答5人，虽然与儿子、儿媳和孙子（小学二年级）的三口之家住在同一个院子，但实际上自从儿子结婚后的第二年（2007年），夫妇加上女儿共3人（女儿2007年底也结婚分出去生活）就与儿子的小家庭分灶开火，家庭的生产活动与日常开销均独立收支。YCD夫妇二人每天都在1亩左右的露天菜地上忙碌，每月所得300～400元是两位老人主要的收入。此外两人均有60岁以上老人生活补助85元/月[①]，虽然2000年家里有地被征，但由于经济拮据，两位老人没有买失地农民养老保险。儿子2000年因车祸造成二级残疾，小夫妻俩均靠在本地打零工为生。YCD认为子女的家庭均困难，且自己还有点生活能力，所以没有向子女要过钱。类似的案例还有80岁的MCJ老人的家庭，MCJ在计算家庭人口数时同样回答5人：儿子、儿媳、孙子（26岁）、老伴和本人。由于家庭不和，老两口现在不仅和儿子的三口之家分灶开火，家庭日常开销也独立核算。儿子拆除部分老宅子并在其基础上建了砖混结构的新房子（其中并入一部分购买迁到外地生活的隔壁邻居的宅基地），老两口仍居住在留下的老房子的耳房中，两个院子之间仅隔一堵围墙。两位老人依靠失地农民养老保险（每人380元/月）、60岁以上老年人生活补助（每人85元/月）和高龄补贴（每人50元/月）生活。另外，MCJ20世纪50年代曾在乡政府当过文书，目前能领取378元/月的补贴。三个女儿中有两人过年过节给老人钱，平时也帮助老人买点米（大女儿每月买来60元/袋的大米）、买点菜送过来。按MCJ老人的说法，儿子家每月8000元左右的收入（夫妻两人在本地打工，孙子在昆明打工），但“一分钱也没有给过”。

（3）两个核心家庭由于家庭成员间的相互责任与义务，以及家庭经济没有完全独立核算等原因使两个核心家庭实际上仍是一个变化了的主干家庭，呈现出“明分暗不分”的特点。例如今年60岁的MHC夫妇（夫人MQF今年59岁）与儿子的小家庭。MHC的儿子从昆明医科大学毕业后在东川区人民医院口腔科工作，

---

① 参看社会保障部分对基础养老金的叙述。

儿媳在东川区交通局工作，是东川本地的回族。MHC在讲述儿子的婚姻时强调“结婚办在里仁”，他说儿子在东川区买房子，大头年轻人自己出，MHC夫妇俩也支持了2万元。由于是独儿子（MHC夫妇还有一个女儿也在外地工作，后成立家庭，女婿也为独子），夫妇俩的赡养按照传统习惯应该跟自己的儿子生活在一起，并且家庭主要财产也由儿子继承。现在家里的4个蔬菜大棚（3.1亩）和6分露天菜地都是夫妇两人管理，两位老人一年忙到头仅1万元的收入。由于年纪大缺乏劳动力，他们只能种大刀菜，而且不能挑出去卖，只能等着菜贩出价合适的时候由他们来地里收购。MHC夫妇今年3月份购买了失地农民养老保险（41000元+32000元=73000元）。他说：“自己凑些，娃娃给些，找同学借点。”MHC今年开始每个月可以领到380元的失地农民养老保险和100元的城乡居民养老保险，明年妻子MQF也可以开始领这两种保险金。夫妇俩与儿子和女儿的两个小家庭之间每周通过电话联系，一般父母生病和节假日，儿子和女儿的小家庭均会回里仁探视和照顾父母，并通过给现金、支付医药费、购买生活必需品（如衣物、水票、食物等），在情感和经济上反哺两位留在里仁社区生活的老人。MHC坦言：“娃娃都在贷款买房子，生活压力重，所以平时也不好跟娃娃要钱。”

调查中虽然家庭结构呈现出复杂的情况，但我们可以观察到即使老人没有和子女共同居住或者共同居住但分灶开火，一般情况下子女仍会尽到照顾老人的义务，比如在老人生病时负责照料、平日为老人买米买油等。而老人也会尽可能帮助子女的家庭，协助子女领孙辈、接送孙辈上学和做力所能及的家务劳动等。

四 里仁社区的养老方式与社区调解

在里仁社区，老人的赡养一般依靠家庭和子女。多子女的家庭，大儿子的结婚后都要分出去单过。父母一般会留小儿子在家，跟小儿子共同生活，依靠小儿子养老。如果小儿子在外地工作或者大儿子的生活条件比较好，老人也会选择跟着大儿子生活。里仁社区从20世纪80年代开始实行二孩计划生育政策，由于家庭子女数减少，因兄弟姊妹多产生老人由谁来赡养的问题也减少，随之而来的是一对年轻夫妇需要赡养双方老人的压力，如果家里有两个子女则情况稍显轻松。目前里仁四五口人的家庭占多数，比起独生子女家庭在养老方面压力要小一些。社区副书记认为，如果夫妇双方都是独生子女，则其家庭的养老状况应该与昆明城里的家庭基本一样，即如果工作地方离女方家近就住女方家，离男方家近就住男方家。

里仁社区居民分家之前先要进行财产分割，首先开一个家庭会议公布家里的财产现状，由家庭成员共同商量如何分配。如果家庭成员之间无法达成一致，就要到社区居委会申请调解，因家产分割纠纷到社区居委会进行调解的案例每年约有5%。极个别因为家庭财产分割最后闹到法院的也有，占到2%左右，整个里仁社区由法院判决的家庭财产分割案例不超过10户。家庭财产纠纷一般因家中的房产而起，而不会为了土地。在里仁社区，1982年以后出生的就没有分到土地，在“生不补，死不减”的政策下，这部分没有土地的居民一般都可以在家庭内部继承家中老人过世前占有的土地份额。家庭自己内部会调整土地分配，一般本村嫁到本村的女性其父母也会留一份土地给女儿，土地可以在家庭内部流转，自己家庭内部调整好后，只需要到小组办理手续登记一下即可。一般兄弟姊妹几个谁赡养父母，那么父母的田地就跟着谁；如果大家共同赡养父母共同承担赡养费，则父母去世后田地由共同承担赡养义务的子女平分。目前里仁社区的家庭一般都会有两三个子女，老人有的选择跟一个子女生活，有的选择老两口各跟一个子女生活，或者由几个子女共同赡养老人，几种形式都有。此外，如果家庭条件较好的子女出去独立建房，那么家里的老房子则留给老人居住，其所居住的房产由老人自己决定如何分配。

在里仁社区，老年人的赡养纠纷是社区居委会民事调解中涉及最多的。社区工作人员觉得，子女赡养老人首先看良心好不好，此外还要看子女个人的经济水平与承受能力。他认为社区中养老问题发生纠纷常常因为“一碗水端不平”。一般这种情况多发生在子女较多的家庭，如果家里是独儿子，则赡养老人的责任应由唯一的儿子承担，而家庭中子女多则容易在老人赡养的责任划分上相互推诿。

MCJ老人说他家隔壁老人有4个儿子，每个儿子连一个月30元钱的赡养费都不愿意凑给老人，老人实在没有办法就告到了社区居委会，让子女们把钱交给社区居委会主任，再由主任转交给老人。他说老人实在气不过，拿钱都让居委会主任过一道手，不想直接跟儿子拿。MCJ老人说自己与儿子儿媳也有矛盾，但是他自己并不想去告儿子，“都说家和万事兴”。目前社区里有两家经社区居委会调解赡养纠纷，子女给老人的赡养费也由居委会主任转交。

社区工作人员认为，社区养老基本遵循老的传统，如在赡养老人方面产生矛盾而找到居委会，居委会都会上门调解，调解成功率100%。社区内每年会有两三家人因赡养纠纷需调解，一般都是家里子女多的家庭。居委会调解后会要求做调解协议，协议一般包括如下内容：①根据子女具体情况调解老人由谁赡养，如何赡养。②明确老人生病时如何处理，责任如何分担。③老人去世后丧葬事务责任如何分担。社区工作人员LJL说，协议要解决的不仅是眼前的具体问题，还要考虑后续生活问题，生病和去世后葬礼的问题都要涉及，把所有会产生费用的问题一次谈妥。

五　里仁社区老年人的日常生活

据YZX介绍，里仁社区的老年人根据自己的身体状况都会从事一些力所能及的劳动，具体有下面几种情况。

第一，有部分60岁左右原来一直务农的老年人在自己身体条件允许的情况下坚持田间劳作。例如MHC夫妇，坚持自己经营4个蔬菜大棚（3.1亩）和6分露天蔬菜地。夫妇二人觉得目前蔬菜地租金太低舍不得出租，所以二人坚持每日在田间劳作。他们早上七点半起床后自己在家里做早点吃。八九点钟去菜地干活（夏天则去得早一点），中午十二点回家吃午饭。中午一两点不敢待在大棚里面，怕太热中暑，等到下午三四点天气凉一些再去，干到天黑前回家。回到家做晚饭，饭后看看电视到十点半睡觉，有时比较累则九点半就睡觉。由于年纪大缺乏劳力，两人只种可粗放管理的大刀菜，6分露天菜地也被迫丢荒两年。年龄相仿的

YCD夫妇每天同样在他们1亩左右的露天菜地上忙碌。MHC和YCD说起从企业或者单位退休的同龄人都感叹："我们没有退休工资，要下地干活。"

第二，也有部分60岁左右的老人基本不再从事田间劳作，他们多数帮助家里做力所能及的家务（如打扫卫生、做饭等）、带小孩或在自留地上种点蔬菜自家吃。这部分老年人各自的情况不同，有的是子女承担了田间劳作，有的是家中田地已被征完，有的是身体状况已不适应田间劳作等。例如72岁的MCS老人有4个子女（两个女儿嫁到峨山，大儿子在里仁社区种蔬菜，小儿子在马街小学当老师），MCS夫妇没有和自己的子女生活在一起。MCS告诉我们，他的老伴今年65岁，前段时间去峨山照顾MCS的岳母，这两天又去马街照顾孙子，MCS有时需接送在新华中心学校上四年级的小孙女。MCS从2001年开始进清真寺。现在他每天早上五点五十分起床，六点三十五分进清真寺礼拜之后回家小睡。他说同龄的YZX与其他几位村中老人则礼拜后外出散步，而社区里散步锻炼的老人并不多。MCS小睡至七点起床，看电视或看书之后十点半开始做饭，中午两点礼拜，下午五点晚饭后礼拜，每天五次礼拜都有时间保证。每天看1～2小时电视，如中央电视台《今日关注》《海峡两岸》等。

第三，还有一部分年纪更大的老人基本上处于休息状态，如果能够做到生活自理则尽量自己做饭、搞卫生、在家附近转转。今年80岁的MCJ和76岁的MSC夫妻二人目前处在这样的阶段。老人虽然视力衰退严重，但是仍坚持自己到乡医院开药，不时在家附近闲逛。老伴不仅负责做饭，还要洗两人的衣物，女儿买来的洗衣机因使用不便闲置一旁。

据YZX老人介绍，里仁社区很多年前成立过一个老年协会，有一个协会的架子但是没有活动的场地。2010年，里仁社区居委会新大楼建好以后原计划设立老年人活动中心，但后来改作社区居民办事用的餐厅。YZX觉得老年协会长年有架子而无活动场所，主要原因是社区老年群众意见不统一。现在社区老年人日常的活动主要有下面几种情况。

1. 经常上清真寺礼拜的老人约占社区老人数量的10%不到。能够到清真寺每天做五次礼拜的约有100来人次，50人左右。主麻日清真寺礼拜的人男性

140～150人，女性50～60人，总的有200来人，老年人占多数。

2. 里仁社区因为离中滩街近，有一部分老年人会上街走走，去公园、广场闲逛。

3. 部分老年人去私人开办的茶室喝喝茶，打麻将，玩扑克（主要是退休后回村里生活的老人）。

4. 还有十多个老年人经常聚集在供销社门口闲聊。

六　社区老年人社会保障和医疗条件

（一）社会保障

里仁社区居委会于2014年6月建立社区社会保障服务站，该服务站主要负责协助社区居民办理城乡居民基本医疗保险、城乡居民基本养老保险、被征地人员基本养老保险、自谋职业和灵活就业人员参加职工基本养老保险。以上四类社会保险中有三类为专门的养老保险，而城乡居民基本医疗保险也直接关系着老年人群的医疗保障。我们可以大概了解一下里仁社区以上社会保险的基本参保情况。

1. 基础养老金

社区居民称85元/月的基础养老金为生活补助，这笔钱是中央、省、市、区各级政府累积发放的基础养老金。居民购买的城乡居民基本养老保险则在这笔基础养老金之外，具体领取金额根据个人缴费情况有差异。

2. 城乡居民基本医疗保险

目前仍由社区居民在小组上缴费，小组负责收完核对后上交到社区社会保障服务站后统一到银行缴纳（今年里仁社区有1700多人领了二代医保卡，持有二代医保卡的居民可以直接到银行自行缴费）。缴费金额2014年是每人110元/年，2015年是每人120元/年。城乡居民基本医疗保险从新生儿落户就可以购买，目前里仁社区居民基本都已经购买该保险。里仁社区居民用第二代医保卡就可以即时在云光医院（西山区第二人民医院）和海口卫生院看病后直接报销。住院卫生院报销比例为85%，二级医院75%，三级医院（如云大医院）60%。

3. 城乡居民基本养老保险

里仁社区居民于2012年开始办理该保险，居民年满18周岁的都发卡，届时由本人自己带卡到农村信用社缴纳保费，缴费档次从100元到2000元，有12个档次，最后所享受的待遇也不一样。目前里仁社区居民普遍每人缴纳100元/年的档次。社区居民年满60岁以后可以领取养老金（要买15年，政府有一定补助）。据工作人员介绍，社区居民大多都办理城乡居民基本养老保险。缴费人员中如果是1955年以前出生的居民已经可以享受待遇。参保人员死亡后，其法定继承人或指定受益人有600元的一次性丧葬抚恤补助。

4. 被征地人员基本养老保险

保费为每人380元/年，女性55岁以后领取，男性60岁以后领取，一次性交清。缴纳费用标准依年龄、被征地面积、性别、征地时间不同而有差别，政府有一定补助。据工作人员介绍，目前社区有200～300人办理了该保险。

5. 自谋职业和灵活就业人员参加职工基本养老保险

这种保险仅限于居民户口，可以由居民自己购买，如有单位愿意为职工购买，则单位为职工出一部分，自己出一部分。据工作人员介绍，社区目前有几十人办理了该保险。

此外，《云南省社会救助实施办法》中对最低生活保障、特困人员供养、受灾人员救助、医疗救助、教育救助、住房救助、就业救助和临时救助等都做出了规定。目前社区办理的低保覆盖了109户，118人。除了享受城乡居民基本医疗保险外，低保户的医疗在民政方面可以再报销一次。年满60岁以上老年低保户可以领到每月300～400元的低保金。

（二）乡医院

里仁社区居民都习惯称社区卫生室为“乡医院”，它位于大村中心的敬老院旁边一栋十多年前建的两层砖混结构小楼中（占地80平方米）。进门中间的房间为诊室，两侧的房间设有治疗室、药房和三个床位的小病房。卫生室从20世纪80年代以来均安排有两位医生，目前在职的两位年轻女医生均为里仁社区居民。卫生室工作繁杂，专门针对社区老年人的日常工作有如下几项。

1. 为社区老年人建医疗卫生档案，把本社区老年人分为健康老人、慢性病老人、高血压和糖尿病老人几种类型，造表并录入电脑管理系统，老年人到医院就诊时医生可以直接进入电脑系统调取个人资料。

2. 为社区60岁以上老年人每年体检两次（最少一次）。体检内容有量血压、验血、化验大小便、心脏检查、做B超（到海口卫生院），均为免费。平时卫生室医生采用电话随访或到家里看望两种方式询问老人身体情况和用药情况，老人突发疾病一般由家人直接送大医院。

3. 为社区老年人看病开药，我们在社区卫生室访谈的两个小时中（上午）看到四五个老人来看病开药。

目前城乡居民基本医疗保险已经基本覆盖到所有里仁社区居民，社区居民生病多数人选择到西山区第二人民医院（原300号职工医院）和海口卫生院就医。

（三）老年人的疾病与医疗费用

在调查中我们发现，疾病与医疗费用是社区老年人谈论较多的话题，分析下来可以归结为重大疾病开支与报销和慢性病日常购药费用两个具体问题。

我们先看大病的开支与报销案例。MHC和MQF夫妇谈到了他们的大病经历。2008年，MHC在中滩街上拉马时因旁边三轮摩托发动瞬间马受惊跃起，MHC在制服受惊马匹时膝盖磕在人行道外缘立面，髌骨粉碎性骨折，MHC被送到昆明四十三医院做手术，住院1个月零8天，医药费用2.7万元，最后仅报销8500元（护工陪护费另计）。MHC说当时骑摩托的人跑掉了。MHC说完拉开裤腿露出手术后的膝盖，X形钢架仍安放在膝盖髌骨上。妻子MQF去年患肾结石，住进海口卫生院后检查出已经是肾积水，海口卫生院建议到附近的轴承厂医院用专业医疗设备震石头，但是该项目1600元的医疗费只能自费。之前在海口卫生院住院花了800元，仅报销180元。YCD老人也坦言，自己比较担心的事情就是生病。他告诉我们去年他在云光医院做痔疮手术花了8000多元，报销70%左右，自己出了2000多元。

与突发疾病造成的大额开支相比，日常购慢性病药的费用对老年人也是一笔不小的开销。MCS认为，社区有部分老人生活困难的主要原因就是慢性病、糖尿病和心脑血管疾病的日常药费花销大。MCS平时帮社区群众开经，一个月有两三百元的收入（每次十多二十元），可以解决自己购买糖尿病药100多元/月的费用。年纪比较大的MCJ（80岁）老人和老伴MSC（76岁）二人的日常开销，医药费占很大一块，老两口都有糖尿病，两人糖尿病的药费一共400元/月，此外MCJ还需150元/月的治疗前列腺炎的药。虽然现在社区60岁以上的老年人每年有400元的慢性病补贴，但对于长年用药的老年慢性病患者，仍显杯水车薪。

（四）里仁敬老院

里仁社区早在1985年2月就成立了西山区第一所敬老院——里仁敬老院[①]，是一所村办敬老院。社区副书记介绍，里仁社区原先孤寡老人较多，以前社区里的孤寡老人（原来称为“五保”户）是由各个生产队负责供养，生产队免费为他们发放粮食，生产队里大家分什么也会给他们一份，等到他们年纪大生活不能自理的时候就把他们集中起来由集体安排专人给他们煮饭，相应的配套服务（日常照料、丧葬事务等）都会跟着进行。据现任清真寺管委会主任介绍，当时的大队书记听到街上（海口）要成立敬老院，觉得是新鲜事物就组织人去参观。回来后开了一个会，把里仁的14个“五保”户集中起来在原生产大队办公用的四合院里成立了里仁敬老院。各生产队把各自供给“五保”户的粮食交到敬老院，由乡里（里仁乡1984～1987年）负责炊事员的工资和买菜的费用等，上级民政部门则按实际人数发放补助。当时敬老院有两个炊事员，老人们如果生病可以直接到隔壁卫生所看，隔一段时间敬老院会请人来为老人理发。到老人去世的时候，属于哪个生产队的老人就由该生产队负责，民政部门也有补助，生产队与清真寺协商办理死者的丧葬事务，丧事一般从简操办。

后来由于清真寺阿文班的学生人数比较多而敬老院老人逐渐减少，就把敬老

① 西山区地方志编纂委员会：《西山区志》，中华书局，2000，第37页。

院的伙食并到清真寺一起开办。清真寺于2005年停止招收学生以后就没有继续办食堂，清真寺的炊事员则继续负责敬老院的伙食（目前炊事员工资300元/月）。2005年前后，经过多方面筹集资金，由村委会（里仁村委会2000～2010年）出面把敬老院的老四合院拆除重新建起砖混结构的新房子。现在敬老院里老人的费用已经不需要小组负担，敬老院每年四五万的费用80%靠社区集体资金，民政局有救济粮的时候就帮敬老院安排一部分，此外住在敬老院的老人都有低保，其低保也被用作敬老院集体的养老费用。若是遇到生病或者死亡则需要小组上来负责管理，并配合清真寺料理后事。清真寺参与社区居委会管理敬老院部分事务（如伙食等），做节时也会专门给敬老院的老人送一份菜，但最主要的工作还是老人去世时负责料理老人的丧葬事务。

目前敬老院还有两位老人居住，均为80来岁男性。其中一位老人数日前生病由居民小组负责送医院，居民小组还派专人看护，由于看护的人仅白天看护而没有尽到责任，而且旁边200号敬老院比较专业（护理条件较好，社区医院也在旁边），所以现在居民小组出面又把老人送进200号敬老院，2500元每月的费用由社区负担。除了常住敬老院的两位老人，里仁社区还有3位“五保”户也由敬老院供养，因为他们有一定的自理能力，或是有亲戚捎带照顾，所以他们不愿意住在敬老院而选择住在家中。YZX坦言被送到里仁敬老院的老人一般都是社区里无子女而且智障无自理能力的老人，整个社区从1985年到现在进过敬老院的人员有15人。YZX认为等敬老院里的两位老人去世后，里仁社区是否继续办敬老院还要看形势。

从调查中我们可以看到，改革开放三十多年来随着社会经济的发展和人们生活水平的提高，针对老年人的社会保障体系从无到有，社会养老事业也已经具有初步的规模。里仁社区回族居民有帮助鳏、寡、孤、独的传统，加之20世纪80年代初期里仁乡镇企业发展得很红火，当时集体有一定的经济实力，所以1985年，里仁就由村集体办起了西山区第一所敬老院。里仁清真寺也在以往为回族居民操办传统丧葬事务的基础上通过购置殡仪车等方式来提高清真寺的殡葬服务水平，以满足社区回族居民对现代殡葬服务的需求。但由于我们国家社会化养老整体水平还不高，加上里仁社区回族居民传统家庭养老的观念仍然根深蒂固，一般里仁社区老年居民基本选择家庭养老。敬老院里供养的“五保”户从初期的14人逐步减少到5人，而且他们当中3位有自理能力或有亲戚照顾的也不愿意生活在敬老院（虽然属于敬老院供养的“五保”户），所以目前里仁社区回族居民的养老方式仍然是以家庭养老为主，社会保障为辅。

景谷“纳福”调查：南传佛教与傣族养老管窥

刘　军

一　引言

宗教是传统的社会养老力量之一。与世俗力量相比，宗教对养老的影响自有其特殊之处。不过在现实中，不同宗教与其跻身其间的社会文化环境共同形成的具体境况，又是千差万别的，因此对养老的实际影响也就千姿百态。

本文试图聚焦于景谷傣族的“纳福”现象，讨论作为神圣动因的宗教理念和宗教实践，是如何与傣族世俗人生的养老相关联并产生深刻影响的，借此管窥南传佛教对傣族养老可能产生的作用。这一选题的理由是，在景谷傣族的佛教信仰中，“纳福”既是今生享受晚年福祉，也是今后成就佛教式神圣人生正果的主要途径之一。2014年，普洱市在全市九县一区范围内评选出了10位“百岁寿星”，其中景谷占有3席，1男2女，均为傣族，分别为103、104和107岁。老人们如此解释道：“本来只活得80岁，是佛祖让活到100多岁，主要是因为‘纳福’纳得好。”就连在外人的眼里，“纳福”也是颇具吸引力的：“看着那些古稀耄耋老人在修行之余，集体围坐在菩提树下开心地聊天、打牌，幸福地一起分享后辈孝敬的饭食的场景，总会心生感慨。其实，它不啻于一种圣俗并举的养老模式。”[1]

---

① 刘军，梁荔：《圣与俗——景谷傣族的南传上座部佛教》，云南人民出版社，2014，第169～170页。

本文试图呈现，借助“纳福”，傣族长辈完成了个体人生核心义务的由“俗”转“圣”，正式开始了居士身份的中年、晚年生活，将曾经肩负的部分主要劳务、家务移交给后辈，把生活重心转向追寻佛教式神圣人生正果之上。然而，傣族长辈群体非但没有因这一转向疏离社会，反而在相当程度上成了社区公共生活的重心和焦点。只要亲临现场就不难发现，一次次的“纳福”仪式如同一场场圣俗交织、全民参与的社区戏剧。在剧中，长辈是绝对的主角，其他人都是心甘情愿为老人服务的配角。社区众多的经济、社会、文化资源，也都在这一过程中被有效吸纳、整合到了老人这个焦点之上。更重要的是，这还是一场永不谢幕的戏剧。在年复一年、周而复始的“纳福”过程中，每个个体几乎都将持续一生地参与到其间，并终将从年轻配角逐渐变成年长的主角，代代接续、永不停歇。[①]可以说，不论从宗教的理想意义上还是从世俗的现实意义上，“纳福”都可谓实至名归——既因持戒修行积累了功德（傣语为“纳稳”）使来世的神圣福报更加有望，也因其“长辈+居士”身份在傣族社会中享有的特殊待遇而在现世享受了世俗之福。在相当程度上，傣族老人的确因“纳福”而晚年得福。

二　田野点概况

景谷史称“威远”，自古为多民族聚居之地。景谷傣族自称“傣那”，元明时期随战事迁入勐卯的（大致为今德宏州）傣族应是其中主要成分。1984年，景谷傣族彝族自治县成立。2014年末，全县有汉、傣、彝、拉祜、布朗、哈尼等26个民族共31万人，其中少数民族人口14.8万人，占全县总人口的48%，傣族人口6.2万人，占全县总人口的20%。

景谷是云南南传佛教的传统分布重地之一，普洱市境内的南传佛教主要分布在两个县，景谷是其中更为集中的地方（另一个是孟连县）。除傣族全民信仰外，景谷的布朗族也信仰南传佛教。目前学界对景谷南传佛教的早期历史尚存争议。若按此前较为流行的观点，以首任土司刀汉臣始建勐卧官佛寺的1644年

① 这只是理论上的说法，现实中也有例外。笔者遇到过一些老人，他们要么从信念上没有这一动机而不参与，要么只是作为一种“集体活动”参与，仅仅为了不被视为不合群的异己。

起算，迄今约370年。若是从地方口述史中第一座民间佛棚（1180年兴建），或从被称为第一座全勐佛寺（傣语"洼西利专勐"，1250年迁建）的大芒费佛寺算起，那么景谷受佛教影响的历史更久得多。[①] 据县志记载，清末时景谷有寺136座，僧2000余众。后经历史沉浮，众多佛寺销声匿迹。至2014年，全县有寺82座，僧200余众。[②]这些佛寺主要集中在三个传统大勐："勐卧"（今县城所在地威远镇）、"勐嘎"（今永平镇）、"勐班"（今勐班乡）傣族人口密集的坝区，其余少部分散落在今凤山、益智及民乐镇。

在对教义的大众阐释[③]层面上，笔者将景谷傣族的南传佛教信仰核心观念体系大致归结如下：它在不同程度地兼容了魂、神、鬼、竜、命、运等傣族传统民间信仰的基础上，以实际上的"有我"论为理论基点，以布施做赕、持戒"纳福"、听经学习等为积累自身功德的主要途径，以凭借累世功德换取现世福祉和来世福报为基本价值取向，以最终进入彻底超脱轮回的涅槃境界为终极人生目标。这个涅槃境界，傣语称为"勐尼板"（"勐"指繁华的大地方，"尼板"即涅槃），地方汉语方言则俗称为"极乐世界"或"天堂"。届时，将是第五世佛祖"弥迭雅"的天堂般的盛世时代[④]。深深植根于人们心目中的神圣人生历程，就是要亦步亦趋地紧跟导师"果大麻"（即依梵文古译的乔达摩，指释迦牟尼）的垂范与教诲，在自己累世的轮回之中戒恶行善积累功德，迎接"弥迭雅"时代的到来。

学术界对景谷南传佛教的研究较少。这或许是由于景谷傣族人口总量小，南传佛教起步相对较晚，在某些方面受汉文化影响较明显等原因所致。不过笔者认为，景谷南传佛教与云南南传佛教相较既有共性也有个性，而且在不少方面颇具研究价值。一如在多元民族、宗教文化的有机整合方面很具典型性。二如在佛教

① 本文中关于景谷南传佛教的调查、考据、个人观点等，请参见刘军，梁荔：《圣与俗：景谷傣族的南传上座部佛教》，云南人民出版社，2014。梁荔，刘军：《威远梵印：景谷南传佛寺全图》，云南美术出版社，2013。

② 时登记在册84座，含2座搬迁未建。82座寺中有濒于废弃或已废弃的若干。近年处于废建高峰期，数量时有变化。

③ 所谓大众阐释，是指景谷傣族普通信众对于教义较为普遍的解读和认同，僧人的解释与此会有较大差异。

④ 现在为第四世佛祖释迦牟尼时代，傣语称作"果大麻撒撒纳"。

传承尤其是僧伽传承方面堪称一块“飞地”[①]。三如在盛行赕“帕达”[②]方面独树一帜。四如景谷的“纳福”之风极为厚笃。2013～2014年，我们对全县82座佛寺进行了逐一走访和部分佛寺的重点调查。据当时统计，2013年全县有近4000名傣族中老年人“纳福”，约占当年全县傣族人口的6.5%。如果按65岁及以上老年人口占全社会人口7%就标志着进入老龄社会的话，那么可以说，“纳福”的覆盖面已经初具应对老龄社会的能力。

三　作为个体修习仪式的“纳福”：雨安居内的仪规

（一）“纳福”定义

笔者尚未查到较为严谨的“纳福”定义。在最初的田野调查中，还曾为“我‘纳福’了，不过这次不来‘纳福’了”之类的句式所困窘。后来才明白句中“纳福”有广义、狭义之分。其意为：已正式开始了居士身份的“纳福”，即从此严格持戒修行的人生阶段，不过因故临时不能参加某次“纳福”仪式了。

狭义的“纳福”，仅指“纳福”仪式，即南传佛教居士在戒日进入佛寺，在僧人指导下进行以持戒、禅修等为核心的个人修习仪式。它是雨安居中为信众举行的核心仪式，也是南传佛教居士生活的标志性仪式。广义的“纳福”，则指南传佛教居士整个持戒修行的生活阶段。这是一个从首次参加“纳福”仪式直至终老的漫长过程，其间不得随意中断。

与“纳福”对应的傣语为“软信”或“熬信”。虽然景谷僧人认为“熬信”（即受戒、持戒，“熬”意为拿、取，“信”意为戒）更接近“纳福”原意，但普通信众普遍用“软信”。“软信”原本含义较窄，就是请戒，特指信徒向僧侣请求传戒、授戒（僧侣为信众传戒叫作“奔信”）。由于“软信”是景谷傣族信众一生中经历无数次的仪式，任何一次集体佛事活动中的开场均由安章率众向僧

① 云南南传佛教“有寺无僧”问题在全省都非常普遍且程度严重，景谷绝大多数佛寺都有僧人。如与景谷相邻的临沧县在缅宁土司强盛时佛寺多达360余座，远比同时期的景谷多，如今仅剩18座佛寺，有僧人驻持的只有3座。

② “帕达”意为佛迹，即传说中佛祖云游景谷时留下的各种神圣印记。“赕帕达”即朝拜佛迹。景谷独有佛迹26处，在国内和东南亚有较大影响。

人请求传戒，所以就成为人们最熟悉，使用最频繁，同时所指也最广泛的一个概念。人们既用“软信”泛指任何一次佛事活动中的请戒传戒过程，也用来特指雨安居期间的“纳福”仪式，因为“纳福”仪式中的开场与核心内容，也是“软信”。

“软信”源自巴利语佛经中的“Sila Parami”。在景谷的几乎所有大型集体佛事活动中，总会听到僧人把“赕纳巴腊眯、西腊巴腊眯”挂在嘴边，类似固定的开场白或总结词，这就是巴利语经文“Danna Parami，Sila Parami”。其中，Danna即布施，赕。Sila即戒。Parami 即波罗蜜，意为善行、梵行、菩萨行。“赕纳巴腊眯、西腊巴腊眯”是南传佛教推崇的“十波罗蜜”中为首的两项，也是景谷傣族认为最重要、最热衷的两大类日常佛教实践。“赕纳巴腊眯”就是要布施做赕，“西腊巴腊眯”就是要持戒“纳福”。

在正式“纳福”之前的信众，每次参加集体佛事活动时，僧人都要为其传授并当即受持五戒。佛事结束时，僧人又会为之解除五戒，人们又重归俗世生活。因此人们在日常生活中守持戒律有一定的灵活性，既可全守，也可只守其中几条，因人而异，不做强求。当然，完全目无戒规者在傣族社会将遭到鄙视和排斥。一旦开始“纳福”情况就大不相同了，身为居士就要严格守持自己发愿守持的戒律，在日常生活中至少以五戒全守为底线，还要遵守相关仪轨，尤其是每年雨安居都要按时参加“纳福”仪式。

（二）“纳福”人

“纳福”人包括两类，发愿守持五戒者被称为“纳五福”，守持八戒者被称为“纳八福”。

据玛欣德尊者的意见，南传佛教的戒应译作“离……学处”。[①]离，即远离、出离；学处，即学习和训练的规则。南传基本五戒为：“离杀生学处、离不与取学处、离欲邪行学处，离虚妄语学处，离放逸之因的诸酒类学处。”八戒，首先是将五戒中的“离欲邪行学处”升级为“离非梵行学处”，另外又增加三

① 玛欣德尊者编译：《上座部佛教修学入门》，云南省佛教协会等印行，第134、280页。

款：“离非食时学处，离歌舞装扮攀比学处，离高广大床学处。”

大多数普通信众除了掌握五戒、八戒的基本要求之外，对于其中的深奥理论意涵所知并不多。深刻影响人们行为的相关信念是：每一次受戒、持戒都会有相应的功德，人生历程中受持戒律越多，守持时间越长，功德就越大。在大众阐释层面的功德，相当于自己可以借之换取今生福祉与来世福报，也可以通过回向去帮助众生的神圣“筹码”。为此，在累世轮回中都不断践行波罗蜜，通过持戒、做赕、听经等等方法积累功德，是追寻佛祖脚步实现佛教式人生价值的根本途径。尽管人们知道“纳五福”功德不及“纳八福”，因为前者能帮助人远离基本的罪孽邪淫，后者则能帮助人们进一步远离欲望的纠缠，所以功德更大，但是由于不易做到，所以现实中“纳五福”者为绝大多数。而“纳八福”者，也只是在雨安居期间持守八戒，日常生活中则持守五戒。

从理论上讲，成年男女可以自主决定何时开始“纳福”以及“纳五福”还是“纳八福”。关键在于能否解决好现实生活与守持戒律的冲突，其中最主要的障碍或者说最硬性的前提条件就是远离杀生。目前的这几代傣族中老年人，当初婚育年龄普遍较早，40多岁时子女已成年或成家立业，能接手与杀生相关的劳作，让父母中年就可以“纳福”的情形很普遍。加之按照教义越早开始“纳福”越好，所以景谷傣族40多岁开始“纳福”的是常态。因此，景谷傣族“纳福”队伍的年龄跨度相当大，从四十多岁一直到八九十岁都有，是一个规模庞大、名副其实的中老年群体。

（三）“纳福”的时间

“纳福”的日子属于佛教的戒日，依照古规是贯穿全年的。相当于农历的每月初八、十五、二十三、二十九或三十（因大小月而定）都是，居士都应入寺修习。后来演变成了仅在雨安居内的戒日入寺修习。雨安居内的戒日傣语为“挽信”，“挽”意为日子，“信”即“软信”。日常口语中多会叫作“信日”，有时干脆简称为“信”，如每一次戒日的“纳福”活动会被叫作“一信”。

景谷有一些严格要求自己的“纳福”人会自觉坚持古制，全年所有“信日”

相约入寺，由大佛爷[①]为其传戒。大多数人很难做到，他们每年必须入寺参加仪式的“信日”有14个。如遇特殊情况不能参加，需要带上“礼信”去佛寺告假。其中13个信日在雨安居期间，也就是从入雨安居（当地俗称“关门节”，傣语“奥瓦萨”）到出雨安居（当地俗称“开门节”，傣语“毫瓦萨”）的3个月内。最后1个“信日”在雨安居结束后，有个专名为“信络”，意为“软信总结日”。届时僧俗一起对整个雨安居期间的修行情况进行检视、总结。此后，景谷傣族结束戒期，回归到以世俗事务为中心的寻常生活中。至次年雨安居来临又再度“关门”进入以持戒修行为中心的神圣生活阶段。

（四）“纳福”的地点

“纳福”仪式必须在佛寺举行，而且一定是在“自己的佛寺”，人们称之为“我们‘萨榻’的缅寺”[②]。

“萨榻”是一个指称广泛的范围概念，其中最小的范围大致类似于基层教区，是由一个佛寺与其固定所属的村落共同构成的区域范围。笔者称之为村寨佛寺“萨榻”，通常包含一个到若干个村落。在该“萨榻”内，全体村民与佛寺之间责权利紧密捆绑，彼此依存。一方面，村民有共同分担“自己的佛寺”的建盖、维护及驻寺僧团的供养等等义务。同时，也享有包括中老年后在本佛寺“纳福”等等权利。另一方面，由“萨榻”供养的“自己的佛爷”们，也要尽心尽责为本“萨榻”信众的佛教生活需求提供令人满意的服务。

（五）“纳福”的基本流程

“纳五福”仪式仅限戒日白天，当晚回家。景谷各地的“纳福”仪式流程总体一致，但在各自传统、遵循教义教规的严谨程度、“赕信”（“纳福”期间子女、亲友、村民们为“纳福”人布施饭食等）方式等等细节上有所差异。例如，县城所在地威远镇及周边地区世俗化趋向更浓一些，“纳福”时会盛装厚饰，

① 日常口语中，人们将具备主持佛事活动资格的僧人统称为佛爷，其中住持称为大佛爷。
② 当人们使用“萨榻”而不是村组、村寨之类词汇时，意味着主题或语境与佛事相关。

其中不乏艳丽的现代傣装，且鲜有“纳八福”者。而永平镇等地相对更保守传统一些，“纳福”时保持素装薄饰，多见黑白二色传统中老年傣装，也还有一定数量的“纳八福”者，还能见到“纳八福”仪式。“纳五福”与“纳八福”的仪式本质上是一样的，因此会合在一起举行。差别在于“纳八福”者在戒日前一天入寺，戒日当天与“纳五福”者汇合一起参加仪式和修习，连续两天留宿佛寺静修，第三天上午离寺。下面以永平镇迁岗佛寺“纳八福”仪式为例简要介绍基本流程。

第一天，即戒日前一天，傣语称“挽档显”，“挽”即日子，“档显”意为准备。主要准备内容为：①夫妇分居（一般一周前就开始）。②洗浴自洁。③温习经文。主要是仪式上常用的基本经文，如礼赞三宝功德的《佛随念》《法随念》《僧随念》，讲禅定的《帕瓦纳》与戒律相关的经文等。均为此前自己或请人抄写好留用的。④服装服饰。一般要求着庄重整洁的傣装，禅修时用的白色袈裟等。⑤各种用具。最重要的，一是俗称的“米花盒”（傣语“额泡嗲”），内装礼敬佛法僧三宝的蜡条、米花等。二是滴水用的小葫芦或小壶。

这一天“纳五福”者在家准备。“纳八福”者已提前准备停当，先行入寺进行半天的修行，而后就留宿佛寺。

修行从迈出家门就开始了。出门时，“纳福”人扶着大门念道：“今天我把家放下了，任何家事心里都不牵挂了。”一路上也在默念：“我看不见蚂蚁、虫虫，如果踩到，请原谅我不是有意的……”行至山门外，脱鞋入寺院。扶寺门又念：“我今天按照佛祖教导进佛寺修行了。”然后，拿扫帚扫佛寺一圈以示敬意。因佛寺清洁保持较好，所以只是象征性举动。随后以点燃的蜡条、糯米饭和纸币等依序礼敬、布施三宝及“迪瓦拉”（景谷傣族信仰的诸保护神）。

诸礼毕，跪在大殿滴水处向地面滴水，敬告佛祖：“遵照导师所教、所示，今天我来‘纳福’了，我把自己戒修的功德回向给亡故的先祖以及那些被杀的生命……”随后，开始禅修（傣语称作“帕瓦纳”，巴利语bhavana，意为修习）。人们在大殿里盘腿而坐，用白布覆盖头脸至全身，头顶关于戒律和

“纳福”一般仪轨的经书《嘎麻坦目》，双手合十搓捻佛珠，默念相关经文多遍，开始禅定。本来南传禅定有初禅、二禅、三禅、四禅等多重境界，大众所修不过是粗浅程度而已，且个体差异很大。大多数人是数珠礼敬三宝，将《佛随念》《法随念》《僧随念》各念108遍，将关于禅修的《帕瓦纳布塔衮》和关于戒律的《挽滴段》等经文念若干遍，并自我暗示排除一切世俗牵挂和与梵行相左的杂念，感觉到入定有所收获了，就自行休息了。禅定时间从十多分钟到数十分钟不等。随后安章率众“苏玛”，即反省检视自身不当之处，忏悔请恕，大佛爷为众人“罕码”给予宽解。继而请戒、传戒。因这一天不是正式戒日，故此只为大家传授五戒。

晚餐是“赕信”的后辈们做好送来的，一般多为米线。人数众多的晚辈、村民们张罗好桌椅、碗筷，请“纳福”的长辈们落座用餐后，就会由年轻小伙子们带头，把原来大家赕留在佛寺的公用象脚鼓、铓锣等“布扎”（以象征性的一点点钱或者少量蜡条赎请）出来，在寺院广场上敲起锣、打起鼓，以表达对长辈“纳福”的恭贺、祝福。餐毕，“纳福”人会自行到殿内拜念，将功德回向给大家。当晚，“纳福”人在佛寺为大家备好的静修室内静修、过夜。室内不设家具，只为每个人安排一张不高于20厘米的简易小床，配极简铺盖。睡上去并不舒服，有些苦修的意味。人们禁止闲聊，各自清心、静修，为明天做进一步准备。

第二天，即正式“信日”。清晨，“纳福”人洗漱完毕自行礼敬三宝、“迪瓦拉”，滴水。而后安章率众礼佛、“苏玛”，向大佛爷请求传授八戒。大佛爷将八戒逐条向大家传授，众人一一承诺受持。传授毕，大家退场。“纳五福”的人们进殿，由安章率众行礼并请求传授五戒。分别传戒完成后，大佛爷为全体“纳福”人将《嘎麻坦目》置于头顶。各人开始禅修，待陆续禅毕，滴水回向当日功德于诸亡灵。

中午，全体“纳福人”一起在寺院内享用“赕信”的人们送来的饭菜。由于本“萨榻”的所有长辈齐聚，“赕信”队伍也就更加庞大，所赕饭菜也倍加丰盛。与头天晚上一样，晚辈们再次敲锣打鼓表示祝贺。

下午，“纳福”人自行安排禅修。晚餐依旧是人们送来。由于“纳八福”者在这一天严格遵守八戒，过午不食，所以只是“纳五福”的长辈们享用晚餐。餐后，佛爷会根据不同的日子，分别念诵《嘎固》《麻萨迈》或《布塔》《麻仗》等经文，为村寨“萨榻”全体众生祈福。随后“纳五福”的回家休息。“纳八福”的继续留宿佛寺静修。

第三天，傣语称作“挽崩信”。“崩”的意思是“解除、脱去”。大家自主推选出一个熟悉相关经文者作为临时安章（“信别”，意为“八戒的安章”），由他带领大家念一段称作《崩信》的经文。经文大意为：“我来佛寺学习、持守八戒两天了，现在要解脱八戒，把戒律放在佛寺大殿了。我就要回家了，带着五戒回去。”念毕，大佛爷为众人传授五戒。授毕，各自再行“帕瓦纳”禅修，滴水回向，而后回家。至此一个信日的“纳福”仪式告一段落。

这里补充说明一点，“纳八福”并不苛求全年守持八戒。本来多半情况下人们都能自觉守持其中的七条，只是农村生活坚持过午不食（即离非食时）很难。尤其是四五十岁者，虽已远离涉及杀生的劳务，但多数人不是完全不做事，如果过午不食，精力、体力都不够。而且人们认为，既然承诺就必须全部做到，一条做不到都是罪过。所以平时只持五戒，到了雨安居再守持八戒。当然严格而论，基本上也就是其中的“信日”如此。目前，整个景谷4000多“纳福”人中“纳八福”者大约200多人。

四　作为家庭义务与社区公共责任的“纳福”：老人成为公共焦点

为长辈“纳福”提供支持和保障，既是一项家庭义务，也是一项公共责任。作为家庭义务，主要由子女们承担。而公共责任，则会由“萨榻”内的宗教与世俗组织以及全体村民共同承担。

（一）“纳福”背后的亲子关系

长辈“纳福”向后辈子女们提出了一系列不言而喻的要求。主要包括：交接杀生相关的家务和劳作，提供老人参加"纳福"所需的开支，照顾好老人身体健康等等。这些支持贯穿长辈后半生直至其终老。

傣族青壮年时，为生活耕田、种地，踏蚁、灭虫在所难免，为待客应酬也不得不杀鸡、宰鱼。然而人们认为："只要开始'纳福'，有些事就坚决不能做了。不能直接杀生，也不能打鸡蛋，就连为杀鸡、宰鸭、做鱼去添柴凑火、烧水刷锅之类的活计都不能沾手。农活可以继续做，但是很忌讳踩到蚂蚁、挖到蚯蚓、虫蝼，也不能去打药杀虫……"后辈全盘接手这些工作，就是让长辈从家务和农活"一线"撤离下来。所以，"纳福"者的年龄门槛就是由自然年龄与社会年龄共同确定的，其中农活与家务的家庭分工具有决定性作用。让父母远离杀生，在相当意义上就是通过家庭再分工让父母"退休"。夫妇一起退休开始"纳福"颇为常见。景谷傣族老人们，也经常拿我们的"退休"与他们的"纳福"相提并论。

通常情况下，留在老人身边养老的儿子、儿媳，是承担"纳福"家庭义务的"第一责任人"，不过所有子女都要共同承担相关义务。以经济支持为例，"纳福"过程中老人的开支通常会涉及三种：一是宗教性开支，赕给佛祖、僧人、"迪瓦拉"等的现金，每天加起来大约十元，以及米花、蜡条等小赕品。这是常规性的基本开支。二是集体性开支，有时大家需要缴纳餐费集体购置食物。三是个体性开支，因为"纳福"日常常也是流动商贩来贸易的机会，老人会顺带在休息时间购买些衣物、小物件。一般一个雨安居花费大约300元到500元。临近雨安居，身边的子女们就要召集大家共同为父母准备好钱物，就连在外地打工的孩子也会寄回长辈"纳福"的份子钱。出于面子和信仰，子女们总是愿意在长辈"纳福"上给予更多的开支。即便有的老人财力自足，不需要孩子支持，晚辈也会以其他方式如为长辈购置服装、用具等等以示支持和孝敬。

"纳福"所涉及的亲子关系有着丰富的意义。"纳福"也是长辈们"聚会"的场合，修习之余，长辈们总会明里暗里相互比较。比如看哪家的孩子更孝顺、更尽心尽力地支持长辈"纳福"；"赕信"送来了什么食物，是不是很丰盛、很用心或厨艺很好；自家晚辈"亲友团"是否来敲锣、打鼓祝贺；晚辈的言谈举止是否合乎佛教礼仪；哪家的孩子读书上进，工作好，哪家的孩子会做生意，更能赚钱；有些老人还会相互比较服饰、首饰，哪件是儿媳买的，哪样又是姑娘或儿子买的等等。这些以亲子关系为焦点的比较中，是世俗标准与宗教标准混合使用的。财富家境如何、家教家风如何、子嗣是否兴盛等等问题，看似很世俗，其实也都与佛教信仰有关，都隐含着大众阐释中关于"纳福"、功德与福报等等之间的因果想象。"我们来'纳福'，孩子们都支持。因为我们纳得好，他们也得福。孩子昌盛不昌盛与我们'纳福'纳得好不好有关系。纳得好，又爱听经，又乐于做赕的人，后代就昌盛。"长辈们坚信，"纳福"绝不会只关系到自己的福祉，也直接关乎后辈兴盛与否。因此，长辈一开始就肩负着为后代"积福"的使命。

"纳福"既依赖亲子关系，也反过来对亲子关系产生影响。不过它并没有一边倒地单方面强调子女的义务或孝顺，而是从亲慈、子孝两方面入手改善了亲子关系。比如，身为父母有责任言传身教，让晚辈懂规矩。景谷傣文化协会会长周继元的妻子告诉我们，第一次"纳福"前就有意识地培养儿媳妇了，包括让儿子带着媳妇去银行换新纸币给父母，用于"纳福"时赕给三宝、"迪瓦拉"。再如，在"纳福"修行过程中，特别是"苏玛"和禅定等阶段，都在促使长辈对照佛法要求自我反省、自我批评，不断提升自身的修为品行。也会像刘原曾经在相关调查中记录到的那样："佛教徒禅定的目的是为了检讨自己以往的过失，清洗自己的灵魂，消除不善心，追求精神解脱的境界。难怪傣族青年反映说，老人去佛寺做'帕瓦纳'回来后，精神愉快，对于子女更加慈爱，和蔼可亲了。"①其实，南传佛教信仰本身对傣族整体民族性格的涵养，一直都在潜移默化地发挥着促进家庭和睦、社会和谐的作用，这是有目共睹的事实，在此不复赘述。

（二）"纳福"背后的佛教组织、社区组织及公众

临近雨安居，佛寺就会早早在大门或墙上显眼处张贴"信日"换算表，让人们清楚当年"纳福"日程。大佛爷的手机号码一般平时就写在僧房或佛寺大门

① 刘原：《南传佛教与傣族文化》，云南民族出版社，1993，第154页。

上，信众随时可以联系。在临近“信日”时，各个佛寺的“缅管”（佛寺管理小组的俗称）会有专人负责通知大家，以免错过日期。无论是佛爷、安章还是缅管们，都会各自为雨安居和“纳福”做好相应准备。

村组干部们也不能置身事外，除了佛爷、安章考虑的佛事之外的一应事务，都要考虑和安排周到。数十到数百位老人的老佛寺“纳福”，头绪繁多，需要从人、财、物各方面做好后援组织工作，包括“赕信”、待客等等的组织落实。最让村组干部特别是村组长头疼的，莫过于自己“萨榻”的佛寺破旧老化或是没有佛爷，老人不能“纳福”。有些“萨榻”因佛寺年久失修，不得不转借别的佛寺去“纳福”，时常会有老人因路远实在去不了，老人会觉得“背过失”了而内心不安。无论因为无寺或者无僧导致不能“纳福”，都意味着让长辈们在精神生活中具有很高权重的意义上“没有去处”，这会让全“萨榻”蒙羞。因此这是社区最重要的公共大事之一，村组干部和缅管们必须想尽办法解决。每年的雨安居都宛如一次民间大考，干部、缅管做不好是要挨大家骂的，甚至再次选举时也会成问题。有一个例子很具说服力。2014年，永平镇芒局佛寺的佛爷在“关门节”前刚刚过世，村里去中心佛寺请了一位佛爷来临时主持了“关门节”仪式，而后佛爷就离开了。老人们每逢信日到佛寺都是由安章带领大家“纳福”。就在距“开门节”前3天，景谷又遭遇地震。救灾部队入村抢险救援后，问及还有什么需要帮助，老人们没有提出任何物质方面的要求，就只提了一个希望，让部队官兵们帮他们请佛爷来把错过的“开门节”的“礼”补上，以示他们并未中断“纳福”。可见“纳福”兹事体大。后来在部队与地方部门的共同努力下，请来了县佛协副主席萨布云在内的4位僧人，在“开门节”时间过了一周之后，带领大家补上了相关仪式，老人们方才觉得心里一块石头落了地。

社区公众参与“纳福”仪式的主要方式，是“信日”去布施饭食并提供相关服务。最传统的布施方式是“赕信”。依照历史惯例，几个家户分成一组，轮流负责几次“赕信”。人们会争先恐后报名，时常有报了名却整个雨安居都轮不到一次的情形。在普通“信日”里，因为忙于生产生活，午餐人们会做米线，晚餐则是荤素兼备的饭菜。做饭菜来赕的时候，各个小组之间也会暗地里比较哪个小组做得最好。“纳福”者的子女们当然更会加倍用心，所赕食物都是丰盛有余，哪怕明知只是摆一摆都要拿来，不然没有面子。如果某个“信日”适逢月圆日，“赕信”还将格外丰盛。尤其在中心佛寺更是如此，因为一个中心佛寺“萨榻”的全体僧人在这一天集体“拢经”检视僧人遵守僧规情况，百姓也会来祝贺。此时就会看到“赕信”的人们肩挑手提，鱼贯进入佛寺，纳福者面前荤盘、素盏极其丰盛，宛如盛大聚会。另一种传统方式是单家独户负责一次“赕信”。有能力的情况下，人们也很愿意这么做，因为这样功德更大。如2013年，新民村暖弄寨社长陶桂祥“赕天蓬”（赕大殿内佛像上方的华丽顶棚），就专门安排了一次“赕信”作为附加的赕事。他为全村12个组的265名“纳福”人办一次丰盛的宴席，合计30桌，每桌标准200元，6道荤菜，还供应了饮料。

近10多年来，一些地方开始流行一种现代“赕信”方式叫作“沃信”，也就是由村组集体安排老人的饭食。特别是针对一些没有家人照顾（离得远、临时有事）的“纳福”老人的饭食，具体由村社领导或者缅管负责。早上统计吃饭人数，然后组织本寨子人做饭送来。如果遇到农忙等特殊情况，偶尔也会去县城买快餐送来。有时钱由老人缴纳（每餐大约7元），如果集体资金充裕，一般都会从集体资金里面出。如果集体没有钱，又不愿增加老人负担，就会全村均摊，要么按人口，6个月大的就算一个人；要么按田地亩数。不管按哪种计算办法，均摊都以实际所需为上限。总之，颇有“不让一个老人掉队”的意味。

除了“赕信”外，全“萨榻”的人们都会自觉自愿为“纳福”承担力所能及的责任。不管是做清洁卫生、布置桌椅板凳、收拾碗筷，甚至招呼外来车辆出入停车等等，都会有人主动去做。人们都很熟悉“纳福”过程，会在需要的地方和时刻找到自己的位置。更值得一提的是一些隐蔽在“背后”的长期性帮忙。例如要是遇到养老“第一责任人”缺失，如老人没有子女或子女出去打工不在身边等等情况时，无需任何组织安排，左邻右舍都会主动出手帮忙，让其顺利“纳福”。让所有想要“纳福”的老人都能如愿，是大家义不容辞的责任。这种观念古来有之，至今依旧。

依赖和鼓励公众参与，意味着作为神圣时刻的“纳福”并不追求与世俗相隔绝，反而对世俗性具有很高的兼容性。在“纳福”的修习间隙，特别是用餐之后，老人们会出现各种轻松“小聚”的场景。有的围在一起相互教习、探讨佛经，有的寻友聊天，有的与孙辈亲昵嬉戏，有时还能见到组团打牌。晚辈们不仅敲锣打鼓，还会请“纳福”的长者为自己和家人拴线、叫魂、祝福。一些年轻的父母，也趁着“纳福”这个吉祥时刻，带着孩子来认佛爷做干爹。佛爷通常会为孩子取名为“信”“保”之类，意为所有“纳福”人都为孩子念经祈福了，孩子会因此得到更多的祝福和庇佑。“纳福”者的家人们，还会适时地向佛爷“请经”，佛爷们会按照主人的希望和喜好，为其念诵所选的吉祥经文。总之，每逢此时，本因“纳福”主题而庄严肃穆的佛寺，又因“纳福”老人与“赕信”服务的晚辈之间、僧与俗之间的亲密互动，而满满地注入圣俗交融的喜庆、欢快、吉祥气氛，宛如一次民间节日。

五　“纳福”简评：南传佛教对傣族养老的特殊贡献

“纳福”从其内部和外部，对傣族养老产生了复杂、深远的影响。究其影响对象，既有直接作用于老年人自身的，也有针对后辈并涉及社区公众的。究其影响范围，既有直接介入养老过程的，也有涵养整体养老环境的。究其作用方式，既有纯粹南传佛教式的，也有因佛教而起又引发世俗社会呼应的。而南传佛教之所以能有如此作用，既取决于它独特的宗教属性，也取决于它与傣族社会文化的融合状态。

（一）南传佛教给予了傣族老人特殊的心灵慰藉

基于“纳福”，南传佛教为傣族老人提供了独特的心灵慰藉，呼应了皓首回眸时期的情感与理性的需求。大致可以概括为放下、解脱、目标、希望四个方面。

首先，“纳福”培育了“放下”的心态，这在人们前往佛寺途中以及禅定时的表现就得以生动体现了。芒局的几位咪涛说，她们在禅修时会不断默念：

“我来纳福，就一心一意不管其他了。我不怕蚊虫叮咬，即便蚊虫咬了，也随它们，吃饱它们就走了。就算别人的猪和牛吃了自家的庄稼，也不言语，更不吼叫，就由它们去吃吧。我纳福了，就不再在意自己的装扮装饰了，也不想着去唱歌跳舞娱乐了。”作为普通老人，能借此禅法放下世俗纷扰，轻装上阵安度晚年实属不易。

其次，“纳福”让老人有所解脱。“纳福”过程中人们不断地自我反省、悔悟自己的过失甚至罪过，通过洗净自己的恶念，培育善心善念而得以释怀。

第三，“纳福”让老人拥有了新的人生目标。佛教信仰为“晚年”这个概念赋予了全新的意义。寻常世俗观念中，晚年就是一场有限人生的末端。夕阳无限好，毕竟已黄昏。而在景谷傣族看来，晚年意味着无限人生中又一轮旅程的起点，它是今世的夕阳，更是无尽来世的朝阳。人们不会因今生终老再无后话而沮丧，因为他们有了无数来世的人生目标直至进到“勐尼板”。

第四，“纳福”也让企及神圣人生目标充满希望。今生与来世的“纳福”，当然还包括赕、听经等等，都是以佛祖所示的正确方式践行波罗蜜、积累功德，这就使得自己获得今生的福寿、来世的福报乃至终究步入“勐尼板”等等神圣果报充满了希望。

（二）南传佛教强化了傣族养老家庭化、社区化的社会文化基础

第一，在老有所养方面。借助“纳福”，景谷傣族把部分家务劳作的代际交接制度化了，因地制宜地建立了自己的“退休制度”，保障了中老年以后的“退休权益”，并进一步强化了子女的养老、敬老义务。“纳福”把晚辈对长辈的责任神圣化的同时，还更多地注入了精神层面的关怀，让长辈的精神追求得到足够的尊重和理解。这与世俗情景形成了鲜明对比。

第二，在老有所依方面。一方面，“纳福”人本身就是一个社区性的中老年同伴群体，在此基础上还会自由组合发展出各种亚群体，比如棋牌、门球小组之类，所以老人几乎不会有缺同伴之类问题的困扰。另一方面，年复一年全民参与的“纳福”，实实在在地营造了“以老人为中心”的社区时段和独特的民族宗教

文化氛围，增进了老人群体与社会的联系。无论是来自亲人、邻舍乃至整个“萨榻”的理解、支持、帮助与善待，还是来自村组织的重视和担责等等，都在一点点地填实、消解着“孤独老人”与社会之间的缝隙。

第三，在老有所为方面。除了每年的“纳福”这种有主题、有组织、有环境支撑的集体活动之外，因成为居士之后的专心修习，使长辈们掌握更多的佛教及傣族文化知识，从而在众多民间集体活动中成为名副其实的主力军。他们退到了繁重的生产家务的二线，又进到了集体活动和文化生活的一线，他们非但没有成为无用的社会“负担”，反而成为社区不可或缺的重要角色。这种辩证的进与退的转化，合理而巧妙地确定了“退休”之后老人的社会地位与角色。

（三）南传佛教提供了宗教影响民间养老的典型案例

在“纳福”过程中，佛教作为宗教所独具的各个基本面向，即观念信仰体系、仪式行为体系、组织结构体系都各自发挥了独特作用。其中，观念信仰体系塑造了人们的动机，仪式行为体系为所有人设定了角色和行为脚本，组织结构体系则提供了从人员到场地等等必要的后援保障。

首先，佛教信仰从根本上决定了所有人参与“纳福”的动机。观念信仰体系起到了先决性的作用。当然，作为普通信众行为动机的信仰仍属于“大众阐释”层次而非教义的原本形态。在人们心目中，无论是持戒纳福还是布施做赕，所有的波罗蜜实践，都直接对应着某种因果报应。所有“纳福”长辈都认为：“年轻时不得已犯下许多罪过，如果不通过‘纳福’解罪，是不可能进到天堂（勐尼板）的。”几乎所有景谷傣族都会说：“只赕佛不‘纳福’，有钱无命；只‘纳福’不赕佛，有命无钱。”迁糯佛寺80多岁的老安章解释得更生动：“只‘纳福’不做赕，下辈子会生得乖（意为健全、端正），但会挨饿受穷。只做赕不‘纳福’，下辈子有吃有穿，但会生得不乖。既做赕又‘纳福’，但是不听经，下辈子会生得乖，也有吃有穿，但是会残疾，如盲、聋、哑。因为人家念这么好的东西，你都不看（致盲），或者不听（致聋），或者乱插话打岔（致哑）。”

这些信念，构成了每个傣族信众积极投身于各种佛教实践的动机，也在青少年心里埋下了种子，只是随着年龄的增长而不断萌发壮大，在适当的时候逐渐实施而已。虽然“纳福”要等年长以后实施，不过由于每个人以后都必须“纳福”，也都要依赖后辈的支持，就形成了代际之间自然递延的动机链。

对于中青年，决定其积极投身于“纳福”的动机还有另外两个。首先是关于赕的信念。多赕多得，人们不愿意错过任何做赕的机会，更何况是自己“萨榻”老人“纳福”时的布施机会。其次是经由佛教强化过的孝敬理念。景谷傣族自幼就被教育要顶礼者有三：一是佛祖，二是佛经，三是父母。这种由佛教信仰与傣族传统伦理结合形成的孝顺观，使傣族晚辈的孝顺既拥有双重动力也面临双重压力——来自世俗的道德评价与来自神圣的宗教评判的双重约束。不孝敬不仅不道德，也是某种“罪过”。孝敬，既能在社区舆论中受到赞扬，也在宗教意义上为自己积累了功德。

在观念信仰体系完成了全体的思想动员之后，以僧人为核心、以安章为辅助的南传佛教组织体系，为“纳福”提供了组织保障。入寺修行需要僧人的指导，需要安章的引领以及缅管们的协助。这都是具有专业性质的组织力量，与个体自修或自发组团是不一样的。南传佛教的行为仪式体系，提供了完备的过程安排。一切都是有章可循的，任何人都不难在整个过程中找到自己的位置，做自己该做的事。佛寺的建筑与场地，又提供了“纳福”的活动场所。“纳福”人在大殿礼佛、听经、禅修、滴水，在僧房里礼拜僧人，接受僧人为之祈福，在静修室驻寺静修，在院落里就餐、休憩，并与前来“赕信”的人们亲密互动……

综上所述，“纳福”对傣族社会的养老产生了深远的影响。这既依赖南传佛教自身的特性，也依赖制度化宗教的一般属性，还依赖傣族历史形成的全民信仰的社会文化环境。长达数百年的全民性信仰积淀，决定了南传上座部佛教对傣族社会资源进行动员、调度的可能，也决定了其影响的深度和广度。当以宗教动机为源动力的“纳福”向世俗社会提出一系列要求之际，世俗社会对此做出了一系列的积极响应，形成了围绕“纳福”实践的圣俗联动，形成了强大的社会动能，并具有某种程度的社会机制特征。

费孝通先生曾这样评价韦伯："我不能不承认Weber是一位学识渊博的学者，他不乏文化比较的功夫，事实上他的现代化理论恰好就是在宗教文化的比较观察中提出来的。……令我惊讶的是，这位值得尊敬的德国学者在隐喻的层面上否定了其他人文类型在现代世界的生存权利，没能在跨文化的关怀中获得人文价值的自我反思和宽容，所以难免会在步入老年时逐渐变为一个厌世的悲观论者。"[①] 景谷"纳福"现象，宛如为这段话增添了一个近乎完美的注脚。

① 费孝通：《论文化与文化自觉》，群言出版社，2008，第206页。

人类学视角下的社区养老启示

徐何珊

一　我国养老的现状与政策

在我国，有史料记载的养老制度，可追溯至西周。《礼记·王制》："凡养老，有虞氏以燕礼，夏后氏以飨礼，殷人以食礼，周人修而兼用之。五十养于乡，六十养于国，七十养于学，达于诸侯。"这说明西周规定按年纪由地方或国家分别承担养老责任，在政策上，不仅中央要负责养老，地方也要负责养老。这种养老制度，自天子以达诸侯，都是相同的。西周养老不仅鉴于老年人积累有丰富的知识经验，更出于宗法等级社会的需要：按长幼之序，定尊卑之礼。如《王制》所说："养耆老以致孝。"《礼记·乡饮酒义》也说："民知尊长养老而后能入孝弟；民入孝弟，出尊长养老，而后成教；成教而后国可安也。"这就是西周重视养老制度的根本原因。之后各朝各代对老人的待遇都有不同程度的体现，久而形成了中华民族敬老的传统美德和养老制度。

然而随着社会的飞速发展，近年来我国的养老面临新的问题。各界学者从不同角度和层面进行了分析。首先，人口老龄化问题比较突出。根据世界卫生组织的定义，一个国家或地区人口中60岁及以上人口所占比例超过10%，或65岁及以上人口所占的比例超过 7 %，该国人口类型即为老年型。《2010年第六次全国人口普查主要数据公报》显示，中国老龄化进程正逐步加快，全国总人口为1339724852人，60岁及以上人口为177648705人，占13.26%，其中65岁及以上人口为118831709人，占8.87%。由此看出我国已经进入老龄社会。而据中国社会科学院财政与贸易经济研究所发布的《中国财政政策报告2010/2011》，2011年以后的30年里中国人口老龄化将呈现加速发展态势，到2030年中国将成为全球人口老龄化程度最高的国家。到2050年，中国的老龄人口总量将超过4亿人，老龄化水平将超过30%以上。由此可见，老龄化问题是我国将长期面临的一大严峻挑战。其次，我国从1982年将计划生育作为一项基本国策并实施，对人口控制和经济发展方面起到了积极的作用。然而随着计划生育政策的实施和人们生育观念的转变，中国传统家庭结构的逐渐瓦解，“421”倒金字塔结构的家庭成为普遍现象，导致我国延续千年的家庭养老模式及其功能的弱化。再者，由于我国城乡发展不均衡，且城乡二元结构带来的两种不同资源配置制度等诸多问题，造成农村养老福利和制度在历史上长期得不到公平和妥善的部署。再加上人口政策的影响和跨地域社会流动的加剧，农村大量的劳动力流入外地打工，使传统村落沦为一个个空巢老人的聚居地，更进一步加大了农村养老问题的艰巨性。

以上种种社会现实问题使传统养儿防老家庭养老模式已经不能适应当前社会。“吃伙头”兄弟轮流供养父母，以及傣族、瑶族、藏族等从妻居的方式，不失为应对社会文化变迁过程中的一种文化调试，但长远来看，这种具有过渡性质的家庭养老模式仍难以为继。

而从政策层面看，针对现实的养老困境，自1986年起，我国民政部就已经开始探索建立农村社会养老保险制度，在部分农村地区开展社会养老保险试点，并于1992年下发了《县级农村社会养老保险基本方案》，在全国范围内开展农村社会养老保险工作。经过多年的探索，农村社会养老保险工作，特别是经济水平相对发达的农村地区取得了一定成效。2009年9月1日，国务院颁布《关于开展新型农村社会养老保险试点的指导意见》并正式进入全国部分县市试点阶段，至2012年底，新农保已经实现全国全面覆盖，比原计划提前8年实现了既定目标。然而在新型农村社会保险制度发展过程中，受到制度不健全、农民意愿低、政府财政投入不足、农民支付困难、新农保服务资源不足等一系列因素的制约。单凭政府养老保险政策，难以挑起庞大而艰难的养老重任。

如今在广大农村地区，家庭养老、土地养老、社会保险养老三种模式是基本的养老保障方式。家庭养老功能弱化，土地农业产出严重不足，仅仅依托这三种模式组合也不能满足长远的老龄化社会的需求。为了解决养老问题，党的十七大确立了“老有所养”的战略目标，十七届五中全会提出了“优先发展社会养老服务”的目标。建立社会养老服务体系，将居家养老、社区养老和机构养老三个部分有机结合，是适应传统养老模式转变、满足人民群众养老服务需求的必由之路。

二　从人类学角度解读养老

从基本的养老保障来说，包括三个方面：“养什么”“谁来养”“怎么养”。就内容而言，“养什么”主要包括三个层面：经济方面的供养、生活起居的照料和精神慰藉。对应养老方式而言，“谁来养”可分为自我养老、家庭养老和社会养老等。自我养老，指主要靠年轻时的储蓄为自己年老后提供生活资源；家庭养老，指主要依靠子女、老伴或亲属提供养老资源；社会养老，指主要靠养老社会保障维持生活。“怎么养”就是老年人如何以及在哪里享有这些资源，可分为居家养老和集中养老。居家养老是指老年人的居住、饮食和照料主要在家庭中进行；集中养老是指老年人的居住、饮食和照料主要在敬老院等社会养老服务机构中进行。这三个方面一环扣一环，其中的关键核心为“养什么”，这是养老的基本内容和根本目的，它直接关系到“谁来养”“怎么养”的目标和方向。人们经常把养老问题的关注点放在“谁来养”和“怎么养”，而忽略了对养老核心内容的认真梳理。

“养老”一词究其内容，现代汉语词典对其解释分为①[provide for the aged]：奉养老人，养老送终。②[live out one’s life in retirement]：上年纪后闲居休息。可见，养老不仅仅是衣食冷暖等基本的经济方面的保障，更有着精神层面养老。虽然不同文化背景和社会阶级的人们对养老的定义和需求有所不同，但概括而言，养老主要是指家庭或社会在为老年人提供物质赡养、生活照料、精神慰藉等养老方面的思想观念、社会伦理、价值取向和制度规范。[①]对“养什么”内容的片面理解，往往导致养老定位不准确，甚至本末倒置，出现养老政策难以落

① 李辉：《论建立现代养老体系与弘扬传统养老文化》，《人口学刊》2001年第1期。

实和被动养老的情况。

人类学视角认为，文化具有多样性和相对性，对人类学要进行主位研究，就是要站在当地人的立场，以当地人的视角和观点来看问题。人类学者埃文斯普理查德认为，田野工作者应该努力以他们所研究的人们自己为出发点去理解他们，用他们的概念进行思考，并以他们的价值观来感觉。[①]这正好与养老事业相符，养老是需要双方共同认可和努力的。我们在做养老研究和制定养老制度时，不应将老人当作完全被动的客体，而是要充分发挥他们的主体性。对于不同的历史文化背景的社区应因地制宜，实现养老模式多样化，组合多元化。因此，人类学给予我们养老方面的启示就是：一方面，应充分发挥地方特色，发挥社区机构和民间组织的力量；另一方面，激活主体性意识，化被动为主动，发挥老年人群体的主观能动性。只有更多维度地关注养老这一事业，才能充分发挥社会养老的作用，从而达到老龄工作的目标——“六个老有”，即老有所养、老有所医、老有所教、老有所学、老有所乐、老有所为。这是对老年人生活需求的高度概括。

当前我国在养老的基本生活和健康保障方面，政府给予了极大的重视和政策支持。笔者认为，要达到“六个老有”的目标，就要开启养老事业第二阶段的努力，在保障经济方面的供养、生活起居照料的基础上，关注养老的精神层面。老人的精神慰藉需要更细节和个性化的关照，针对这一特点，笔者建议国家应放开政策，宏观调控，充分发挥地方政府和民间资源的力量，从面上深入到点上，从总体保障到因地制宜，从重基本生活保障到对精神层面的同样关照，在老有所养、老有所医的基础上，实现老有所为、老有所学、老有所教、老有所乐。

三　人类学角度养老模式的田野案例分析

（一）宗教服务机构与社区养老

中国乡土社区的单位是村落，当代农村的老人依旧生活在费孝通笔下那生

① 罗伯特·莱顿：《他者的眼光：人类学理论导论》（修订版），华夏出版社，2005，第107页。

于斯长于斯的乡土，这是一个“熟悉”的社会，没有陌生人的社会，血缘和地缘交织形成人们基本的社会交往和互助圈子，这种互助组织在解决老有所养的地方问题上发挥了重要作用。王铭铭曾提到一种在市场论和国家论的福利意识形态之外的“第三种体系”，即民间的福利模式。民间福利模式是以族内亲属和姻亲所提供的互助为主，以朋友的帮助为辅所构成的。这种地方互助是建立在“帮人情”和“报答”等文化基础之上的，且具有适应社会变迁的调试能力。①

因此，这种具有凝聚力、组织性和人情味的民间社区养老更有效力，其社区成员也容易动员，并接受互助养老，达到养老资源的优化配置，为老人提供物质和精神支持。如老人协会、老年歌舞队等，其在一定程度上起到了养老功能，对解决空巢老人的精神空虚，老无所依、老无所乐有一定的辅助作用。而如果单靠外界力量兴建大量的养老机构，没有注重深入实际、因地制宜，没有结合当地社区力量和民间组织的优势，势必造成沉重的人力财力负担，并且不一定得到当地人的认同。因此依靠乡土社会的天然联系，结合社区民间组织，开发社区的养老功能，对于现行提倡的社区养老模式有着重要的意义。

在笔者调查的芒市傣族地区就有着天然的地方性文化形成的民间养老体系。

芒市风平镇弄么村是一个典型的傣族村落，全民信仰南传上座部佛教，宗教对于他们的生活影响深刻而广泛，有自己的奘房（寺院）作为寨中人供奉的核心场所。该村寨没有供养和尚，而是由民间推选的精通教义的老者“贺路[hɔɔ^{35}lu^{11}]”作为主持带领大家进行信仰仪式活动的领头人。寨中还有覆盖了村寨中几乎所有老年人的信仰组织，当地人称之为“蒲涛痕奘”[pu^{35}thao^{31}xən^{31}ʦɔŋ^{55}]，即“上奘老人”。

佛教整合了傣族传统的社会意识并慢慢渗透到傣族日常生活中，宗教思想对于当地人不只是一种宗教信仰，而是他们须臾不能或缺的精神体系，贯穿和体现在人们的行为中。傣族从出生到葬礼都受宗教的影响，对每个人的日常生活都直接起着支配作用。宗教文化也成为当地傣族文化的重要组成部分，或者

① 王铭铭：《村落视野中的文化与权力：闽台三村五论》，生活·读书·新知三联书店，1997。

说成为村寨传承下来的规矩和习俗、礼仪，从而与原有的文化结合成为当地的文化模式，造就着村寨的每个人。在个体生活的历史中，从落地伊始，社群的习俗便开始塑造他的经验和行为，到咿呀学语时，已是他所属文化的造物，而到他长大成人并且能参加该文化的活动时，社群的习惯便已是他的习惯，社群的信仰便已是他的信仰，社群的戒律亦已是他的戒律。①在平时，佛教教义的教导和当地长幼有序的文化伦理两方面共同的敬老要求，使敬老已成为众人的行为准则。村寨中没有听说哪家不赡养父母，看望其他老人时，也一般按风俗带上一些糕点和礼物，吃饭的时候要等老人入席后方能开饭，家中有重大的事情均要向老人汇报。

而老人到一定年纪，一般四十多岁，儿女成家之后，则把家交给儿女来管理，交出经济大权，退出繁重的生产劳动活动，开始相约同年龄组的伙伴，一起到奘房潜心念经供佛。通常上奘房几年后，老人就要受戒，最基本的守戒为守五戒，傣语称之为“喊醒”[$xam^{11}sin^{35}$]，即“不杀生、不偷盗、不奸淫、不说谎、不抽烟喝酒”。受过戒的老人日常生活主要围绕宗教活动，在家做一些力所能及的家务劳动，闲暇时候还可根据兴趣制作一些手工艺赚取零花钱，或是参加老年群体组织的活动，安心养老。据他们解释，人老了就开始为死后考虑，上奘房念经、供佛、积功德，是为自己今生所犯的忌讳赎罪并求得佛祖保佑下一世过好日子。因此，到奘房供佛做供品为今后老去做准备，是中老年人必经的经历。

芒市地区每隔3～5年，到了傣历九月十五供佛的“洼期”就有一批新加入上奘老人的成员，老人们上奘修行大多是以班②结伴而去。在弄么，上奘老人群体里又细分为8个班。修行的位阶基本上延续了自己以往的年龄组，也有少数子女成家晚的老人晚几年上奘房，则加入下一个班，根据开始上奘时间的长短，老人们处于不同的位阶；随着时间的长久而逐渐升位阶，守更多的戒律。一班班的接替形成一种自觉。

① 鲁思·本尼迪克特：《文化模式》，社会科学文献出版社，2008，第3页。

② “班”是当地傣族的一种社会组织，以年龄段划分班，村寨中的人们从出生3～5岁则划分为一个班。上奘老人是1班，依次延续下来有十多个班。每个寨民都归属到各自的年龄组中，年龄组有一定的组织活动，在全寨性的活动中，按各班来分配任务履行职责和义务。

在寨民们看来，没有信与不信的问题，供佛只是时间上的迟与早，年轻人忙于生计没有时间听经拜佛，到了一定年龄，卸下养家的重担之后都要成为上奘老人供佛守戒。笔者访问了一些刚刚“喊醒”[$xam^{11}sin^{35}$]的五十多岁的中年妇女是否习惯上奘房供佛念经，她们说：“老来跟着一个班的人去，一开始有点坐不住，但是热闹呢，人多啊，朋友都在。现在习惯上奘了，听‘贺路’讲经书，像讲故事一样的。”一位“贺路”告诉我：“一开始上奘是为了老爹老妈，为自己和他们做错的事情赎罪，求佛祖宽恕保佑。为自己供佛，希望病少一些，家庭和睦……自己和上奘之前比像变了一个人，上奘学会怎样做老人，要懂道理、受人尊敬、言行举止不会像过去那么随便。”而年轻人也依俗理解老人。其实，在寨子里，这些信仰习俗已经变成一种制度、一种民族文化，固化到寨子的每一个人身上，凝结成集体的心理意识，一代代传承下去。

美国学者罗伯特·哈维特斯特强调参与、活动与社会的认同，认为老年人只有在社会互动中才能真正找到生活的意义，主张要通过新的参与、新的角色改善老年人因社会角色中断引发的情绪低落。傣族寨子的上奘老人群体，把村寨中的老人组织起来，借助宗教的规力，以参加上奘为通过仪式，顺利地转换到了退出社会劳动主体的新身份，平缓地过渡到老年人的新生活，不失为养老生活一种较好的形式。

与信仰相对应的，各种仪式活动就是他们实践信仰的最好表达方式。傣族社区一年之中各种大小仪式不断。生活在寨子里的傣族，自出生就开始经历各种大小宗教仪式，大到全寨的奘房落成典礼，小到生病、收割都要念经拜佛，而寨民们也不同程度地参与到仪式中来。这些宗教活动的很多规章和礼仪也与尊老敬老的风俗不谋而合。例如每年傣历九月十五至十二月十五（农历六月十五至九月十五）的“洼期”，传说是佛祖远行讲经的日子，在这期间佛徒要守戒诵经。在这三个月的洼期中，每月初八、十五、二十三、月底为守戒日，所有上奘老人到奘房念经诵佛，学习经文教义，而位阶较高的老人、守八戒的老人则过午不食，日夜住在奘房中。年轻人们集体组织轮流给老人送餐，照顾饮食起居。从养老的角度来看，在这个过程中，年轻人亲力亲为地实践养老，也更能体会到赡养老人的真谛，一代代言传身教敬老之风。

总之，传统的傣族寨子通过亲缘群体、年龄组和宗教方面的老人团体等各种组织相互联系交织，形成庞大的社会网络，把人们紧紧联系起来，易于塑成寨中的一套文化模式，而生于斯长于斯的乡民们世代受这套文化儒化，他们的敬老养老的思想观念和风俗行为更易于传承，为养老提供了必要条件。除了宗教信仰方面给予老人的精神上的慰藉之外，顺利过渡到上奘生活的老人们，在这个半集体生活中联系更加紧密，伙伴之间情感上和生活上相互照料、支持和学习，真正达到了一定层面上的老有所教、老有所学、老有所用、老有所乐的养老目标，也为社区养老提供一些地方特色性的参考。

（二）传统文化传承与文化养老

根据马斯洛需求层次理论，在满足生理需求的基础上，人们更有安全需求、爱和归属感或社交需求、尊重和自我实现需求。无论哪个年龄阶段的人都有这些精神需求，对应在养老方面的目标为：老有所教、老有所学、老有所乐、老有所为。随着经济的不断发展，脱贫和养老政策力度进一步加大，未来养老的关注点应放在第二阶段，即上述精神方面的需求。养老不是被动的事业，而是在赡养方和老人双方互动过程中完成的。特别是在满足精神需求层面，要充分发挥老人的主体性。人们往往认为老年人身体机能慢慢退化，参与社会活动的程度也会随之降低。事实上，传统村寨中的老人们虽然退出了生产第一线，也不掌握现代知识技术，但他们是传统地方性知识的代表，在民俗文化活动中他们仍然是权威，他们代表了祖祖辈辈流传下来的传统文化宝库。如果结合社区养老，一方面满足老人养老的精神需求，另一方面更能让村寨的优秀传统文化得以很好的传承和发展，其中的巨大潜能不容小窥。

以下案例取自少数民族旅游文化村以及旅游资源比较丰富的地区，西双版纳勐罕镇的傣族园社区。1998年起，傣族园有限公司将5个村寨（傣族曼将、曼春满、曼听、曼乍和曼嘎）联合，打造旅游文化村傣族园，1999年8月，傣族园正式营业，成为集中展示西双版纳傣族传统的宗教、建筑、服饰以及生产生活习俗等文化的热门景点。2000年，傣族园被评为4A级旅游景区，如今傣族园已成为西双版纳的重要旅游品牌。傣族园的运营模式为“公司+村寨+农户”，以共同利益为纽带，把村民与公司利益紧紧联系在一起。村寨和村民提供旅游资源，公司投资开发，协同发展。这种社区参与式的开发模式，让居民积极参与到整个傣族园的旅游发展之中。据公司政策，在公司的傣族员工应占员工总数的71%，从2004年起，公司提出关注弱势群体计划，每月给予100～500元不等的生活补助，同时，每年分两次对5个寨60岁以上的老人给予生活补助。经过多年调查数据分析显示[①]，傣族园的运营发展最突出的表现是持续的经济收入，随之，老年人的生活水平也有了明显提高。

另一方面，傣族园的运营不仅仅是年轻人参与，老人们有着扎实的民族文化基础，有的民间老艺人从事手工艺展演和售卖，有的老艺人组织歌舞队，为游客们表演傣族传统歌舞，还有的帮忙家里经营傣族农家餐厅。虽然在傣族园公司专职打工的人仅仅约占傣族园总人口数量的1/5[②]，但是整个傣族园旅游文化环境带动了整个社区参与，不同年龄段的人们不同程度参与到旅游事业中，从而，间接促进了老人的经济和精神生活发展。在傣族园，空巢老人和精神生活缺失的孤独老人很是罕见。

特别值得一提的是，2009年泼水节，在当地政府的支持下，民间文化大师艾诺老人组织带领村寨中的一群中老年男子恢复了一项古老的文化——“迈拉览”，即拉礼车展演。拉礼车展演被列为泼水节民族文化活动项目之首，赢得众人的欢迎，此后多年，拉礼车都被列为泼水节的重要展演活动。拉礼车展示了傣族传统的武术、舞蹈、音乐、工艺和建筑等多方面文化，还包含一定的佛理知识，是一项综合性的传统文化。它的重构与恢复，对于傣族传统文化脉络的传承与发展意义非凡。同时，它也激发了老年人对传统文化的自信和热爱，促使更多的老年人参与到传统文化活动中来，起到了老有所教、老有所学、老有所乐、老有所为的

① 问卷数据显示对于“带来持续的经济收入”有91%的认可度，“生活得到显著提高”有93.7%的认可度。数据源自郭文、黄震方：《乡村旅游开发背景下社区权能发展研究——基于对于云南傣族园和雨崩社区两种典型案例的调查》，《旅游学刊》，2011年第12期。

② 数据源自2009年傣族园公司的公布数据。

目的。

并非仅仅在旅游文化村，在传统的村落中，老年人的民俗文化潜力和主观能动性也有很大的施展空间。例如德宏州盈江县的官纯寨，这是一个传统的傣族自然村，地处盈江坝北端，农民的主要经济收入以种植业和养殖为主体。2003年，当地依托村委会的老年协会成立了傣剧队，恢复表演老傣剧的传统。傣剧是具有地方特色的剧种，流行于德宏傣族地区，“文革”期间傣剧中断，直至改革开放以后，党和政府不断加强新农村精神文明建设，农村文化活动室、老年协会、妇女之家相继建立起来，这些组织在寨子开展文化活动，傣剧才慢慢恢复发展起来。官纯的这支傣剧队主要以老年群体为主体，演员50余人，多为女性老人，而伴奏小组则多为男性，整个傣剧队平均年龄65岁。他们以民歌调为基础，用傣文创作抄写傣剧，边唱边学，整个傣剧队热情积极。除了在本村的庆典活动中表演之外，还经常到邻近村寨演出。[①]即使是没有参加傣剧的老人，也因为喜欢传统傣剧而成为稳定的观众群体。久而因傣剧形成老年人自娱自乐的社会场域。在这个场域中，所有人都得到了社交方面的满足，消解了空巢老人的孤独感，身心舒畅，对延年益寿也起到一定的作用。其中，参与表演的老人获得了自我价值被肯定的精神满足，还创造了一定的经济收入，观看的老人也获得娱乐方面的精神调剂。

因此，基于当地的传统文化，组建适应当地的老年组织，在农村开发一些具有地域特色的传统文化项目和民间传统节日，或建立贴近老人生活的民俗文化培训基地，以文化带养老，一举多得，能够满足老年人的娱乐、社交和自我价值实现多方面的精神需求和经济帮助。另一方面，组建老年文化群体和社团，有助于带动社区养老的实现。

四　结语

在我国加强社会养老服务体系建设任务的要求下，社区养老已经是未来养老

① 刘江：《官纯——变迁中的土司属官寨》，云南大学出版社，2008。

模式的主要发展趋势。而从人类学的视角看，文化的共性与个性、文化的主体性等观点，给养老工作带来许多启示。我们在开展社区养老的同时也可多多借鉴少数民族的地方性知识和传统积淀下来的宝贵经验，开展适应当地文化模式的养老方式，同时注重精神层面的养老，调动起老年人的主观能动性。养老的形式可以多样化，多元组合。总之，在满足人的基本的生理需求之外，因为社区文化背景的差异，老人个体的差异，养老模式没有一个固定统一的标准，在如何满足老人的精神需求方面，应因地制宜，以主位的、自观的立场多为当地社区老人考虑，从而制定和实施适应地方性、具有可行性的养老策略。

参考文献

1. 刘江：《官纯——变迁中的土司属官寨》，云南大学出版社，2008。

2. 王铭铭：《村落视野中的文化与权力：闽台三村五论》，生活·读书·新知三联书店，1997。

3. 费孝通：《乡土中国》，北京大学出版社，1998。

4. 李辉：《论建立现代养老体系与弘扬传统养老文化》，《人口学刊》2001年第1期。

5. 赵立新，柏娜：《宗教世俗化与宗教参与养老》，《鲁东大学学报》2012年第3期。

6. 陈明君：《人类学养老研究的传统与趋势》，《广西民族研究》2015年第5期。

农村客家生育观与其养老文化浅析

张群辉

一 引言

客家人是汉族民系之一，以闽西、赣南和粤东北的“金三角”地带为大本营，广泛分布在全国19个省、市和自治区的180多个县或市，以及中国香港、中国澳门、中国台湾、印度尼西亚、马来西亚、泰国、新加坡、越南、美国、秘鲁、毛里求斯等80余个国家和地区。据学者估计，客家人目前约有8000万，可谓“有水井的地方就有柳永词，有海水和太阳的地方就有华人，有华人的地方就有客家人”。客家人“根”在中原。从秦始皇“南征百越”和“南戍五岭”开始，历经西晋、东晋、唐末、宋末、明末清初、太平天国等主要历史转折时期，大批中原汉人因战乱、洪灾饥荒、贬谪、经商或游学等不同原因陆续迁到南方，并与南岭百越土著逐渐融合而形成一个操独特方言“客家话”的族群，是为客家族群。

学者们对这一庞大的客家族群的研究逐渐构建了一门被称为“客家学”的学科。客家学肇始于19世纪中叶。20世纪30年代罗香林的《客家研究导论》（1933）奠定了客家学的理论基础。历经发展、高潮、繁荣等几个阶段之后，客家学现已成为华南族群研究中的“显学”之一。纵观现有的客家学研究著作和学术论文，其主题主要集中于客家源流、客家方言、客家宗族、客家牒谱、客家葬礼、客家风水、客家山歌、客家习俗、客家革命史、客家妇女、客家宗教信仰、客家土楼、客家服饰、客家文化生态等[①]。唯独尚未有客家养老文化的专题研

① 陈瑜林：《2000～2010年国内期刊中的客家研究论文分析》，《嘉应学院学报》（哲学社会科学版）2011年第29卷，第9期。陈瑜林：《基于SNA的我国期刊论文客家研究主题分析》《嘉应学院学报》（哲学社会科学版）2013年第31卷第7期。

究，仅在一些客家生育实践等相关论文中提及过养老话题。按照国际划分标准，当前中国早已迈入老龄化社会发展阶段，客家族群也不例外。客家学要想跟上主流话语的节奏，必须不断拓展研究主题。因此，积极开展客家养老文化研究势为必要。

虽然客家人的分布如此广泛，但大致可分为农村客家人和城镇（或城市）客家人。本文主要针对居于广东农村地区一个客家自然村（姑且取学名为“黄金寨”）的田野调查，结合笔者在日常生活中所见所闻而较为熟悉且有所感想的社会经验，试浅析农村客家生育观与其养老文化之间的关系，希冀能为客家养老文化研究的繁荣与发展增添绵薄之力。

二　农村客家男性偏好生育观

在客家农村地区，“男大当婚，女大当嫁”的传统观念甚为强烈。男女到了结婚年龄阶段，父母都希望子女该成家的成家，否则就是“不孝敬”。结婚主要为了生儿育女，传宗接代，《孟子·离娄章句上》的“不孝有三，无后为大”，在农村地区的客家人中表现得尤其明显。“客家人在千百年的繁衍生息过程中，不仅形成了特有的客家方言，还形成了特有的客家生育观。”[①]在结婚生育后代的性别选择上，客家农村地区普遍存在极为强烈的男性偏好生育观念。这种“偏好”近乎到了“一定要生到儿子”的执着地步。更为重要的是，农村客家人“即使受到现代生育观念的影响，人们的生育观有所变迁，但是一定要生到儿子的生育观基本没有发生太大的变化”[②]。例如，黄金寨村有个客家男子，他妻子前后共生了9个孩子，其中8个女孩，仅1个男孩，而且男孩还是排行第七的。从男孩排行可以看出，该男主人“一定要生个男孩”的愿望是多么强烈！既然第七胎已经是男孩了，还继续生第八、第九胎，估计是希望再生一两个男孩。尽管这位客家男子建立的家庭主要依靠种植水稻等庄稼为生，由于孩子多，生活过得可谓相

① 李涌平：《广东客家农民的高生育观念》，《中国人口科学》1995年第2期（总第47期），第44页。
② 王天鹏：《客家生育实践的地方性知识阐释》，《赣南师范学院学报》2013年第1期，第12页。

当艰难，但仍然执着地坚持“不生个男孩绝不罢休”的生育观念。这么强烈的生育男孩观念，是农村客家家庭生育实践的典型代表。不管生活多么艰辛，反正就“一定要至少生一个儿子”。

农村客家男性偏好生育观在实践上表现得特别明显的一点就是，对待生育男孩和生育女孩的不同态度和仪式上。每当生育的是女孩时，家里并不举行什么特别的仪式，主要就是在女孩出生、满月、百日、周岁时，亲戚朋友而且主要是女孩外婆家的亲戚前来道喜庆贺。然而，每当生育的是男孩时，那可不一样了。客家人把新出生的男孩称为“新丁”，生育男孩美誉为“添新丁”，意为“添丁发财”和“人丁兴旺”。《辞海》将“丁”解释为“人口”，其中“男称丁，女称口”。当“新丁”平安降临人世后，家中长辈会在家门口燃放长串大红鞭炮以示热烈庆贺。远亲近戚和乡朋邻里都会带来丰厚礼品前来庆贺。除了满月、百日、周岁等与生育女孩庆贺仪式相同外，专门为生育男孩所举行的最为重要的庆贺仪式就是在男孩出生后的第一个春节的元宵节前①的“上花灯”（又简称为“上灯”）。客家话的“丁”与“灯”谐音，发音近乎相同。“花灯”源于中原。这说明烙印在客家人身上的中原文化生生不息。客家人为新生男孩的“上花灯”仪式异常隆重。凡是添“新丁”的家庭，都必须在市场上购买象征新生男孩的“花灯”②挂在祖屋大厅正中的屋梁上，并备办丰盛酒席，盛情款待全村男女老少，且燃放烟花爆竹以增添喜庆氛围。客家农村地区的“上花灯”这一仪式被赋予了丰富的内涵：上“花灯”表示点亮光明，让“灯”（也即“丁”）光耀祖先，千秋万代，永放光芒；“花灯”的灯火蕴含着生生不息、薪火相传、香火永续之意；“灯”本身就是“丁”的象征。因此，“上灯”就是“上丁”和“添丁”的意思。从某种意义上来说，“上花灯”仪式反映出农村客家人对“生育男孩”的强烈愿望和高度期盼。这种仪式是一种约定俗成的强化和巩固农村客家男性偏好生育观念的文化方式。

在黄金寨村人看来，一个家庭生育有男孩似乎是“无上光荣”和“非常必

---

① 一般从正月初十至正月十四，农村各地区可以不相同，黄金寨村是在正月十四晚上。

② 一种竹篾做的灯笼，上面写着“新丁”名字，以告慰祖先。

要”的事情。人们在谈论起生育话题的时候，常常出现这些话语：“第一胎生育男孩，第二胎生育女孩，叫作‘锦上添花’；第一胎生育女孩，第二胎生育男孩，叫作‘雪中送炭’；如果第一胎生育女孩，第二胎生育的还是女孩，那叫‘雪上加霜’”，以及“多子多福”“一个家庭必须生有儿子（男孩），才能代代相传下去，否则就是断代”。连骂人最毒辣的话也是“你家断子绝孙”这么一句。这些话语表明，农村客家男孩偏好生育观念非常传统和强烈，而且根深蒂固。

三 农村客家生育观与其养老文化

农村客家男性偏好生育观的意识如此强烈是有诸多原因的。例如，有学者认为，客家人的“男性偏好生育观的形成具有香火观念、族人歧视、社会性别、高死亡率等多方面的原因。传统孝道思想的根深蒂固是客家人生男偏好的深层原因”[①]。其中的“香火观念”“族人歧视”和“传统孝道思想”，部分地指出了农村客家生育观与客家传统养老文化的关系。

农村客家男性偏好生育观与其养老文化息息相关。客家生育观念在实践中表现出的“重男轻女”（也有“男尊女卑”一说），即偏好生育男孩，其主要目的是为了“防老”。客家山歌所唱的“自古养儿望防老，种了甘蔗望吃糖”，正是此理。

客家人为了养老而偏好生育男孩的表层文化含义是：受中原儒家文化的影响，客家农村地区是传统的父系社会。农村客家人多半认为，“女孩不是传后人”“女儿都是别家的人”和“嫁出去的女儿，泼出去的水”。一般地，客家女儿长大嫁出去以后，既不参与娘家财产的分割，也不参与年老父母的养老活动，充其量只是在年节回娘家看望父母的时候，凭良心随机善意地给年老父母一些生活费用（物质或金钱），而且给多给少还比较随意，没有过多的法律性质的强制要求。但是，儿子就不一样了，儿子是大家公认要赡养年老父母的指

① 王天鹏：《客家生育实践的地方性知识阐释》，《赣南师范学院学报》2013年第1期，第11～16页。

定人选。这既是赡养老人的法律规定，也是客家农村地区传统的道德风俗。如果谁家儿子不赡养年老父母，一定会受到亲人和乡村邻里的谴责和咒骂，甚至村委会工作人员也会出面劝阻和调解。客家人偏好生育男孩的生育观与其养老之间关系的深层文化含义是：维持宗族世系“香火”的绵续。客家农村地区的宗族观念非常强烈。某个姓氏的祖先从落居某地开始，经过几十年乃至上百年的世系繁衍，逐渐分出不同的支系、房系、宗族和家族，各自建有不同支系或房系的宗祠，敬奉列祖列宗的神位。每年清明节都要到山上祖坟前去“铲地”（“铲地”是客家语音，意为扫墓）。可见，客家人非常重视世系“香火”的绵续，而儿子是客家父系社会“香火”绵延的载体。如果谁没生有儿子，不但在祖父、父亲、叔伯等男性长辈面前抬不起头来，而且每到祠堂祭拜祖先神位的时候，更加会感到惭愧和无颜。如果谁没有生育儿子，举凡家族或宗族办理红白好事，不但自己在人前感到低人一等，只能坐在祖屋的下厅或者大厅侧，而且他人也不太会重视或看好那些没有生育儿子的人，即黄金寨村人口中说的“虽然人家嘴上不说，但是看人家的眼神和脸色就可知道”。最为重要的是，当前绝大多数客家农村地区尚实行土葬。在客家逝世老人葬礼上，一般由逝者的男性晚辈（长子或者长孙）捧着逝世长辈的遗像走在出殡队伍前头才显得风风光光。这也是客家农村地区偏好生育男孩的生育观对养老送终的最后一个响当当的“交代”。如果年老逝者生前没生育有儿子或者孙子，逝者的家族或乡邻就总会觉得有点“遗憾”。这点“遗憾”，如果不是客家人，一般难以体会到个中难以言状的酸楚。

总之，农村客家男性偏好生育观与客家传统养老文化之间存在直接和紧密的关系。这种关系可以笼统且主要地概括为“养儿防老”。“养儿防老”是中国乡土社会几千年来的传统习俗。客家人“养儿防老”中的“防老”起码有两层重要含义。

第一，为了当自身年老丧失劳动力时，希望能够得到有劳动能力的儿子的照顾和赡养。毕竟与城镇或者大城市生活水平相比，大多数客家农村地区生活水平还差了一大截，以“生儿”来“养老”是在情在理的一种较为有安全保障的选择。正如费孝通在《江村经济》中所说的“孩子是老年的保障，即所谓的‘养儿防老’”。

第二，为了对得起列祖列宗。即生前在乡邻面前风风光光地活过这一辈子，逝世后有儿子（们）风风光光地“送终归山”[①]。

当然，农村客家男性偏好生育观与其养老文化之间的“养儿防老”文化也会出现吊诡现象。客家人勤劳善良，为人质朴，尊老孝顺。客家好男儿在结婚成家后，一般都会秉承中华民族优秀的传统道德文化理念，尊敬长辈，孝敬父母，主动承担起“养老”这一法律和道德的责任与义务。但是，像其他族群一样，“生儿（生育男孩）养老”这一文化，在客家农村地区也时常会出现一些不和谐的现象。这主要表现为儿子们可能会因为“谁来赡养父母和怎样赡养父母等相关事情”而产生矛盾。

一般地，这需要结合“生育男孩”的数量等情况来分析。如果是独子家庭，除非这个独生儿子毫无生存生活的本领或者品性不好，一般不会出现不赡养年老父母的情况。父母年老了，就由他们成家后的独生儿子赡养，且跟着儿子一起生活。如果是两个儿子的家庭，问题也不大，就由各自成家后的兄弟两人各自承担赡养父母的费用。如果是三个及三个儿子以上的家庭，可能会出现“谁赡养父母”的家庭矛盾。这是一种奇怪的现象，验证了“一个和尚挑水喝，两个和尚抬水喝，三个和尚没水喝”的怪律。按照客家农村地区的传统习俗，一个家庭中，无论两个或者三个及以上的儿子各自成家并分家后，父母一般跟着最小的儿子一起生活，但是，其他兄弟也必须履行赡养义务。这时候，在这几个兄弟之间就可能出现“在赡养父母时，怎样赡养，谁付出更多”的争执等矛盾。有一首客家山歌《阿妈照秤》（客家人称母亲为“阿妈”），辛辣地讽刺了故事中的三兄弟，他们在赡养寡居母亲时，斤斤计较于“谁付出更多”。故事梗概：父亲去世后，各自成家并分家后的三兄弟轮流赡养年老独居的母亲，商量好“阿妈”到三个儿子的家庭中轮流吃住一个月，但是每个兄弟都想“验证”其他兄弟是否有虐待阿妈的不善行为，且计较各自赡养阿妈“谁

① 费孝通：《江村经济——中国农民的生活》，商务印书馆，2002，第45页。

付出更多”。为此，三兄弟约定每个月结束时，都要把阿妈称一遍，看看阿妈是瘦了还是胖了，以此来检验谁对待阿妈更好或者更差了，令人啼笑皆非！这虽然是一首山歌，但是艺术作品来源于生活而高于生活，或多或少影射出客家农村地区养老文化中的一些不和谐现象，具有深刻的警示和教育意义。

尽管存在“养儿”并没有达到“防老”的文化冲突，但是，总的来说，农村客家地区建立在男性偏好生育观念基础上的“养儿防老”模式还是运行得比较畅通的。

四 结语

养老问题是全面建成小康社会与和谐社会的重大问题之一。中国传统社会历来重视孝道，无论法律还是传统风俗都要求有劳动能力的儿辈必须善待和赡养年老的父母。《增广贤文》里的“羊有跪乳之恩，鸦有反哺之仁”，意指做子女的要懂得孝顺父母，不可虐待和遗弃年老父母。这为解决中国农村社会养老问题播种下了根基深厚的优秀文化种子。

经过几千年的发展，我国已经形成了家庭养老、社区养老、机构养老、社会养老等多种养老模式并举的多元养老模式。21世纪以来，我国还兴起土地养老、以房养老、文化养老、知青“抱团养老”、互助养老、自我养老等养老模式。但是，我国养老模式总的发展趋势是从以家庭养老为主迈向以社会养老为主。

尽管有那么多种养老模式可供选择，但是，由于受传统孝文化和居家养老观念的影响，客家农村地区最理想的养老模式仍然是“父慈子孝、儿孙绕膝、子孙满堂”，以享天伦之乐。因此，客家农村地区目前还是以家庭养老模式为主。

家庭养老模式与“养儿防老”的思想观念密切联系，而农村客家男性偏好生育观念对客家农村家庭养老模式起到重要的强化和巩固作用。然而，近些年来，随着客家农村人口向城镇或城市的大规模流动和各种新型养老模式对客家农村地区的渗透，农村客家社会中不断出现诸如“生男生女都一样”“女儿也是传后人”的生育理念，以及“儿子不如女儿甚至养女孝敬年老父母”和“城市客家人只生有女儿也一样幸福养老”的迥异于传统家庭的事例，使得寄希望于“养老”目的的农村客家男性偏好生育观念开始略微有所减弱。加之客家农村地区的经济水平不断提高，这些因素可能会导致客家农村地区家庭养老模式逐渐淡化。正如著名社会学家费孝通（1983）曾指出：“养儿防老是均衡社会成员世代间取予的中国传统模式，这种模式有其历史上的经济基础，经济基础的改变，这种模式当然也是要改变的。”总之，农村客家男性生育偏好生育观和客家农村地区家庭养老模式都可能会逐渐改变。

参考文献

1. 陈瑜林：《2000—2010年国内期刊中的客家研究论文分析》，《嘉应学院学报》（哲学社会科学）2011年第9期。

2. 陈瑜林：《基于SNA的我国期刊论文客家研究主题分析》，《嘉应学院学报》（哲学社会科学）2013年第7期。

3. 李涌平：《广东客家农民的高生育观念》，《中国人口科学》1995年第2期。

4. 王天鹏：《客家生育实践的地方性知识阐释》，《赣南师范学院学报》2013年第1期。

5. 费孝通：《江村经济——中国农民的生活》，商务印书馆，2002。

社会变迁中的农村少数民族老年人养老问题探究

刘益池　张惠君

由于社会、文化和地域的特殊性，云南少数民族乡村的养老一直延续着祖先的养老方式，从未成为一个社会问题而突出出来。到了20世纪末，云南农村少数民族的养老问题却成为家庭、社会之痛，越来越多的家庭陷入困惑，虽然人们的物质生活富裕了，却无法摆脱养老的现实痛苦。

之所以提出农村少数民族养老问题，是因为农村少数民族老人的生活现状更为困难。由于农村少数民族养老是一个涉及千家万户的普遍性问题，一两个村和一两个民族所表现出来的问题也许是个案，而政策的设计和出台要考虑到普遍性，因此本文根据多年来在怒江州、文山州、迪庆州、红河州、丽江市、保山市等十多个村寨的调查，对傈僳族、怒族、独龙族、普米族、哈尼族、傣族、彝族、藏族、白族等农村少数民族老年人生活状况进行了阐述和剖析，提出了一些思考和建议。

一　云南少数民族传统养老方式

云南省5000人以上的少数民族有25个，分布在全省16个州（市），长期以来，各民族都以尊老爱幼为美德。老人在经济、社会、文化、家庭中享有特殊的地位，受到村寨和家庭的尊重。

在传统社会中，老人不仅仅是家庭日常经济的当家人，也是家庭生产、祭祀、嫁娶、丧葬等大事的决策人，家庭精神生活的中心和凝聚力，同时社会对老人的尊崇蔚然成风，因此以家庭为基础的社会生产文化单元中的老人并不是家庭中的弱势者，也不是家庭的贫乏者。可以说，虽然传统少数民族乡村社会物质非常贫乏，但老人总体上能够老有所养、老有所依、老有所乐。

在传统的少数民族乡村，家庭主要以从事农业和传统手工业为主要生存手段。老人是农事生产的权威，对当地农事活动的节气、耕作技术谙熟于心，也是家庭农副生产技术和销售渠道的权威者，因此家庭的生产由老人安排，收入与支出由老人决定。

老人对家庭的嫁娶意见非常重要，往往起到决定性作用。几乎所有的少数民族家庭在嫁娶方面，都会听取老人的意见，尽管有一些民族男女的婚姻并不像汉族奉行“父母之命，媒妁之言”，主要由年轻人自己决定，但如果老人不喜欢，往往也是不行的。家庭和社区的祭祀活动主要由老人操持，在客观上确立了老年人的社会文化地位。老人还是家庭的主要教育者，家庭成员的言行往往由老人出面进行教育、约束、规范。由于老人在家庭中的地位，决定了老人不是家庭的累赘，也不是家庭成员中的物质与精神的贫困者、弱势者。

在自然分工为主的传统农业社会中，50岁以上的大部分人都有了孙儿孙女，这个年纪的老人仍然参加劳动，但耕种、运输等重体力劳动主要由小辈人承担，老人过上了含饴弄孙的晚年生活。

从社会传统观念看，养儿防老是中国各族人民延续了数千年的传统。孝老敬老也是社会风尚和价值评判标准，特别是在少数民族社会中更是如此。在传统的社会氛围中，老人虽然处于社会的普遍贫困之中，但家庭成员首先考虑的是满足老人的需求。在笔者与多个少数民族的访谈中，一致表示，在有记忆的许多灾年中，少数民族社会中，很少有老人因为天灾而饿死、冻死的。

在2000年以前，笔者做过田野调查的少数民族乡村，老年人普遍都享有老有所养的殊遇。养老虽然是一个从人类起源就存在的古老问题，但并未成为社会的突出问题。在传统的少数民族社会里，居家养老是社会的基本养老模式，鳏寡老人也会得到社区和族人的照顾，如果村社出现了乞讨者，会让全体村民蒙羞，村寨鳏寡老人往往在德高望重的族人和村社头人的安排下得到抚养，这也是云南少数民族地区鲜见少数民族乞讨者的重要因素。

二　农村少数民族社会的养老现状

由于云南省的封闭落后性，少数民族乡村的巨变远滞后于东中部地区。直到20世纪90年代后，会讲汉活、识字的年轻人成长起来了，他们作为生产要素纷纷流向了有需求的地区，获得了远比从事农业高的收益，同时发达地区的商品、先进观念也纷纷进入乡村，解构了民族乡村社会，延续了数辈人的乡村生活方式发生了前所未有的变化，普通老人的生存状态发生了巨变。如今，农村少数民族老人的生活水平和质量，实际上要比汉民族低，这是因为农村少数民族老年人更贫困，空巢的情况更严重，享有的社会化服务水平更低。笔者将从以下方面呈现农村少数民族老人的生存现状。

（一）居家养老的生活水平和质量下降

随着越来越多的农村劳动力流出，老人不再是家庭经济中的重心和中心，老人的养老出现了新情况：一种情况是留在农村的老人，一种是跟随子女进入城市的老人。无论是留在农村还是进入城市的老人都面临着单一的养老模式——家庭养老。

根据笔者对十余个少数民族村寨的调查，进入城市居家养老的少数民族老人很少，不足一成，原因主要有：在物质方面，城市生活费用高，农村少数民族老人没有收入，并且受到住房医疗等条件的限制，难以为老人提供较舒适的生活条件；在精神方面，少数民族老人大多不识字，甚至不会说汉话，在城市没有亲戚朋友，与邻里也很难沟通，远处不敢去，连个说话的地方也没有，更不可能在城市参与文化活动。由于物质与精神上的原因，老年人一般不愿意进城养老。

在云南省少数民族集中的乡镇，政府和社区办的养老机构凤毛麟角。就目前绝大部分少数民族农民来说，即使有养老院的地方，绝大部分家庭也没有经济能力把老人送入养老院，有能力的人家也很少会把老年人送去，主要是老年人自己不愿意，同时家人也担心被人笑话。

居家养老的质量和水平取决于家庭的经济情况、老人的储蓄和子孙们的孝心、家庭关系是否和睦。在日益空巢化的家庭里，居家养老的质量和水平呈下降趋势。根据笔者与老年人的访谈，了解到老年人忍受的痛苦有加重的趋势，一些老人反映，现在虽然衣食无忧，却高兴不起来，身体不好、寂寞，年轻人也不尊重老人，年纪越大在家里越没发言权。

（二）家庭劳动的主要承担者

由于大量的农村劳动力进城打工，“386199部队”即妇女、儿童、老人，成为农业生产的主力军。留在农村的老人，不仅要承担繁重的农业生产劳动，而且大部分老人还承担着照看孙辈的担子，天伦之乐、其乐融融的晚年生活成为艰辛的生活之重，当孙辈长大后又会离开家，老人独守空房，过上孤独的日子。在少数民族村寨，无论年纪多大，只要身体允许都得劳动，相较20世纪90年代以前，老人的劳动量大大增加了。由于在家的年轻人越来越少，很多老人身体每况愈下，得不到家人的很好照顾，同时还得忍受空巢家庭带来的寂寞、无助。一些丧失劳动力的老人，养老成为家庭和个人的痛苦，或者没有人照顾，或者由年龄小一些的老人照顾年龄大的老人，否则就得把年轻人留在家里照顾老人，从而失去了打工赚钱的机会，使家庭陷入贫困。在对少数民族老人的访谈中，了解到大部分老人对于儿孙进城打工持支持态度，只要对下辈人好，老人们表示宁愿承担劳动，忍受寂寞和无助的痛苦也心甘情愿。

一些跟随子女到城里打工的老人，大多是为了帮助子女做家务、带孩子或医病，能够到城市颐养天年的老人或者自己有足够的经济能力，或者子女在城镇里有较好的经济条件。

现在，无论是居住在农村，还是留在城市里的老人，在身体允许的情况下都承担着家务劳动，较之20世纪90年代前，老人的命运发生了很大变化，他们承担的劳动远比他们的上辈更重。农村老人一旦失去了自理能力，生活更是痛苦。在调查中，笔者曾经遇到一些生病的老人，表示生活比较艰辛。

（三）家庭的贫困者

20世纪90年代中期，随着东部地区加工业的发展，西部大量的农村劳动力涌向东部，打工收入成为许多少数民族家庭的重要经济来源，家庭的建房、置买家电和运输工具、孩子上学的支出、家庭成员就医、年轻人成家等等都必须依靠打工收入，农业收入在家庭收入中的比重降低，农村老人的经济地位动摇了。同时，政府对农村的科技扶持逐步加大，农业生产的社会服务获得了发展，新技术、新品种的使用使老年人掌握的生产经验和乡土知识成为没用的东西，该种什么、怎么种，往往有农科员指导，只要照着办就行了。老人的收入减少和知识老化过时，使老人失去了家庭经济发展中的权威地位，老人不再是家庭经济的重要支柱和重心，丧失了劳动能力的老人成为家庭的贫弱者。受访的哈尼族、彝族、傣族、傈僳族、瑶族、苗族、普米族、纳西族等民族的多数老人自认为，自己的经济地位有所降低，由于没有经济收入，越来越多的老年人交出了家庭的经济大权，由下辈有收入的人当家。最近几年，随着国家对农村社会养老投入的增大，少数民族老人被纳入了农村养老的范围，但其中三分之一的老人表示交不起养老金，年满60岁的参保老人可获得每月60元的养老金，虽然缓解了老年人生活的困窘，但并不能从根本上解决老人的贫困问题。

（四）精神生活贫乏

如今农村少数民族老人也许是备感失落的老人。随着新农村建设的推进和扶贫投入的加大，农村建设了一些文化设施，如老年人活动中心、文化站、信息室等，但开展的活动很有限，参与活动的大多是村干部、村文化人，大部分农村老人，特别是少数民族老人不习惯参与集体活动，文化设施不能从根本上解决老年人的精神需要。较之过去，村寨和家庭变得越来越寂寞，人越来越少。一些老人希望孙辈长大后解脱带孩子之苦，但孙辈们长大后又纷纷离开了家，老人不得不过上没有家人在身边的空巢生活，陷入无限的寂寞之中。

进入城市里的农村少数民族老人大多面临着经济、文化、水土的不适应和无经济收入、无社会交往等困难，很难在精神上获得愉悦，一些老人宁愿回到农村过空巢的日子，也不愿意留在城市与子女一起生活。

（五）有病难以获得有效医治和照顾

目前，有病难治和治不起的情况仍然存在。虽然国家加大了农村医疗机构投入，并提高了新农合的补助标准，但农民看病难、看病贵的情况仍然存在。在调查中，老人表示，小疾忍一忍，或者自己买点药应付一下，实在不舒服就到村卫生室开点药、打点针。还有一些老年人因为没有健康卫生知识，小病拖成大病。农村少数民族老年人一旦得了大病往往会拖累全家，或是造成全家陷入贫困，或是放弃治疗。随着年龄的增大，病痛将会越来越多，农村老人有病治不起，得不到很好照顾的老龄人口有增长的趋势。由于寂寞，一些老人精神状况很不好。

总之，现在的老人不再是家庭的中心、重心，贫困、寂寞、病痛已成为农村少数民族老人普遍面临的困难。

三　造成云南农村少数民族养老问题突出的原因

云南省农村少数民族养老问题之所以会成为家庭和社会之痛，根本原因是由于中国进入了未富先老的老龄化社会和处于社会全面转型之中。剖析造成农村少数民族养老问题的原因，有利于对症下药，即使无法根治这一家庭与社会之痛，起码要起到缓解的作用。可以这样说，未富先老的老龄化社会和社会转型，既是当今农村少数民族老年人生存的时代大背景，也是造成养老问题的根本原因。

（一）未富先老

从未富先老的老龄化情况看，2015年中国60岁以上的人口已有2.12亿，但人均GDP只有8000美元，而云南省只有4600美元。老龄化先于发达的东部城市然后向全国蔓延，从统计上看，西部地区的老龄化晚于东部，农村晚于城市，民族地区的老龄化低于非民族地区。实际上，由于大量的年轻农村劳动力向城市流动、西部年轻人向东部的流动，对冲了东部城市老龄化的程度，反而是落后地区农村的空巢情况更严重，老龄化问题更突出。

在笔者调查的十余个少数民族集中的村寨里，人口净流出已是一个不争的事实，家庭成员变少，老年人增多已是一个大趋势。2015年全国人均GDP已达到8000美元，达到了中上等收入国家的水平，而云南民族地区仍是贫困地区，贫困地区的财政收入不能自给，社会投资养老机构更不可能。再说，云南省70%的贫困人口是少数民族，绝大部分农村少数民族老人不可能支付在养老机构养老的费用。

由于未富先老，地区政府对于社会养老设施、乡村卫生和文化设施的投入非常少，导致社区社会化服务水平很低，在客观上阻碍了少数民族地区养老形式的多样化发展。少数民族老年人仍然得依靠家庭养老，但就现在少数民族农村的收入水平来说，也很难提供很好的居家养老条件。

（二）社会转型

就社会转型来说，由于云南省少数民族地区的自然和经济社会的特殊性，社会转型滞后于发达地区，发生急剧转型应该是进入20世纪90年代末以后，晚了东中部地区10余年。社会转型是全方位的，不同程度地影响着每个人的物质与精神生活以及未来的发展。在社会转型过程中，不同年龄层在其中的角色不同，一般来说，在农村，青少年是接受者、学习者、适应者，中青年人是主动适应者、推动者，而老年人却是被动者，被动者往往也是受损害最大的人。随着中国改革开放的推进和经济的快速发展，少数民族聚集的地方从传统社会向现代社会、从农业社会向工业和城市社会、从封闭社会向开放社会转型。社会转型彻底改变了少数民族老人的生存状态，在物质方面老年人的温饱较之历史上的任何时期都丰富，但精神生活和社会地位却大不如前，这主要是社会对老人的尊重程度普遍下降，老人的生活经验对于年轻人来说已过时。过去，老人在乡村起着生活和精神导师的作用，而如今年轻人的教育主要靠学校。从老年人这方面看，由于很多农村少数民族老人不会说汉话，大多是文盲半文盲，他们已经赶不上时代的步伐，学习能力弱或没有学习能力，成为社会的边缘人。

（三）经济转轨

从经济转轨方面看，中国的经济转轨发生在20世纪70年代末，到90年代中期市场经济得以确立。中国的经济转轨发端在中部农村，而云南民族地区到1984年才完成了家庭联产承包责任制，同时中国经济改革的重心已移至城市。随着经济体制改革推进，多种所有制工业发展起来，市场经济得以发展，非农产业越来越多地为农村劳动力提供了就业机会，在农产品比较效益较低的情况下，为了获得较高的收入，农村劳动力陆续进入城镇打工。在云南省广大少数民族地区，20世纪90年代开始，外出打工的中青年越来越多，在笔者调查过的元阳县沙拉托乡，常年在外打工的中青年超过了三分之一，在州内和县内不定期打工的中青年超过三分之一，在家的中青年或是因为家里有老人病人走不开，或是农业生产大户，或经营运输、商业、食馆等。经济的转轨，为农村生活提供了更多的方式，使老人的生产经营经验成为过时的东西，同时老人的收入在家庭中的比重也微不足道了，老人成为家庭经济的从属者，从而导致了老人的社会地位、家庭地位下降，失落感增强。

农村中青年进城打工，使农村和家庭空巢化，留在农村的老年人不得不承担起农业生产劳动和繁琐的家务，一些老人还要照顾孙辈。老年人劳动增加的同时，家庭地位却下降了。外出打工的农民眼界和思想都发生了或多或少的变化，现代意识增强，对孩子教育的重视程度增加，对老人的重视程度有所下降。随着老人年纪的增加，来自农业的收入进一步减少，身体每况愈下，这是不可抗拒的自然规律。在空心村空巢家庭中，老人的日常生活会遇到很多预想不到的困难，生活陷入窘境的同时，精神生活也呈贫困化状况。

从上述分析可见，农村老人，特别是农村少数民族老人，近年来已成为所有年龄层中物质、精神较贫乏者，社会的边缘人。

四　关注农村少数民族老人养老问题的意义

从总体上看，中国已成为老龄化社会，而且呈加速态势。中国的老龄化率呈现出城市高于乡村、发达地区高于落后地区、中东部地区高于西部地区的特点，与老龄化相对应的是养老问题的突出。养老与经济发展水平相关，越是发达的地区，财政实力越强，政府有能力多投入一些，城乡居民的收入也较高，可为老人生活和就医提供更多的资金。云南省少数民族地区由于经济发展落后，财政和城乡居民的收入相对要低，而广大农村少数民族老人从总体上说，是中国最贫困的人群。如果农村少数民族老人的生存状态长期如此，或者继续恶化的话，就会影响全面小康社会的实现，因为农村少数民族老人是少数民族的一个重要组成部分，也是中华民族中的一个不小的人群。农村少数民族老人的生活状况，不仅仅关系到老人的切身利益，实际上影响着整个社会的健康、和谐与发展。

（一）农村少数民族养老问题关系到小康社会的建设

党的十八大提出要建成全面小康社会。“全面”包含了每一地区、每一个民族、每一个公民都应享有发展的成果，都应拥有小康生活。少数民族老人在全国2亿多老年人口中有2000万左右，他们如果不幸福，只能说明我们的小康是残缺的、我们的小康是部分人的小康，没有农村少数民族老人参与其中的小康社会，不是小康社会。

（二）农村少数民族养老问题关系到未来社会的发展

老年人的现在就是中青年的未来，如果我们社会的老年人生活状况日益恶化，也会让每一个人都会担忧自己的未来。虽然中国整个社会都面临着养老的问题，但农村少数民族老人面临的困难应该更多更大，需要给予应有的关注，在这个问题上不能讲效益而要讲平等。农村少数民族老人是少数民族群体中的一个组成部分，他们在快速的社会转型中，是所有社会组成中最弱势的一个群体，却鲜有人关注他们的命运。农村少数民族老人如果处于无助、贫困、病痛之中，对社会发展带来的影响必定是负面的。

（三）农村少数民族养老问题关系到边疆社会的安定

为什么少数民族老年人的生存状况会关系到国家边疆社会的稳定？这是因为云南是边疆地区，有三分之一的人口是少数民族，少数民族居住的地方大多是贫困地区，基础设施和公共设施较为落后，老人作为经济收入较低和文化适应能力较差的群体，已经成为少数民族社会之痛。任何社会问题的爆发往往是在最薄弱的地方，因此少数民族地区的养老问题应是一个值得关注的重点。

（四）农村少数民族养老问题关系到民族社会是否健康和谐

如果社会是一个有机体的话，家庭就是组成社会的细胞。细胞如果出问题的话，就会影响机体的健康。一个美满的家庭应该是衣食无忧、少有所教、老有所养、病有所医，每个人都应该活得有尊严。如果几个或者是少数家庭细胞出了问题，并不会影响整个机体，但大部分家庭都存在同样问题的话，就不得不担忧整个社会的健康和谐了。

（五）农村少数民族养老问题关系到民族文化的传承

云南省各民族对老人的尊重和供养是民族文化的优秀传统。这一优秀的传统如果丢失了，无异于丢失了民族优秀的传统文化，会对后人起到不良的示范，也会降低对少数民族的社会评价。在对一些少数民族家庭的访谈中，有彝族、普米族等许多人给笔者列举了许多不孝顺老人的事情，如对老人说话不客气，甚至有儿媳与老人争吵，过去大部分家庭更重视老人，现在更重视孩子，等等。

五　农村少数民族的养老问题应得到政府和社会的关注

中国社会的转型仍在进行时，老龄化社会将呈新常态，这两者都不会停止。在这样的社会背景下，不能让农村少数民族养老问题成为一个普遍的、不断恶化的社会现象。养老问题受经济发展水平、政府资金投入、制度设计、家庭教养、社会文化等多方面的影响，因此也要从多方面进行有效干预和制度建设才可能解决少数民族老年人生活中面临的许多问题，需要政府、社会、家庭、每一个社会成员共同努力来缓解和解决农村少数民族老年人不断恶化的晚年生活。

（一）搞好顶层设计

农村少数民族老人养老问题是一个随人口老龄化和农村劳动力大量流出而突现出来的社会问题，虽然政策有所涉及，如实施了农村养老保险政策，但力度很小，不能解决快速老龄化和社会急剧变迁所带来的农村老龄化问题。应该说，20世纪80年代中后期开始，农村老龄化问题就随农村人口外流而现端倪，此后日趋严重，一直到2010年都处于政策缺失状态，更谈不上顶层设计。对于少数民族社会出现的老人生活状态更为恶劣的情况，至今没有专门的政策涉及。关注农村少数民族社会的空巢化、老龄化导致的种种特殊问题，并制定解决的政策和措施是小康社会建设的应有内容。

（二）加大制度干预

随着社会发展，应出台更多的提高农村老年人生活水平的政策。在制度建设中要考虑到以下几个因素：一是公共财政建设中要考虑到农村少数民族地区养老设施建设和需要的特殊困难，要在制度设计中有所体现，如针对老年人身体状况，建立老年人免费体检制度等；针对空巢等情况要对老人的心理健康问题给予指导；对老人活动中心建设要增加投入等等，以缓解空巢带来的生活寂寞和健康问题。二是在地方经济发展规划中，要考虑少数民族年轻人就业的问题，尽量提供就近打工的机会。一般来说，少数民族地区非农产业发展水平低，就业机会非常少，少数民族年轻人只能到更远的地方打工，很难兼顾家庭。三是对少数民族地区的老年人养老基金要考虑到物价水平的因素，由于少数民族地区物价水平高于大城市，享有的福利与物价成反比，一样的养老金在少数民族地区能够买到的物品相对要少，实际上减少了老年人的福利，因此在设计养老金的时候要考虑到地区物价差异。四是要加强学前教育和幼儿园的建设，减少老人带孩子的辛劳，同时学校教育会让小孩从小养成好的生活和学习习惯，于老年人、家庭、社会有益无害。五是鼓励社会资金投入养老事业，在税收上给予减免，同时也可给予一定的财政补助。

（三）弘扬孝道传统

在孝顺老人方面，法律是道德底线，动用法律保护老年人的权益是在不得已的情况下采取的强制手段。如果为了养老而走上法庭，对于当事人双方来说都是非常可悲的事情。近年来，随着传统家庭结构的变化，老人的精神贫乏越来越严重，一些地方政府出台了一些规定，要求下辈人每年抽时间回家看老人；有的地方政府把孝敬老人作为提拔干部的条件之一。用法律和政府规定来约束下辈人对老人的孝，虽然会起到一定作用，却少了感情的成分，让人觉得变了味。孝是下辈人对上辈人发自内心的、美好的、持久的、自觉自愿的行动和各种表达。中国无论是汉族还是少数民族都有孝的传统，成为社会文化和伦理的重要内容和标准，但也应承认，经历“文革”十年的批判和近三十年来的社会转型，孝的传统已淡化。目前，弘扬孝的传统应作为中华民族伟大复兴的一部分来做。对于孝，要提倡、表彰，重树孝的价值观念。